企业变革比较研究

A Comparative Study of Enterprise Reform

陈又星◎著

暨南大学出版社
JINAN UNIVERSITY PRESS
中国·广州

图书在版编目（CIP）数据

企业变革比较研究/陈又星著．—广州：暨南大学出版社，2009.12

ISBN 978-7-81135-428-7

Ⅰ.①企…　Ⅱ.①陈…　Ⅲ.①企业—经济体制改革—对比研究　Ⅳ.①F271

中国版本图书馆 CIP 数据核字（2009）第 216433 号

出版发行：暨南大学出版社

地　址：中国广州暨南大学
电　话：总编室（8620）85221601
　　　　营销部（8620）85225284　85228291　85220693（邮购）
传　真：（8620）85221583（办公室）　85223774（营销部）
邮　编：510630
网　址：http://www.jnupress.com　http://press.jnu.edu.cn

排　版：暨南大学出版社照排中心
印　刷：暨南大学印刷厂

开　本：890mm×1240mm　1/32
印　张：10.5
字　数：308 千
版　次：2009 年 12 月第 1 版
印　次：2009 年 12 月第 1 次

定　价：25.00 元

（暨大版图书如有印装质量问题，请与出版社总编室联系调换）

作者简介

陈又星，湖北应城人，管理学博士，广东商学院工商管理学院副教授，企业管理系主任。主要从事企业战略变革管理研究及市场营销管理研究，在《现代日本经济》等杂志上发表论文50余篇，编著教材3部，参与横向与纵向研究课题多项。

自 序

随着经济全球化步伐的加快和科学技术日新月异的飞速发展，世界市场范围内的企业正面临着日益激烈的竞争，这种竞争是全方位的，不仅有产品和服务的竞争、组织能力的竞争、人力资源的竞争，更有企业变革能力的竞争。在一个速度竞争的时代里，如何认识企业的变革并使之在动荡的市场环境中生存下去将成为摆在所有企业管理者面前的一道难题。实际上，在理论界和企业的实践过程中已经有很多学者和企业家正在研究和思考企业的变革问题，这些观点零零星星地在众多的文献资料和谈话记录中出现，其中以国外发达国家的企业变革作为研究对象的居多，且这些有关企业变革的观点的逻辑基础是西方的制度和文化背景，并未考虑不同国家和地区的企业在发展水平、制度、文化及市场发育程度上的差别。有鉴于此，笔者试图对企业，特别是对国民经济发展有重大影响的制造业企业的变革做一个比较研究，目的在于通过对不同的企业变革方法和理论、影响企业变革的不同因素、企业不同层次的变革过程中存在的差异性及企业在不同发展阶段上如何变革等问题进行归纳比较分析，供企业在实施变革的实践活动过程中借鉴和参考。

根据以上的研究思路，本书主要研究了以下几个问题：①在企业变革过程中影响企业变革的制约因素——制度、技术、市场、文化、权力—政治行为等所起的作用和它们之间的差别。②企业经营过程中所面临的多重风险及其分析。③企业变革过程中的内容层次与应对层次的比较分析。④企业变革过程中经常使用的两种方法——渐变方法与激变方法的比较研究。⑤企业生命周期不同阶段的变革特点比较研究。⑥横向的企业变革比较研究——美国、日本与中国企业变革比较研究。⑦企业的多样性与企业变革，主要比较分析了国有企业与家族企业、大企业与小企业之间的变革。

本书的主要内容如下：

（1）比较分析了影响企业变革的制约因素——制度、技术、市场、文化和权力—政治行为。笔者通过对企业发展的有关历史文献进行比较、分析、研究发现：在这些导致企业变革的主要因素中，技术和市场的发展变化具有规律性，任何国家的不同层次和性质的企业在技术和市场的发展演变过程中都要进行相应的变革，而且其所采取的变革措施和手段具有某种程度上的相似性，如业务重组、战略联盟、组织重构等；而制度、文化和权力—政治斗争在不同的企业中所引起的企业变革则具有某种差异性，例如，如果不考虑制度的完善性，单纯在任何企业中推广员工持股计划或期权制度就可能导致“南橘北枳”的效果。因此，并不是说对于任何国外成熟的和经过实践检验的管理思想和理论就可以奉行完全的“拿来主义”，制度上和文化上的差异决定了企业的管理实践也会具有差异性，这一点在20世纪80年代的美国企业变革和90年代末的日本企业变革过程中可以看到，具体的分析在本书的第7章有所论及。除此之外，本书以随机抽样的方式分析了40家中外企业的变革特征，在分析中发现除了市场因素外中国企业变革受制度的影响较大，而日本企业受企业文化的影响较大。

（2）比较分析了企业经营过程中所面临的多重风险。笔者认为，企业在经营管理的过程中不可避免地会受到多重风险的威胁，有些风险来源于企业自身，会造成企业内部出现危机，从而形成风险，而有些风险则源自企业外部环境所带来的风险，其中有些风险是可以预测和避免的，是非系统性的风险，而有些风险则是无法避免的，企业只能通过自身的变革来最大限度地减少外部环境风险所带来的严重冲击，这类风险经常是系统性风险，对企业的经营管理所带来的危险相当大。

(3) 比较分析了企业变革中的内容层次和应对层次的变革特征。笔者认为，企业变革的内容层次包括企业层次、功能层次和业务层次，每个层次的变革内容和变革特点各不相同，在随机抽样的40家企业中，稳定增长的企业多采用单一层次的变革，而增长衰退的企业则多采用组合式（即三种层次中的两种或以上）变革。高速增长的企业变革的重点集中在公司层次和业务层次，其比例分别为80%和60%。关于企业变革的应对层次，笔者认为，被动式变革、预测式变革和领导式变革三种层次的划分能够反映出现实经济生活中企业应对变革的三种态度。在随机抽样的40家制造业企业中进行比较研究后发现，中国企业采取被动式变革的数量和比例明显高于外国企业（其比例分别为81%和58%），而在管理水平较高的预测变革和领导变革上，中国企业与外国企业的差异同样较大，这也反映了中外企业在企业管理上存在的某些差异性。除此之外，稳定增长的企业由于受市场的压力较小，有充足的时间来对未来的产业发展方向进行思考，因而采用预测的方式来应对变革的比例高达86%，而增长衰退的企业由于来自市场的压力较大，多采用被动的变革应对方式，其比例为77%。高速增长的企业其应对层次在比例上与增长衰退企业的比例相当接近，说明在企业快速的扩张过程中只有少部分企业充分意识到了未来的产业发展趋势，这反映了不同发展阶段的企业在管理思想上的一些差异性。负增长的企业，全部采用的是被动式的变革应对层次，表明处于严重困境中的企业，其生存已成为管理者优先关注的焦点。

(4) 在企业变革的实践过程中有两种经常使用的变革方法——渐变法和激变法，由于这两种方法与唯物辩证法中的量变与质变非常相似，因此，笔者首先分析了唯物辩证法与企业变革之间的关系，接着对企业渐变法和激变法的内容、特征进行了具体的分析，并在此基础上对这两种变革方法进行了理论上和实践中的比较研究。在对抽样调查的样本企业进行比较分析时笔者发现，从中外企业实施变革的方法来看，激变式方法的采用最为普遍，其比例分别为85.7%和78.9%；其次是渐变式变革方法，比例分别为9.5%和18.8%；最后是组合式变革方法。从表面上看，中外企业在变革方法的使用上差异性并不是很明显。从变革的结果来看，激变式变革方法的成功率和失败率都比较高，比例分别为91%和75%，而渐变式变革的结果由于时间跨度的原因，在短时间内难以看出变革的效果。

(5) 比较分析了企业在其生命周期的不同发展阶段的变革特征。笔者首先分析了西方学者对企业发展阶段的不同研究，提出“四分”论的简化的企业生命周期模型——企业的生存阶段、成长阶段、成熟阶段和衰退阶段，对不同阶段的发展特点和变革的焦点进行分析。并在此基础上对不同的发展阶段的变革特征进行比较分析，最后，随机抽样调查了40家中外企业在不同的生命周期阶段所采取的一些变革措施，经过比较发现：①从变革的方法上来看，无论是在企业的成长期，还是在企业的成熟期和衰退期，激变式变革方法的使用最为普遍，其比例分别为56%、67%和88%。②从变革制约因素来看，市场是企业变革的主要制约因素，其比例分别为68%、83%和88%。③从变革的层次上来看，在企业的成长阶段，采用组合式的变革内容层次的较多，其比例高达78%；在企业的成熟时期，则主要采用单一式的变革内容层次，其比例为67%；在企业的衰退时期，大部分企业采用单一式变革内容层次，如业务层次的变革便是如此，其比例为80%，只有20%的企业采用组合式变革内容层次。

(6) 比较分析了企业在变革过程中的规律性和差异性——中外企业在变革过程中的横向比较。该部分主要对美国企业、日本企业和中国的大型股份制制造企业在变革过程中的相似性和差异性进行了比较研究。笔者通过比较研究发现，三国企业在变革的具体途径上具有相似性，如企业之间的兼并、业务上的多元化扩张。但三国企业在变革过程中的差异性也十分明显：日本企业与美国企业变革相比较，来自文化方面的阻力巨大；中国企业与日本企业、美国企业的变革相比较，则制度上的影响因素尤其突出。通过对抽样样本企业的研究，笔者发现：①从变革制约因素来看，市场是三国企业变革最大的影响因素。处在第二位的影响因素，中国企业40%的变革是由制度引发的；美国企业则是由技术引发的，其比例为50%；日本企业则是由企业文化引发的，其比例高达100%。②从变革的内容层次上来看，中国企业多采用组合式企业变革，其比例为80%，其变革的内容具有综合性，美国企业的变革则采用单一式变革较多，其比例为60%，另有40%采用组合式变革层次，而日本企业与中国企业一样，多采用组合式变革。③从变革的应对层次上来看，中国有80%的企业采用被动式变革应对措施，只有20%的企业采用预测式变革；在美国企业当中，有50%的企业采用被动式变革，但其采用预测式变革的企业比例高达40%，另有10%的企业采用领导式变革；日本企业和中国企业一样，采用被动式变革的企业比例较高，为80%，只有20%的企业采用预测式变革。④从变革中所采用的方法来看，三国企业存在的差异性并不大，在企业变革的过程中，激变式变革方法的使用最为普遍，其比例均为80%。

（7）比较分析了企业的多样性和企业变革。在现实的经济生活中存在着不同性质、规模及发展水平的企业，这些企业在变革的过程中具有哪些差异性和共同点是本书研究的重点，并通过对国有企业和民营企业、大型企业和小型企业的比较研究，进而揭示出这些企业在变革过程中的不同点和共同点。

目　录

1 导　论

1.1 问题的提出

1.1.1 动荡的变革环境

人类进入21世纪以来，全球企业经历过两场经济衰退所引发的危机，第一场危机发生在2001—2003年，第二场危机则始于2008年9月美国次贷危机所引发的全球经济危机，这场危机目前还无法预见其真正的底部。由此可见，企业所面临的外部环境正发生着剧烈的变化。这是一个变动和无秩序的时代，技术的飞速进步、全球资本洪流的冲击、无处不在的网络信息、管制政策的放松和企业重组的此起彼伏无不显示出现代企业正处于一个非均衡变化的年代，而这一切将会导致企业的变革。许多学者在这方面曾有过研究。例如，美国学者杰里·约拉姆·温德（Jerry Yoram Wind）和赫雷尔·迈因（Jeremy Maris）在《变革——未来的企业》一书中从四个方面分析了企业变革的各种动因：计算机的时代、市场的冲击、社会的要求和客户的需求①。高哈特（Francis J. Gouillart）和凯利（James N. Kelly）在《企业蜕变》中则强调了信息时代取代工业时代给企业所带来的变革，他们认为“而现在，信息时代取代了工业时代，这一递嬗和早先的社会变迁一样，同样增加了社会的复杂程度，对社会产生深远的影响，这些都是企业——也就是工业时代最重要的社会产物——是必须加以适应的”②。迈克尔·哈默（Michael Hammer）和詹姆斯·钱皮（James Champy）在其名著《改革公司》中也提到“科技的进步、各个国家市场边界的逐渐消失、客户由于现在比过去有更多的选择机会而改变了期望值，这一切结合在一起，使美国一流公司的目标、方法和基本组织原则令人痛心地显得过时”③；“在新的天地中，三 C（Customer、Competition、Change）要求企业具备灵活应变的能力，能迅速做出反应”④。在钱皮的另一本著作《改革管理》中，他认为：“为什么要变革？因为市场和顾客一直在变。顾客不断对价格、质量、服务新颖性和时髦性等各方面提出要求。同时我们也应做出反应，并利用我们行业中由于技术、政治和社会的改革而引起的变化。”⑤ 卡罗琳·科尔宾（Carolyn Carbin）在《未来经理人》中指出，有七个影响世界的主要趋势：自由不断增长、运输速度不断提高、世界和平不断发展、技术不断进步、资本主义正在改变、世界商业贸易不断增长和对多样性的理解不断加深。他认为这七个具有影响力的趋势碰撞的结果是产生动态力量并导致企业系统变革。这其中有四个条件是

---

① ［美］杰里·约拉姆·温德（Jerry Yoram Wind），赫雷尔·迈因（Jeremy Maris）. 变革——未来的企业［M］. 上海：上海交通大学出版社，2000. 21 ~ 59

② ［美］高哈特（Francis J. Gouillart），凯利（James N. Kelly）. 企业蜕变［M］. 北京：经济管理出版社，1998. 5

③ ［美］迈克尔·哈默（Michael Hammer），詹姆斯·钱皮（James Champy）. 改革公司［M］. 上海：上海译文出版社，1998. 20

④ ［美］詹姆斯·钱皮（James Champy）. 改革管理［M］. 上海：上海译文出版社，1998. 39

⑤ ［美］卡罗琳·科尔宾（Carolyn Carbin）. 未来经理人［M］. 北京：中信出版社，2002. 40 ~ 57

至关重要的：全球化、市场化、信息化和民主化。① 在 IBM 咨询公司、安达信咨询公司（Arthur Andersen）和经济情报社 EIU 联合出版的《未来组织设计》一书中也指出："不容回避的全球化、紧缩成本、生产合作关系、互补的技术、分散风险、更薄的利润所带来的管理上的压力迫使企业要么变革、学习，要么消亡。"②阿里·德赫思（Arie de Gues）在其《长寿公司》中认为："在过去 20 年中，所有公司赖以运作的商业环境表现出波动的现象，而波动的频率和幅度却大大增加了，这些又反过来重新定位了公司的目标感，在重新组建和操作的热潮中，很容易丢失后来改革的目的——适应来自外部世界的压力。外部世界持续的、根本性的改变，一个动荡的商业环境要求公司进行持续的调整性管理，这意味着要对公司的内部结构从根本上不断调整。"③ 克拉克（Liz Charke）在《改革》一书中认为："在 20 世纪末期，改革的速度日益加快，甚至超过了我们的预想，只要看一看政治、社会、市场、技术和环境中的近况，就能感觉到改革快速跳动的脉搏。"克拉克认为以下几个方面影响着企业的变革：政治蓝图的改革、社会蓝图的改革、市场全球化的趋势、技术改革的加速和环境意识的增强。④ 戈登·唐纳森（Donaldson，G.）则在《公司改组——从内部把握改革进程》一书中从公司内部的角度指出了公司自愿变革的几个先决条件：令人信服的业绩恶化证据；利益受损阶层及其变革发起人的权力；积极变革的有意义的选择条件的存在；能够而且愿意行动的个别领导的存在；既释放出变革的力量，又突然成为摆脱现状的依据的变革触发事件。

从上述有关文献中我们可以看出，导致企业变革频率和幅度增

---

① IBM 咨询公司，安达信咨询公司，经济情报社 EIU. 未来组织设计 [M]. 北京：新华出版社，2000. 21 ~ 28

② [美] 阿里·德赫思（Arie de Gues）. 长寿公司 [M]. 经济日报出版社，哈佛商学院出版社，1998. 15

③ [美] 克拉克（Liz Charke）. 改革 [M]. 中信出版社，Prentice Hall 出版公司，1999. 1 ~ 9

④ [美] 戈登·唐纳森（Donaldson，G.）. 公司改组——从内部把握改革进程 [M]. 北京：中国对外翻译出版社，2000. 56

加并使管理变革日益重要的几个关键因素是：经济全球化、技术的发展、市场的变化和社会的变迁。由此可见，企业变革的变化源于其所处的环境与过去相比有了较大的变化。

1.1.2　对企业领导者变革管理能力的要求越来越高

从本质上看，企业的发展就是变革。企业变革的目的不是为了贯彻落实某种先进的管理思想理论模式，其最终目的在于提高企业的运营效率，这可以通过以下两个途径达到：一是改善组织的适应外界环境变化的能力，赢得竞争优势；二是改善组织内部成员的行为以发挥人力资源的效率。因为变革既是必然发生的，也是不可避免的。在企业组织中，变革是常有的现象，只是在最近，企业变革的步伐和幅度才显著加大，英国管理研究所的调查就印证了这一点。1991 年，该管理研究所的调查报告称，在它所调查的企业组织中，90% 的组织结构变得越来越精简，管理层次减少，管理幅度加大，即越来越扁平（Coulson-Thomas and Coe，1991）。90% 接受调查的管理者在前五年的时间里，在他们的组织里经历了一次或者多次公司的重组（Wheathley，1992），该研究所在 1995 年的一次调查中发现，70% 的被调查企业在前五年的时间里经历了一次或者多次组织重组。同样的结论也出现在另一个研究中，这个研究是由曼彻斯特大学科学和技术研究所开展的，该研究发现，51% 的受访者所在的组织经历了重大的转变（Ezzamel et al，1997）。1997 年，英国管理研究所和工业协会的调查表明，组织变革的步伐并没有放慢，94% 的被调查组织和他们的雇员在 90 年代正经历或已经经历了某些类型的文化变革①。领导管理变革的能力将成为最重要的管理技能。中欧国际工商学院资深教授 Jaume Ribera 认为，所有经理人的日常事务可以分为两类：一类是与职能或部门有关的事务，另一类则是要变革企业经营方式，甚至业务经营模式本身。②

---

① ［英］Bernard Burnes. 变革时代的管理［M］. 昆明：云南大学出版社，2001. 335

② 影响企业管理的十大理念和十大实践［N］. 中国经营报，2002-02-12（11）

1.1.3 借鉴与创新——企业变革比较研究的提出

企业所处环境经常而又剧烈的变化对企业管理提出了较之以往更高的要求，对企业变革的管理能力已作为一种领导管理才能被越来越频繁地提上了议事日程，变革管理已成为决定企业发展和生死存亡的关键因素之一。随着产权体系的逐渐明晰和现代企业制度的建立，我国企业的改革进程也必将会由外部环境向内部环境、由上层体制向内部结构转移。只有通过对公司组织、结构、文化、战略、流程及人力资源等进行变革，企业才能真正建立高效运行的机制，从而在竞争中立于不败之地。但是国内外的调查却表明，许多很有才能的领导并不善于变革，结果导致很多变革虽有好的心愿和正确的方案，却未能达到预期的结果。另外，新的管理思想和理论不断推出，例如企业流程再造和学习型组织等理论的出现和应用，其效果的差异性（例如同样是企业流程再造理论，在企业管理中的实践结果表明，只有不到10%的企业取得了成功，而其他企业的实践多以失败而告终）也让许多管理者心存疑惑而无所适从。因此，如何看待企业变革并借鉴别人的经验，特别是市场经济发达国家企业（尤其是跨国公司）的变革经验，同时结合我国企业的实际环境并选择适合于不同企业的变革路径，对于大多数渴望持续成功的企业来说至关重要。也正因为如此，笔者试图通过比较的方法揭示出企业变革中带有普遍性和差异性的理论和实践内容来供企业作参考。

1.2 国内外研究现状

从现有的研究文献来看，有关企业变革比较研究的文献并不多见，相关的研究多集中于以下几个方面：

1. 企业变革的背景

相关文献对企业变革背景的描述多集中于企业外部环境的剧烈变化。如高哈特和凯利在《企业蜕变》、迈克尔·哈默和詹姆斯·钱皮在《改革公司》、戈登·唐纳森在《公司改组——从内部把握变革进程》、詹姆斯·迈天在《大转变——企业构建工程的七项原则》、阿里·德赫思在《长寿公司》、克拉克在《改革》、卡罗琳·科尔宾在《未来经理人》中分别论述了导致企业变革频率和幅度增加并使管理变革日益重要的几个关键因素是经济全球化、技术的飞速发展、市场的快速变化和社会制度的变迁。①

2. 企业变革的理论来源

变革管理并不是一个有着明确边界的学科，变革管理的理论和实践涉及大量的社会科学的理论和知识，Bernard Burnes 在其《变革时代的管理》一书中提出了变革管理理论的三个来源：个人角度学派、组织动态的机理学派和开放系统的学派。②

3. 多种变革模型的比较

在过去200多年的时间里，企业管理变革的特征是连续无规则的变革，许多学者对于组织经历的变革本质和速度存在不同的观点，在这方面，文献中备受瞩目的有三个模型：①变革的渐进模型。这种观点的提倡者把变革看做是一个过程，通过这个变革的过程，组织的组成部分在某一段时间里以一种渐进的和分离的方式应付一个问题或者达到一个目标，如果在长时间内管理者以这种方式对它们内在和外在的环境压力做出反应，他们的组织就会慢慢地被变革。这种观点的支持者主要有米勒（Miller）、弗里森（Freesen）、马奇（Match）、赫茨伯格（Frederick Herzberg）、奎因（Robert E. Quinn）、哈梅尔（Gary Hamel）和普拉哈拉德（C. K. Frahalad）、明茨伯格（Henry Mintzberg）、汉迪（Handy）和麦克唐纳德（John Macdonald）。②组织变革的动态均衡模型。其支持者认为组织在长期（均衡时期）内是稳定和发展的，而在短期（革命性时期）内是通过变化而不断被改变的。这种观点的支持者主要有 Romannell 和 Tushman、史蒂闻·杰伊·古尔德（Steven）和 Gerseck。③组织的连续变革模型。这种观点的支持者认为，为了生存，组织必须发

① 有关企业变革的著作众多，本书在这里只是列举了一些学者具有典型性的观点。

② ［英］Bernard Burnes. 变革时代的管理［M］. 昆明：云南大学出版社，2001. 335

展一种能力以一种彻底的方式进行连续的变革，对快速变化的部门尤其如此。例如对英特尔、沃尔玛特、3M 等公司来说，快速连续地变革尤其是发展新产品的能力是至关重要的。这种观点的支持者主要有汤姆·彼得斯（Tom Peters）、罗莎贝斯·莫斯·坎特（Rosabeth Moss Kanter）、Stacey、Steckland。除此之外，企业变革的模型还有以下几种：

（1）系统变革模型。

系统变革模型是在更大的范围内解释组织变革过程中各种变量之间的相互联系和相互影响关系。这个模型包括输入、变革元素和输出等三个部分。具体如下：

第一，输入。输入部分包括内部的强项和弱项、外部的机会和威胁。其基本构架则是组织的使命、愿景和相应的战略规划。企业组织用使命表示其存在的理由；愿景是描述组织所追求的长远目标；战略规划则是为实现长远目标而制订的有计划变革的行动方案。

第二，变革元素。变革元素包括目标、人员、社会因素、方法和组织体制等元素。这些元素相互制约和相互影响，组织需要根据战略规划，组合相应的变革元素，最终实现变革的目标。

第三，输出。输出部分包括变革的结果。根据组织战略规划，从组织、部门群体、个体等三个层面，增强组织整体效能。

（2）科特组织变革模型。

领导研究与变革管理专家科特（Kotter）认为，组织变革失败往往是由于高层管理部门犯了以下错误：没能建立变革需求的急迫感；没有创设负责变革过程管理的有力指导小组；没有确立指导变革过程的愿景并开展有效的沟通；没能进行系统计划，仅仅为了获取短期利益；没能对组织文化变革加以明确定位，等等。科特为此提出了指导组织变革规范发展的八个步骤：建立急迫感；创设指导联盟；开发愿景与战略；沟通变革愿景；实施授权行动；巩固短期利益；推动组织变革；定位文化途径。科特的研究表明，成功的组织变革有70% ~90% 是由于变革领导成效，还有 10% ~30% 是由于管理部门的努力。

（3）巴斯的观点和本尼斯的模型。

管理心理学家巴斯（Frank M. Bass）认为，按传统方式以生产率或利润等指标来评价组织是不够的，组织效能必须反映组织对于成员的价值和组织对于社会的价值。他认为评价一个组织应该有以下三个方面的要求：①生产效益、所获利润和自我维持的程度；②对于组织成员有价值的程度；③组织及其成员对社会有价值的程度。

沃伦·本尼斯（Warren G. Bennis）则提出，有关组织效能的判断标准，应该是组织对变革的适应能力。当今组织面临的主要挑战，是能否对变化中的环境条件做出迅速反应和积极适应外界的竞争压力。组织成功的关键在于能在变革环境中生存和适应，而要做到这一点，必须有一种科学的精神和态度。适应能力、问题分析能力和实践检验能力是反映组织效能的主要内容。

4. 两种变革的方法及其比较

从有关文献来看，主要存在两种企业变革的方法：渐变方法和激变方法。渐变式变革首先是由库尔特·卢因（Kurt Lewin）提出的，其目的是把事先计划详细的变革与那些因突发事件的发生而强迫企业采取变革的类型区分开。渐变式变革的焦点是把管理者、员工和顾问结合到一起，以提高群体的绩效，通过学习过程，使那些变革涉及的人对他们所处的环境获得新的认识，因而就能够找出一起工作的更加有效的方法。卢因渐变式变革的三个步骤是：①解冻现在的水平；②达到新的水平；③重新冻结新的水平。另外，野中郁次郎（Nonaka）和巴腾（Garvin）、卡明斯（Cummings）和休斯（Huse）也都从不同的角度论证了渐变的变革方法。变革的渐变方法在过去和现在一直很有影响力，从 20 世纪 40 年代末到 80 年代早期，它是变革的主要方法，在美国尤其如此。[①] 20 世纪 80 年代日本企业的崛起，导致了对渐变式变革方法的强烈批评，变革的激变方法也应运而生。持这种观点的学者认为：变革不应该被看成是连续的过程，或者被看成是在固定时间一系列线性的事件，它应该被看成是不连续的过程。变革是从组织成员的日常决策和行动中出现的，变革来自于组织成员为组织和环境相适应而作出的努力，或

① ［英］Bernard Burnes. 变革时代的管理［M］. 昆明：云南大学出版社，2001. 372

者是组织中不同团队为争取支配权而斗争的结果。变革应从以下五个方面来考虑：组织结构、组织文化、组织学习、管理行为以及权力和政治。变革的激变方法的支持者主要有道森（Dawson，1994），威尔逊（Willson，1992）、佩蒂格鲁（Pettigrew，1987）、迈克尔·哈默、詹姆斯·钱皮和克拉克（Charke，1994）。

5. 一个变革的框架——方法与选择

在变革的连续组合中，一端是缓慢的变革，其焦点是行为和文化的变革；另一端是快速的变革，其焦点是结构和过程的重大变革。Bernard Burnes 将变革的组合和变革的方法结合在一起，得到了关于变革的一般框架图，如图 1－1 所示[①]：

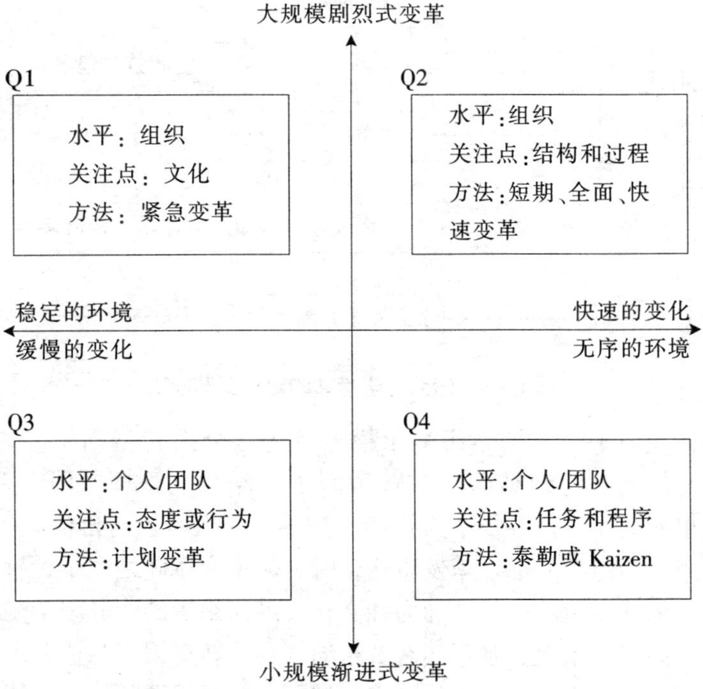

图 1－1 变革的框架图

① ［英］Bernard Burnes. 变革时代的管理［M］. 昆明：云南大学出版社，2001. 345～351

1992年，伯克（Burke）与李特文（Litwin）在《管理学刊》（*Journal of Management*）第18卷第3期上共同发表文章，对7S架构提出改进意见，除了增加因子，且将其与高端变革流程理论相结合外，又提出了一个更加复杂的组织变革模型，如图1-2所示。

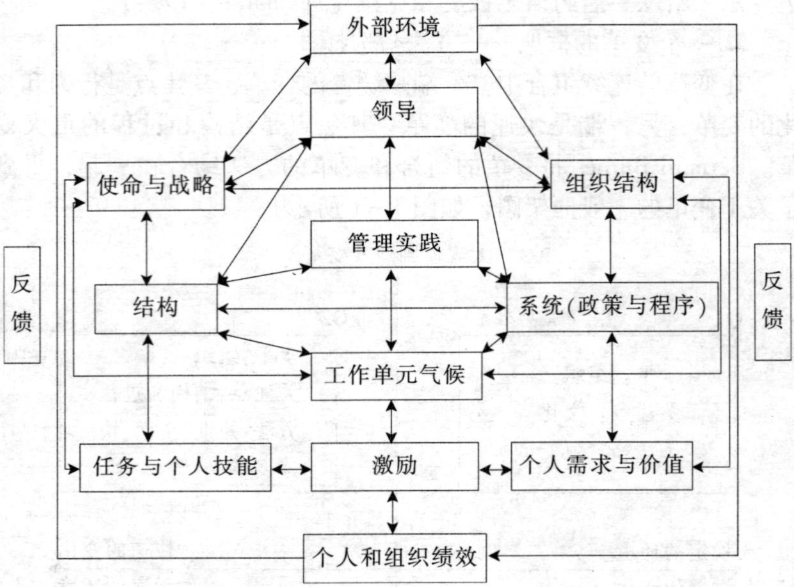

图1-2　伯克与李特文的组织变革模型

伯克与李特文的组织变革模型首先区分出转型因子（领导、使命与战略、组织结构）与业务因子（结构、管理实践、系统、工作单元气候、任务与个人技能、激励、个人需求与价值）。在他们看来，当组织外部环境发生变化时，转型变革随之产生，直接影响组织的使命、战略、领导力和文化。继而组织的业务因子受到影响，如结构、系统、管理实践及组织气候。转型因子与业务因子共同作用，又对组织动机产生影响，进而影响组织绩效。这样能够形成带有反馈机制的环路，组织绩效又对组织的外部环境产生影响。该模型的优点是纳入了众多的变革因子。组织的外部环境是主要因子，尽管它不一定是起始因子。因子之间存在着层级与因果关系。此模型对组织气候（日常的、组织业务层级）和组织文化（根本的、组织形态层级）的影响变量与因变量进行辨识与区分。该模型的局限在于显得过于复杂（尽管较之现实的复杂组织，仍是非常简单），有些组织变革可能是由领导层直接发动的，或受到其他内部因子影响，而非组织外部环境。

6. 变革的路径选择

在有关企业变革的众多理论中，不同的学者提出了不同的解决途径，而这些途径又更多地在企业的实践中被不断运用。如 William J. Rothwell 博士的变革十六步骤[①]；佩蒂格鲁和 Whipp 的变革模型包括五方面内容：环境评价、领导变革、将战略和操作性的变革联系起来、可作为资产也可作为负债人力资源、目标的内在连续性[②]；罗莎贝斯·莫斯·坎特（Rosabeth Moss Kanter）的变革十步骤，科特的变革十步骤[③]；克拉克的环境审视—战略调整—组织重构—文化再建[④]；詹姆斯·迈天的企业构建工程七原则[⑤]；迈克尔·哈默和詹姆斯·钱皮的业务流程再造；罗伯特·谢佛（Robert Schaffer）和哈威·汤姆森（Harvey A. Thomson）的以结果驱动的变革方案，等等。[⑥]

7. 变革的过程控制

从有关文献来看，对于变革的过程控制的论述主要集中在以下几个方面：愿景规划；变革的阻力分析与应对措施；变革过程中资源分配的问题；变革过程中常见的错误归纳和分析；变革参与者的

---

① ［美］William J. Rothwell. 开启变革的新路［EB/OL］. 世界经理人网站，2000－06

② 参见［英］Bernard Burnes. 变革时代的管理［M］. 昆明：云南大学出版社，2001. 396

③ ［美］科特. 领导变革：为什么企业转型的努力会失败［M］. 见：变革. 中国人民大学出版社，哈佛商学院出版社，1999. 3～18

④ ［美］克拉克（Liz Charke）. 改革［M］. 北京：中信出版社，1999. 37

⑤ ［美］詹姆斯·迈天（James Martin）. 大转变——企业构建工程的七项原则［M］. 北京：清华大学出版社，1999. 419

⑥ 相关内容参见［美］迈克尔·哈默（Michael Harmmer）和詹姆斯·钱皮（James Champy）的系列著作《改革公司》、《改革管理》（上海译文出版社 1998 年版）及《领导企业变革》（人民邮电出版社 2002 年版）。

角色分析。

8. 变革的绩效衡量

高哈利和凯利认为，企业转型需要建立一套评量系统，其内容包括建立评量制度和制定一个平衡考绩表。这个平衡考绩表参考了罗伯特·S. 卡普兰（Robert S. Kaplan）和戴维·P. 诺顿（David P. Norton）提出的一种"革命性的评估和管理系统"——综合计分卡，[①] 高哈利和凯特提出的平衡考绩表应从以下四个方面各设立一组目标和评量：股东的角度、顾客的角度、内部组织的角度、未来技能的角度。

9. 有待于进一步研究的问题

企业变革的比较研究——从比较的角度来看企业在实施变革过程中的规律性和差异性。从上述研究文献综合来看，变革管理研究及其实例多集中于西方国家，其中又以美国企业居多。西方学者在研究企业变革的过程中，结合了心理学、组织行为学、管理学以及经济学等方面的知识，对变革的过程做了比较详尽的分析和研究，但研究的范围都集中于西方的企业。另外，他们的研究是在一个社会制度相对健全和完善的环境中进行的，没有过多地考虑不同的社会制度和文化环境对企业变革会有何影响。例如，当我们比较日本、中国和美国的企业变革过程时，会发现许多共同点和差异性，除此之外，企业的多样性，如大企业和小企业、国有企业和家族企业等会让人产生一个假设：不同阶段、不同规模的企业，在变革的方法、手段和路径上是否有规律性和差异性。

1.3 研究思路和主要研究方法

本书的研究思路基于这样一个假设：在企业发展的不同时期里，企业变革的内容与范围是不同的，从企业的外部环境来看，不

---

① ［美］罗伯特·S. 卡普兰（Robert S. Kaplan）和戴维·P. 诺顿（David P. Norton）. 综合计分卡——一种革命性的评估和管理系统［M］. 北京：新华出版社，1988. 8

同制度和文化环境中的企业其变革的重点也是各不相同的，现实经济生活中的实践也证明企业是具有多样性的，如国有企业和家族企业、大企业和小企业、高速成长的企业和衰退的企业，在这些企业的变革过程中，一定存在着差异性和规律性。因此，本书试图对有关材料和实际发生的例子进行一次综合的分析和研究，以找出企业变革的规律性和差异性，为企业变革的实践提供现实的理论借鉴。

1.3.1 研究对象的限定

在现实的经济生活中，这些不同行业的企业在生产经营和管理上各具特色，为了使企业变革的比较研究具有针对性，本书仅选择制造业企业作为研究对象。从目前的国际经济统计资料来看，制造业的概念很笼统，人们一般认为制造业包括食品、纺织、化学、电子、冶金、机械制造等20多个工业部门，范围比较广泛，伸缩性也比较大。回顾制造业的发展历史，我们发现资本主义生产方式的幼芽是在手工制造业的母体中生长出来的。制造业从工场手工业到机器大生产再到自动化和智能化生产，标志着社会生产力的不同发展阶段，对企业和社会都造成了震荡和变革。制造业在国民经济中的地位极其重要，这主要是因为它是制造劳动资料特别是其中的生产工具的部门。以美国为例，美国是生产力高度发达的现代资本主义社会，其重要的标志之一就在于美国的制造业不仅发展到用机器生产机器，而且进步到了用机器制造流水线和机器人的更高阶段。在美国，制造业犹如整个国民经济的火车头，对各行业起带动作用。在生产流通领域它使生产工具现代化，在消费领域它通过层出不穷的新行业和新产品来使人们的生活现代化，它还是发展现代科学技术的强大推动力量。与此同时，制造业又是美国各种社会矛盾的焦点所在——经济危机、劳资冲突、企业兼并和垄断、大规模的裁员与不断的技术革新要比其他产业更加尖锐和突出，因而常常成为触发社会震动的震源。正因为制造业在整个国民经济中的重要作用，本书以制造业企业的变革作为研究对象，试图揭示过去和现在制造业企业在变革过程中的一些规律性和差异性。因此，在下面的行文中所出现的企业如没有特别说明，即为制造业企业。

1.3.2 变革含义的界定

在有关的研究文献中，英文“change”最为常见，中文译法不一，例如 *Harvard Business Review on Change* 中的“Change”被译为变革[①]，而在 *The Essence of Change* 中的“Change”则被译为“改革”[②]。在中文里，这两个词的含义显然是不同的，据《现代汉语规范用法大词典》中的解释，“改革”是指“把事物中旧的不合理的部分改成新的能适应客观情况的部分，一般指性质上的部分的改变”；而“变革”则是指“改变事物的本质（多指社会制度、管理体制等）”。“改革”和“变革”的不同之处在于：①改革是把事物中不合理的、陈旧的部分改成新的、适合需要的部分。②变革的对象多为社会制度、管理体制等重大方面，改革的对象则既可以是技术、工具，也可以是方针、方法、制度、体制、文字等。[③] 在《现代汉语词典》里对“改革”的解释大体是和上面的解释相一致的。因此，本书所研究和探讨的企业变革比较多涉及企业的经营和管理的根本性层面，对企业整体的发展有重大的影响，而不涉及那些局部的细小调整方面的内容。

在《现代汉语规范用法大词典》里对“创新”（innovation）的解释是“创新是指抛开旧的、创造新的、变成新的，重在创造出新的。一般只用于内容、形式、样式等，适用的范围较小”。而在企业变革进程中，许多时候变革方案从纵向上看可能是新的，但如果作横向的比较，则未必是新的。对于“革新”的解释是“革除旧的、创造新的，其侧重点在革除旧的”，“革新可用于具体的设备、工艺、教材等，也可用于抽象的管理、经营方式等”。[④] 对于“革命”（revolution）的解释则是指“根本性的改革”，与“变革”的含义较为接近。但“革命”的含义则着重指人们在改造自

---

① ［美］约翰·P. 科特（John P. Kotter）. 变革［M］. 中国人民大学出版社，哈佛商学院出版社，1999

② 克拉克（Liz. Charke）. 改革［M］. 中信出版社，Prentice Hall 出版公司，1999

③ 现代汉语规范用法大词典. 北京：学苑出版社，1997. 338

④ 现代汉语规范用法大词典. 北京：学苑出版社，1997. 360

然和社会的过程中所进行的重大变革。① 至于企业价值转型，其对应的英文单词是 value migration，以制造业为例，其产业的价值由原来的制造阶段一步步向产业的研究、开发与服务业转移，因而企业转型多涉及企业的业务变化。② 在企业变革的研究中，组织发展（organization development）和组织更新（organization transformation）两个概念也比较重要。从西方的研究来看，组织发展是一个运用行为科学知识来帮助组织获取更大效率的过程，原来的组织发展研究强调通过工作团队的变革来提高效率，而现在则开始转变到组织范围。从某种程度上来说，组织发展是一种群体动力学和渐进式变革的结合。组织更新，则是指从一种组织形态转变到另一种组织形态，其转变的过程多采用激变的变革方式。

因此，本书的研究范围是那些对企业的成长和发展有重大影响的根本性企业变革，因为这种变革往往会涉及企业的各个方面。

1.3.3 研究方法

本书的主要研究方法有比较分析法、案例分析法、实证分析法、模糊数学方法和规范分析法。其中，比较分析法主要包括两方面的内容：一是有关企业变革的历史资料的综合与比较，包括因制度、文化、技术与市场的变迁而带来的企业变革，是一种纵向的比较；二是根据所收集到的一定数量的不同国家、不同规模、不同性质的企业进行横向比较。案例分析法主要是选择具有典型意义的企业变革案例进行具体的分析。实证分析法则基于所收集到的现有的一手和二手资料对有关的理论和结论进行分析论证。规范分析法是从已有的有关企业变革理论出发提出一些论点并予以论证。模糊数学方法主要运用在用小样本数量进行预测与决策方面，从定量研究的角度来对企业变革的影响因素、层次、变革能力和变革绩效等进行定量分析。

---

① 现代汉语词典（修订本）. 北京：商务印书馆，1996

② ［日］简井信行，龙泽正雄. 成功的企业转型［M］. 台北：尖端出版有限公司，1988

本书的研究可用一个变革比较研究的框架体系概括，如图 1 - 3 所示：

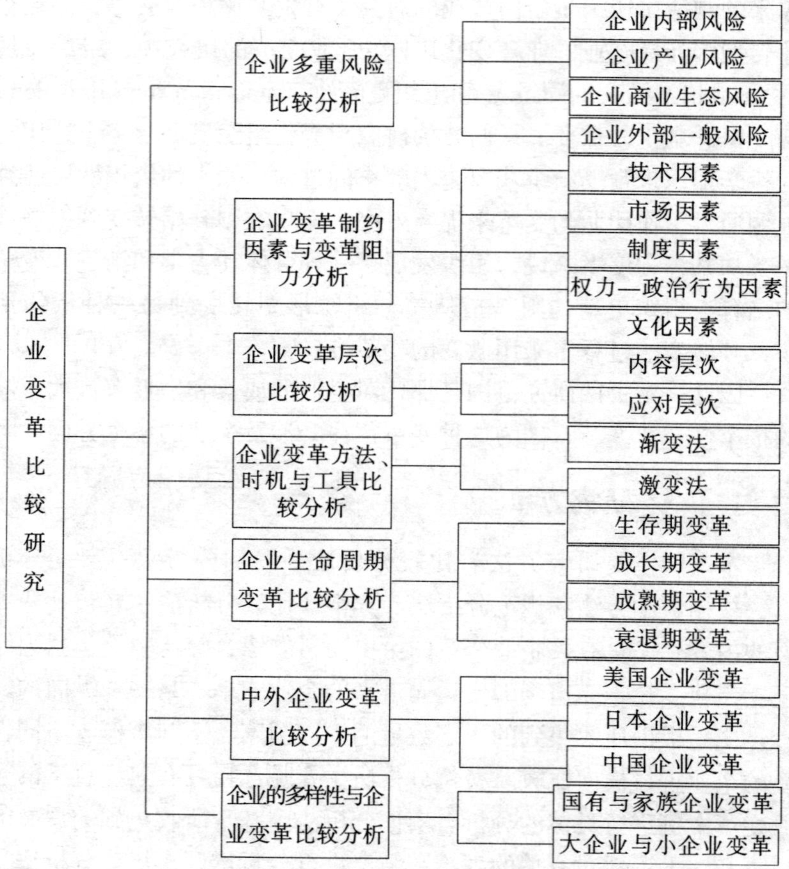

图 1 - 3　企业变革比较研究框架图

1.4　主要内容与结构

本书共分八章。第 1 章为导论，主要介绍所研究的问题，国内外的研究现状，本书的研究思路和研究方法、主要内容与结构等。

第 2 章主要对企业面临的多重风险进行分析和比较研究，包括企业面临的风险类型、企业内部风险及其模糊测度、企业产业风险及其模糊测度、企业商业生态风险及其模糊测度、企业外部一般风险及其模糊测度等。

第 3 章对企业变革的制约因素进行了比较分析，主要包括制度变迁、技术演变、市场发展、文化特征与企业变革间的相互关系，对 40 家中外企业变革实践的统计资料做了综合比较分析，最后通过应用模糊综合评判分析方法对不同企业的变革制约因素进行比较分析。

第 4 章主要对企业变革层次进行了比较分析，本书的探讨分两个部分，一部分探讨分析企业变革过程中的内容层次，如企业层次、功能层次和业务层次；另一部分则研究企业应对变革的层次，如被动式变革、预测式变革和领导式变革等，并分别运用模糊数学方法对其进行定量分析。

第 5 章主要比较分析了在企业变革中经常使用的两种变革方法——渐变方法和激变方法。首先分析了与这两种方法相关的唯物辩证法与企业变革方法的关系，接着对两种变革方法进行了理论上的比较分析，最后采用企业实践中的统计资料数据来分析其在使用过程中的差异性，并分别运用模糊数学方法进行定量分析。

第 6 章对企业在不同生命周期的变革重点进行了分析，并对生命周期的不同阶段的变革内容层次和应对层次进行了比较研究。例如，本书将企业的生命周期简化为四个部分——生存期、成长期、成熟期和衰退期，并对每个周期的变革特征进行了比较分析。最后，随机抽样调查了 40 家中外企业并对统计结果进行分析。

第 7 章探讨了中外企业变革的横向比较研究，对美国、日本及中国三国企业的变革特征进行了比较研究。首先采用归纳分析方法对 20 世纪 90 年代末以来的美国企业变革特征、日本企业变革特征和中国企业变革特征进行了归纳分析，接下来随机抽样调查了 15 家中国企业、10 家美国企业和 5 家日本企业，并对这三国企业在变革的内容层次和应对层次、变革的方法选择和变革的制约因素等方面进行了比较研究。最后，在理论上对这些企业在变革过程中的共同点和差异性进行了比较研究，并运用模糊数学的方法对三国制造企业进行了定量比较测度分析。

第 8 章主要研究企业的多样性和企业变革，还研究了不同规模、性质的企业在变革过程中的一些共同点和差异性。对国有企业和家族企业、大型企业和小型企业的变革进行了比较分析和研究。最后，提出了一个衡量企业变革能力的指标体系。

2 企业的多重风险识别及其分析

风险是指可能对目标的实现产生影响的事情发生的不确定性。任何企业都是在一定风险中生存和不断发展的，不可避免地会受到这些风险的影响，并由此而引发企业的规模的变化及程度不等的变革。本章将对企业的风险进行分类论述，并提出一个企业多重风险管理的框架模型。

2.1 企业的风险及其分类

在企业生产经营过程中，由于各种事先无法预料的不确定性因素的影响，使企业的实际财务结果、状况与预期发生了一定的偏差，从而有蒙受损失或获取额外收益的机会或可能性，这便是企业的风险。风险客观存在，并且对企业的发展构成一定的威胁。在市场经济条件下，企业作为市场的主体参与市场竞争，必须认清面临的各种风险，正确理解风险的存在，这样才能在市场竞争中识别、防范、化解和规避风险，才能避免运营中不可预见的损失，达到预期的经营发展目标。对于企业风险的分类，因为标准不同导致其分类也各不相同。例如按照风险导致的后果，企业风险分为纯粹风险和投机风险。按照风险波动的主体，企业风险分为收支性风险和现金流风险。收支性风险是指实际利润与预期利润的偏差，现金流风险是指实际现金流与预期现金流的偏差。其中，收支性风险按照风险波动的主体，又可以分为经济风险、经营风险和财务风险。按照风险因素的来源，企业风险可分为环境风险、过程风险和决策信息风险。按风险是否可分散，从投资者的角度看，风险可分为系统风险和非系统风险。系统风险即市场风险，指由整体政治、经济、社会等环境因素对证券价格所造成的影响。系统风险包括政策风险、经济周期性波动风险、利率风险、购买力风险、汇率风险等。这种风险不能通过分散投资加以消除，因此又被称为不可分散风险。非系统风险是指对某个行业或个别证券产生影响的风险，它通常由某一特殊的因素引起，与整个证券市场的价格不存在系统的全面的联系，而只对个别或少数证券的收益产生影响。这种风险可以通过多样化投资来分散，即发生于一家公司的不利事件可以被其他公司的有利事件所抵消。由于非系统风险是个别公司或个别资产所特有的，所以也称为“特有风险”，由于非系统风险可以通过投资多样化分散掉，也称为“可分散风险”。按契约经济学理论，风险可分为制度风险和经营环境风险。按风险的可控程度，风险可分为可控风险和不可控风险。按企业管理的内容，风险可具体分为：①战略风险。如不符合宏观经济政策，产业、行业政策；战略与规划错误，经营目标不明确、并购失败、技术落后、没有战略合作伙伴等失误。②财务风险。如现金流不畅，资金回笼慢、三角债困扰，甚至资金断链；负债率高、应收账款高、产品存货高、内控不完善；效率低、利润低，等等。③市场风险。市场变数极多，如因市场突变、人为分割、竞争加剧、通货膨胀或紧缩、消费者购买力下降、原料采购供应等事先未预测到的风险，导致市场份额急剧下降，或出现反倾销、反垄断指控。④经营风险。如企业内部管理混乱、销售不畅、费用超高，股东撤资、银企关系不协调、客户服务不到位、资产沉淀，造成资不抵债或亏损的困境。⑤产品风险。如产品不合格，产品有质量和缺陷问题，新产品、服务品种开发不对路，产品陈旧，或更新换代不及时、产品积压、产品不保险等导致的风险。⑥政策风险。如因政府法律、法规、政策、管理体制、规划的变动，税率、利率变化或行业专项整治，加入世贸组织、双边或多边贸易摩擦等造成的影响。⑦外汇风险。因外汇汇率波动而使以外币计价的企业资产与负债价值上涨或下降，如人民币升值对企业经营、进出口贸易的影响。⑧人事风险。如员工不稳定，企业对董事、监事、经理和管理人员任用不当，没充分授权，或精英人才流失，无合格员工，员工大面积（集体）辞职等造成的损失。⑨体制风险。如企业因选择企业制度、法人治理结构、组织体系、激励机制不当而运作困难或内耗增大，或公司期限届满而面临解散清算。⑩自然灾害风险。因自然环境恶化、地震、洪水、火灾、台风、暴雨、沙尘暴、雪灾、天文异变、交通事故、危险品泄漏、环境污染、地质（地基）变动等造成的损失。⑪公关危机。企业因多种原因，如产品质量不合格、劳资纠纷、法律纠纷、重大事故案被公众媒体曝光，致使企业公信力和美誉度急剧下降。

企业风险管理是企业应用一般的管理原理管理一个组织的资源和活动，通过辨别、评估风险及相应的风险管理策略，以合理的成本尽可能地减少意外风险损失，放大风险收益的管理方法。具体的管理思路是识别风险、度量风险、用策略去管理风险。对于风险管理，许多学者进行了卓有成效的研究，例如，陈秉正（2003）在《整体化公司风险管理》中论述了风险管理概念的演进、风险管理与企业价值、风险管理与资本管理以及风险管理的各种策略，并对整体化风险管理进行了展望。该书融合了 Shimpi（2001）的《整合性公司风险管理》和 Doherty（2003）的《整体化风险管理》两本风险管理巨著的精华，论述了全面风险管理的基本理论。陈忠阳（2006）的《金融机构现代风险管理基本框架》一书从金融机构的风险角色分析入手，归纳了风险的概念和性质，并从金融机构的角度论述了现代风险管理的内涵和特征，以及现代风险管理框架体系的构建。美国学者尼尔·多尔蒂（Doherty，Neil A.，2003）的《综合风险管理——控制公司风险的技术与策略》（陈秉正、王珺译，2005）一书中，认为随着近年来衍生金融市场的快速成长以及金融工程技术的不断发展，加上保险市场开始重在保单内容的设计上将可保风险与财务风险相结合，因此，当前风险管理的主要目标是反映公司的理财能力和增加公司的价值。瑞士再保险公司（Swiss Re.）研究部在其著名期刊*Sigma*（2005年第3期）发表的《产险业资本承保与价值创造的实践》指出：影响产物保险公司资本成本的因素是投资活动与承保风险的组合。而公司价值较高的产险公司的承保利润波动较小，这些公司都有较好的风险选择、风险分散与再保险安排，或者使用了创新的风险转移技术。Shimpi（2001）的《整合性公司风险管理》中对传统个别型风险管理与创新整合型风险管理做了比较，其中包括资本管理与风险管理、公司财务与保险、财务长与风险管理人、众多个别风险与整合风险、众多个别市场与整合市场，并对整合前后的风险管理效果进行了论述。该书与Doherty（2003）的《综合风险管理控制人事风险的技术与策略》是学术界公认的风险管理理论与实践领域中最经典的两部著作，是风险管理理论沿袭和最新研究趋势综述。

从上述的文献中我们大致可以看出，对风险管理的研究更多地集中于金融保险业，对制造企业的风险管理的专门阐述并不多见，因此，本书将主要从制造企业所面临的全面风险的角度来比较分析企业的多重风险识别及其变革。

全面风险管理是目前风险管理发展的最新趋势，它是一种站在整个企业或者是从组织角度进行的整体化风险管理方式，我们平时所说的企业风险管理（corporate risk management）或整体风险管理（enterprise-wide risk management），也是指全面风险管理。全面风险管理的核心思想是：一个公司的风险来自很多方面，比如，一个保险公司可能会面对由需求变化、利率变化、资产价格变化等带来的种种不同风险，最终对公司产生影响的不是某一种风险，而是所有风险联合作用的结果，所以只有从公司整体角度进行的风险管理才是最有效的。

本书根据制造企业面临风险的层次性及其重要性，提出了一个有关企业风险的多层次模型，如图2-1所示：

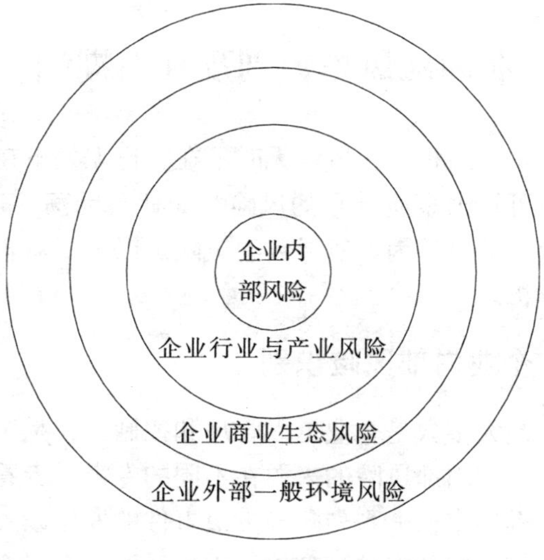

图 2－1　企业风险的多层次模型

图 2－2 是对企业风险的多层次模型的具体展开图。

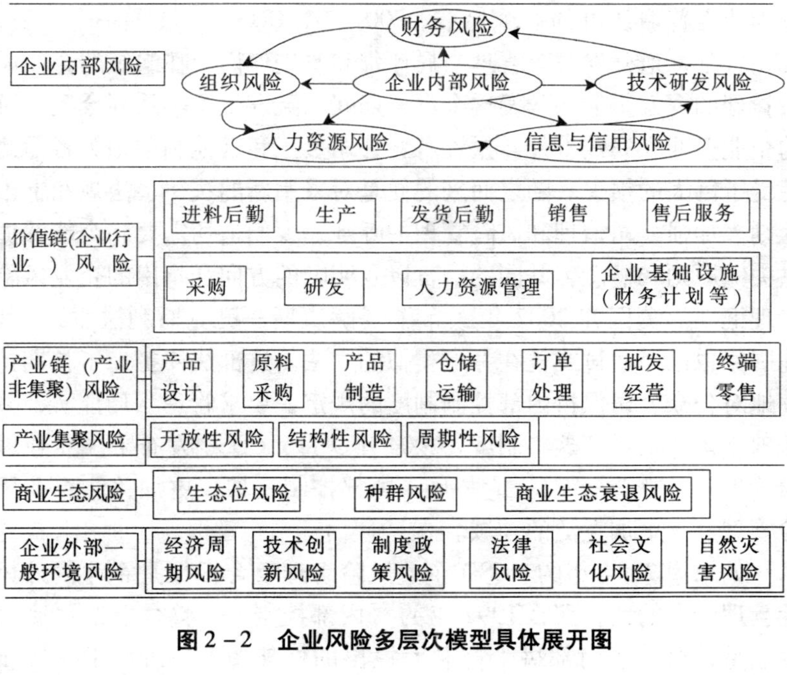

图 2－2　企业风险多层次模型具体展开图

2.2 企业内部风险识别及其模糊测度

在企业的发展历程中，风险无时不在，也无处不在，既有源于企业外部的不可控因素所导致的风险，如社会动荡、自然灾害等，也有源自企业内部可控因素所导致的风险。以下仅对企业内部风险的渊源进行分析。

2.2.1 企业内部风险识别

内部风险绝大多数是企业可以管理和控制的，是企业内部控制活动的对象。企业内部风险的来源在不同的专家学者看来是各不相同的。例如，近年来，一系列财务失败事件的发生以及对企业风险管理的关注，使人们越来越清楚地认识到需要一个强有力的框架以便有效地识别、评估和控制风险。1992 年，美国发起人组织委员会 COSO 提出了《内部控制——整合框架》，经过十多年的应用，已成为业界普遍认可的一个标准。2001 年，COSO 开展了一个项目，委托普华永道开发一个管理当局评价和改进他们所在组织的企业风险管理的框架。但在开发这个框架期间，又发生了一系列令人瞩目的企业丑闻和失败事件，投资者、公司员工和其他利益相关者因此遭受了巨大的损失。随之而来的便是对采用新的法律、法规和上市准则来加强公司治理和风险管理的呼吁。人们迫切需要一个能够提供关键原则和概念、共同的语言以及明晰的方向和指南的企业风险管理框架。美国在 2002 年颁布了《萨班斯—奥克斯利法案》，其他国家也已经通过或正在考虑类似的立法。这部法律扩充了长期持续地对公众公司保持内部控制制度的规定，要求管理当局证实，并由独立审计师鉴证这些制度。2004 年 9 月，COSO 发布了《企业风险管理——整合框架》，它拓展了内部控制框架，更加关注企业风险管理这一更加宽泛的领域。

如果说 2004 年的 COSO 企业风险管理整合框架是企业内外风险管理整合的话，那么 1992 年的《内部控制——整合框架》则很明显是针对企业内部风险控制而提出的框架体系，适用于一般企业，涉及经营、财务报告和合规三类目标，它包括五个要素，即控制环境、风险评估、控制活动、信息和沟通、监督检查，得到了公司管理层、审计师的认可和广泛应用，也得到了 SEC 和 PCAOB 的认可，适用于一般上市公司。它提供了一个识别内部控制要素和目标的整合框架及评价有效性的标准，但没有对评价过程中必须遵循的步骤提出详细的指南，而且其评价体系定性化色彩浓厚，使用起来有一定难度。

我国独立审计具体准则将内部控制定义为“被审计单位为了合理保证财务报告的可靠性、经营的效率和效果以及对法律法规的遵循，由治理当局、管理当局和其他人员设计和执行的政策和程序”。该准则同时规定内部控制应包括下列五个要素：①控制环境；②被审计单位的风险评估过程；③与财务报告相关的信息系统（包括相关的业务流程）和沟通；④控制活动；⑤对控制的监督。可见，我国审计准则关于内部控制的相关规定与 COSO《内部控制统一框架》保持了高度的一致。该定义显示出我国理论界对内部控制的理解取得了突破性的进展，并与国际逐渐接轨。

戴毅、霍佳震、张倩等（2008）提出一个基于模糊层次综合方法的企业内部风险评价模型，他们将内部风险分为八类，包括组织风险、决策风险、营运风险、财务风险、技术风险、人力资源风险、信息风险和信用风险。企业内部八大风险因素及其各子因素的关系如图 2－3 所示：

关于企业内部风险的识别还有很多国内外专家进行了相应的研究，其分歧主要表现在对企业内部风险评价指标的设计数量和内涵上，其共同点是财务风险、人力资源风险和组织风险在内部风险中占据主要的地位，一般都有论述，不同点在于其权重的大小和其他一些指标是否应该纳入评价体系。

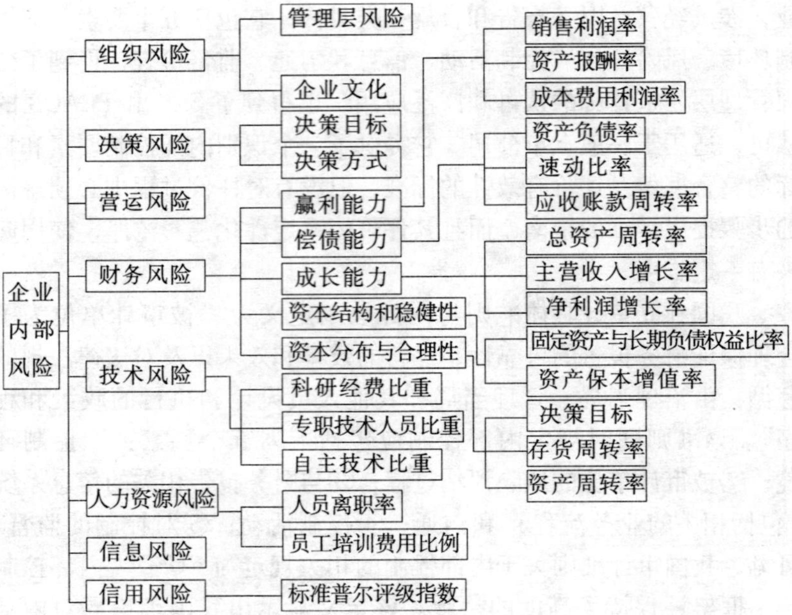

图 2－3　基于模糊层次综合方法的企业内部风险评价模型

2.2.2　企业内部风险评价指标体系

企业风险管理的特点决定了在很多情况下很难准确、科学地评价复杂多变的企业风险因素。基于此，本书对企业风险因素进行了详细的、层次化的划分，并构建指标体系，再辅以模糊综合评价技术进行分析的方法，以提高企业内部风险评价的准确性和科学性。在综合中外学者研究的基础上，本书认为，企业在其经营管理中始终都面临着多达四重风险的威胁，从大的方面来看，企业面临着系统和非系统风险；从细的角度分析，企业的多重风险又主要有企业内部风险、企业外部产业风险、企业外部商业生态风险、企业外部环境风险。如表 2－1 所示。

表 2－1 企业内部风险指标

一级指标（U_i）	二级指标（U_{ij}）	三级指标（U_{ijk}）
企业内部风险	组织风险（U_{11}）	组织结构风险
		组织文化风险
	财务风险（U_{12}）	赢利能力
		成长能力
		资产管理能力
		财务适应能力
	技术研发风险（U_{13}）	研发技术可行性
		研发资金
	人力资源风险（U_{14}）	人力资源结构风险
		人力资源流动风险
	信息与信用风险（U_{15}）	信息收集与分析处理风险
		信用管理风险

企业内部风险评级指标如下：

（1）组织风险。凡是由于企业组织结构、管理层道德和领导风格的僵化、企业文化、内部控制等组织因素不当或未发挥应有的功能而给企业带来的风险都属于组织风险。组织风险是企业经常面临的内部风险，例如“大企业病”就反映了企业在组织结构与组织文化等方面面临的风险。这种风险的积累往往具有历史性，经过一定的时间，就形成组织特有的惯性，一旦成为无法回避的风险，其引发的变革往往是剧烈式变革。

（2）财务风险。财务风险包括企业在融资、投资和股利发放等经营过程中所面临的各种风险。它是在企业的资金运动（资金→成本→收入→利润→资金）过程中产生的，既具有特殊性，又具有相对独立性。财务风险通常具有短期性和突发性的特点。

（3）技术研发风险。技术研发风险，是指在新技术研究开发过程中，因出现无法克服的技术困难而导致技术开发工作停顿、中止、失败或部分失败所造成的技术开发损失，或者是虽然研发出新的技术和产品，但是在市场需求和市场推广中遇到严重问题而面临的风险。技术开发过程中出现的无法克服的困难包括：一是研究开发的技术在现有的科学技术水平下不能满足其需要，如研究开发的技术在国内或国际上处于领先水平。二是研究开发人员在主观上尽了最大的努力仍不能克服的困难，如承担研究开发的人员在现有的人力资源、财力资源、技术资源上尽了最大的努力，仍无法解决的技术难题。三是研究开发的技术的失败，属于合理的失败，如开发的技术在某些领域内有违反客观规律的事实所造成的失败。除此之外，还表现在新生产方法的应用、新市场的开拓、新原料的取得、生产因素新组合的应用等方面产生的风险。

（4）人力资源风险。人力资源风险是指有关人才的聘用、培养，员工的知识技能状况，企业对员工的激励约束机制等方面存在的风险。其中包括重要员工和管理者的离职所带来的风险。

（5）信息与信用风险。信息风险是指企业在经营中由于对信息的获取、处理和利用产生的对企业经营有不利影响的因素。信息风险主要包括信息的管理风险和信息系统风险。信用风险属于一种行为风险，是指当授信人预先向受信人提供商品、服务或资金时，有可能面临受信人到期无法实现支付承诺而带来的损失。

2.2.3 基于模糊综合评价模型的企业内部风险定量评价

层次分析法（analytic hierarchy process，AHP）是一种定量与定性相结合的多目标决策分析方法，其核心是将决策者的经验判断予以量化，从而为决策者提供定量形式的决策依据，在对企业的内部风险进行评估时，由于目标结构复杂且缺乏必要数据，因此该方法最为实用。

1. 企业内部风险程度评价模型的建立与算法探讨

当因素过多且因素间的影响分层次时，在 Zadeh 的“∧ - ∨”算子下，会出现“泯灭”现象，难以得到有意义的结果。为了不让有价值的信息白白丧失，我们采用多层次模糊测度模型。该模型实际上起到了层次的细分代替因素（或权重）细分的作用，具体步骤如下：

在评价一个企业面临的内部风险程度时，往往需要考虑众多因素，各因素之间还有不同的类别和层次，因此需要建立多层次模型来进行分析。

定义：给定集合 U，设 P 是将 U 分成 k 个子集的一种分法，且满足：① $\bigcup_{i=1}^{k} U_i = U$；② $U_i \cap U_j = \varnothing$，$\forall i, j, i \neq j$。则称 P 是对 U 的一个划分，记为 $U/P = \{U_1, U_2, \cdots, U_k\}$。

多层次测度模型可按下述步骤进行：

(1) 对因素集 $U = \{u_1, u_2, \cdots, u_k\}$ 作划分 P 得：$U/P = \{U_1, U_2, \cdots, U_k\} = \{U_i\}$，$i = 1, 2, \cdots, k$，其中 U_i 含有 n_i 个因素，记为 $U_i = \{u_{i_1}, u_{i_2}, \cdots, u_{i_n}\}$。显然有 $\sum_{i=1}^{k} n_i = n$。

(2) 对每个 U_i，即每组用单层次测度模型作模糊测度：$B_i = A_i \cdot R_i$ $(i = 1, 2, \cdots, k)$。

(3) 由 B_i $(i = 1, 2, \cdots, k)$ 建立高一层次的模糊矩阵：

$$R = \begin{bmatrix} B_1 \\ B_2 \\ \vdots \\ B_k \end{bmatrix}$$

设 $U_1, U_2, \cdots, U_k$ 的权向量为 $\underset{\sim}{A} = (a_1, a_2, \cdots, a_k)$，满足 $\sum_{i=1}^{k} a_i = 1$，则二层测度模型为：

$$\underset{\sim}{B} = \underset{\sim}{A} \cdot \underset{\sim}{R} = \underset{\sim}{A} \cdot \begin{bmatrix} A_1 \cdot R_1 \\ A_2 \cdot R_2 \\ \vdots \\ A_k \cdot R_k \end{bmatrix} = (b_1, b_2, \cdots, b_m)$$

由于 $\underset{\sim}{B} = \underset{\sim}{A} \cdot \underset{\sim}{R}$ 中“$\wedge - \vee$”（取小—取大）算子有一定的局限性①，为此将“$\wedge - \vee$”算子推广为更一般的合成运算。它通常有四种类型：① $M(\wedge, \vee)$ “主因素决定型算子”；② $M(\cdot, \vee)$ “主因素突出型算子”；③ $M(\wedge, \oplus)$ “不均衡平均型算子”，其中，$\alpha \oplus \beta = \min(1, \alpha + \beta)$（有界和）；④ $M(\cdot, +)$ “加权平均

① 陈守义，刘云丰，汪培庄．综合评判的数学模型．见：模糊数学．1983. 61～70

型算子”，即普通矩阵乘法意义。该种算子能让每个因素都对综合评判有所贡献。$b_j=\sum_{i=1}^{k}a_i\cdot r_{ij}$，$j=1, 2, \cdots, m$，其中要求：$\sum_{i=1}^{k}a_i=1$，权重归一化。

总之，以上算子在应用中，应该根据具体问题选择合适的算子，要能够描述实际问题的本质，才能得到满意的效果，并且保证 $\underset{\sim}{B}=(b_1, b_2, \cdots, b_m)$ 满足 $b_j\in[0, 1]$ $(j=1, 2, \cdots, m)$ 即可。

2. 实证分析

为了更好地评价企业面临的内部风险的程度，一般将企业面临风险的大小评价标准分为五个等级：高风险（v_1）、较高风险（v_2）、一般风险（v_3）、较低风险（v_4）、低风险（v_5），故评判集 $V=\{v_1, v_2, \cdots, v_5\}$。为此，本研究邀请有关企业界、学术界等领域的数十位企业家和专家通过德尔菲法式的问卷调查形式，对某上市 A 公司各评价指标的权重进行分配，其结果如表 2－2 所示：

表 2－2　企业内部风险指标权重分布

一级指标（U_i）	权重（R_i）	二级指标（U_{ij}）	权重（R_{ij}）	三级指标（U_{ijk}）	权重（R_{ijk}）
企业内部风险	1.0	组织风险	0.10	组织结构风险	0.44
				组织文化风险	0.56
		财务风险	0.55	赢利能力	0.33
				成长能力	0.21
				资产管理能力	0.24
				财务适应能力	0.22
		技术研发风险	0.20	研发技术可行性	0.73
				研发资金	0.27

（续上表）

一级指标（U_i）	权重（R_i）	二级指标（U_{ij}）	权重（R_{ij}）	三级指标（U_{ijk}）	权重（R_{ijk}）
企业内部风险	1.0	人力资源风险	0.10	人力资源结构风险	0.77
				人力资源流动风险	0.23
		信息与信用风险	0.05	信息收集与分析处理风险	0.49
				信用管理风险	0.51

接着对A上市公司面临的风险评价指标进行评价，其结果如表2-3所示：

表2-3　A上市公司风险指标评价表

指标	评价标准（A公司）				
	高风险	较高风险	一般风险	较低风险	低风险
组织结构风险	0.40	0.20	0.20	0.10	0.10
组织文化风险	0.20	0.30	0.20	0.15	0.15
赢利能力	0.10	0.20	0.20	0.10	0.40
成长能力	0.10	0.20	0.10	0.40	0.20
资产管理能力	0.10	0.40	0.20	0.20	0.10
财务适应能力	0.10	0.20	0.40	0.15	0.15
研发技术可行性	0.40	0.30	0.20	0.05	0.05
研发资金	0.15	0.20	0.40	0.05	0.20
人力资源结构风险	0.40	0.30	0.10	0.10	0.10
人力资源流动风险	0.10	0.50	0.20	0.10	0.10
信息收集与分析处理风险	0.10	0.40	0.20	0.25	0.05
信用管理风险	0.10	0.20	0.40	0.20	0.10

（1）A公司U_{11}的模糊评价矩阵。

首先，对A公司企业内部风险评价指标中的组织风险因素

（C_1）进行定量测度。其 U_{11} 的模糊评价矩阵为：

$$R_1=\begin{bmatrix}0.4 & 0.2 & 0.2 & 0.1 & 0.1\\ 0.2 & 0.3 & 0.2 & 0.15 & 0.15\end{bmatrix}$$

权重向量 $A_1=(0.44,\ 0.56)$，根据影响企业组织风险的多因素原因，为了能让每个因素都对综合评判有所贡献，因此，本研究选择"$M(\cdot,\ +)$，加权平均型算子"，即普通矩阵乘法意义，计算得：$B_1=A_1\cdot R_1=(0.288,\ 0.256,\ 0.20,\ 0.128,\ 0.128)$。由"最大隶属度原则"可知，在A公司组织风险因素评价中，对A公司的组织风险感知是0.288，根据五级评判原则，属于高风险的范畴，从而反映出A公司在组织结构和组织文化上存在着高风险，需要对公司的组织结构和组织文化进行相应的变革以降低公司的组织风险。

其次，对"A公司内部风险中的财务风险维度"进行定量测度。同理，

$$B_2=A_2\cdot R_2=(0.33,\ 0.21,\ 0.24,\ 0.22)\cdot\begin{bmatrix}0.1 & 0.2 & 0.2 & 0.1 & 0.4\\ 0.1 & 0.2 & 0.1 & 0.4 & 0.2\\ 0.1 & 0.4 & 0.2 & 0.2 & 0.1\\ 0.1 & 0.2 & 0.4 & 0.15 & 0.15\end{bmatrix}$$
$$=(0.1,\ 0.248,\ 0.223,\ 0.198,\ 0.231)$$

由"最大隶属度原则"可知，A公司的内部风险在财务风险上存在着较高的风险，其中0.248对应的评判指标是存在着较高的财务风险。

再次，对A公司的"技术研发风险"影响因素进行定量测度。同理，

$$B_3=A_3\cdot R_3=(0.73,\ 0.27)\cdot\begin{bmatrix}0.4 & 0.3 & 0.2 & 0.05 & 0.05\\ 0.15 & 0.2 & 0.4 & 0.05 & 0.20\end{bmatrix}$$
$$=(0.332\,5,\ 0.273,\ 0.254,\ 0.05,\ 0.090\,5)$$

同样由"最大隶属度原则"可知，A公司内部风险在技术研发上

对应的是0.332 5，其对应的风险是高风险，这与实际比较符合，因为A公司主要是以生产小家电及家用电器为主，技术的研发比较缓慢，重大突破性技术创新乏善可陈。

第四，对A公司的“人力资源风险”影响因素进行定量测度。同理，

$$B_4 = A_4 \cdot R_4 = (0.77, 0.23) \cdot \begin{bmatrix} 0.4 & 0.3 & 0.1 & 0.1 & 0.1 \\ 0.1 & 0.5 & 0.2 & 0.1 & 0.1 \end{bmatrix}$$

$$= (0.331, 0.347, 0.123, 0.10, 0.10)$$

这一指标反映出A公司内部风险中的人力资源风险较高，因为由“最大隶属度原则”可知，0.347对应的评价指标是较高风险，这说明A公司在人力资源的结构和流动方面存在着相当大的不足，需要予以重视。

第五，对A公司的“信息与信用风险”影响因素进行定量测度。同理，

$$B_5 = A_5 \cdot R_5 = (0.49, 0.51) \cdot \begin{bmatrix} 0.4 & 0.3 & 0.2 & 0.05 & 0.05 \\ 0.15 & 0.2 & 0.4 & 0.05 & 0.2 \end{bmatrix}$$

$$= (0.272\,5, 0.249, 0.302, 0.05, 0.126\,5)$$

这一指标反映出A公司的信息与信用风险对应的最大隶属度函数为0.302，其对应的风险等级为一般风险。

在对企业内部风险进行模糊综合评价因素中，共涉及五大指标，分别是组织风险、财务风险、技术研发风险、人力资源风险、信息与信用风险。其在评价体系中的权重分别是0.10、0.55、0.20、0.10、0.05。

综上所述，对A公司内部风险进行综合测度为 $U = \{U_1, U_2, U_3, U_4, U_5\}^T$，权重向量 $A = (0.1, 0.55, 0.20, 0.10, 0.05)$，作综合测度得：

$$A \cdot U = (0.1, 0.55, 0.2, 0.1, 0.05) \cdot$$

$$\begin{bmatrix} 0.288 & 0.256 & 0.20 & 0.128 & 0.128 \\ 0.10 & 0.248 & 0.223 & 0.198 & 0.231 \\ 0.332\,5 & 0.273 & 0.254 & 0.05 & 0.090\,5 \\ 0.331 & 0.347 & 0.123 & 0.10 & 0.10 \\ 0.272\,5 & 0.249 & 0.302 & 0.05 & 0.126 \end{bmatrix}$$

$$=(0.197, 0.264, 0.221, 0.148, 0.174)$$

表 2-4　综合测度等级分值表

测度标准	高风险	较高风险	一般风险	较低风险	低风险
分值	90~100 （中值取95）	80~89 （中值取85）	70~79 （中值取75）	60~69 （中值取65）	60以下 （中值取30）

根据表2-4可得A公司内部风险综合测度分值为：

$F=(0.197, 0.264, 0.221, 0.148, 0.174)\cdot(95, 85, 75, 65, 30)^{T}\approx 72.57$

（2）计算结果分析。

由上述计算可知，因为内部风险延伸效果综合测度分值 $F\approx 72.57$，说明A公司的内部风险评价为一般风险，从以上计算和定量分析可得出如下结论及其对策建议：

由“最大隶属度原则”可知，A公司内部最大的风险是组织风险、人力资源风险与技术研发风险，这对企业未来的长远发展构成极大的威胁。A公司在财务上的风险为较高风险，需要继续予以关注，A公司在信息与信用上的风险为一般风险。

本书提出了一个以模糊数学中的模糊综合评价为基础的衡量企业风险等级的指标体系，该体系由五大部分十二个指标构成，有了这套指标体系，再运用德尔菲法和模糊数学的方法，就可以对一个企业面临的内部风险做出定量化的判断，对于企业的风险管理与决策将起到有益的作用。

2.3 企业面临的行业风险、产业风险识别及其模糊测度

在众多的文献中，行业与产业是经常混为一谈的，行业的概念很明确，而产业的概念则比较宽泛，或者说不严格，两者在使用上一般难以区分，但实际上行业与产业是有一定区别的。

行业是指反映以生产要素组合为特征的各类经济活动。行业是从员工与企业角度来说的某种经济类别，指的是单种经济物品，是一个生产概念，有较细的划分和严格的定义，它一般是纵向的。由上述内容可以看出，行业是根据人类经济活动的技术特点划分的，即按反映生产力三要素（劳动者、劳动对象、劳动资料）不同排列组合的各类经济活动的特点划分的。如模具工、机床操作工、律师、医生，我们从他们各自的劳动对象、劳动资料很容易就能看出他们各自的技术特征，从而区分为四种行业。

产业是指对各类行业在社会生产力布局中发挥不同作用的称谓。行业划分的着眼点是从生产力的技术特点这一微观领域进行的；产业划分的着眼点是从生产力布局的宏观领域进行的，是生产物质产品的集合体，包括农业、工业、交通运输业等部门，一般不包括商业。产业一般是指横向的联系，如上述模具工、机床操作工、律师、医生四个行业按它们在生产力发展总链条中所发挥的不同作用归类，就会发现：模具工与机床操作工属于加工制造业，律师与医生属于服务业。加工制造业与服务业又分别被称为第二产业和第三产业。目前，在国际上普遍流行的是三大产业划分思路，即按照人类生产发展的历史顺序——第一农业、第二加工制造业、第三服务业来划分，并用来反映国民经济中各类活动的不同特征。1985 年，国家统计局明确地把我国产业划分为三大产业。把农业（包括林业、牧业、渔业等）定为第一产业，把工业（包括采掘业、制造业、自来水、电力、蒸汽、煤气）和建筑业定为第二产业。把第一、二产业以外的各行业定为第三产业。这是我国政府关于经济结构改革的一项重大决策与举措。

产业风险研究是介于宏观经济和微观经济之间的中观经济研究范

畴。产业是具有共同特征企业的集合，同一产业内的企业存在着相同或相似的特征。因此，一旦发生产业风险，就意味着同一产业内的很多企业将可能出现大面积的风险，且波及范围较广、损失较大，对企业经营收益的影响也十分巨大。

由于制造业属于第二产业中的一种，其涉及的行业种类众多，因此在本书中所论及的制造业风险即为产业风险，从大的方面来看，产业是一个比行业更大的概念范畴。本书将产业风险分为三类：一类是包含在产业内部的不同行业所涉及的风险，一般通过分析产业的一般风险来识别和量化；另一类是从整个产业的非集聚的角度来看某个产业的兴衰成败风险；第三类则是产业集聚风险，是指产业集群内企业超过一定限度时，土地、资本和劳动力价格就会上涨，从而制约集群内企业的进一步发展，集群也会开始衰落而引发的风险。三类产业风险图如图 2-4 所示：

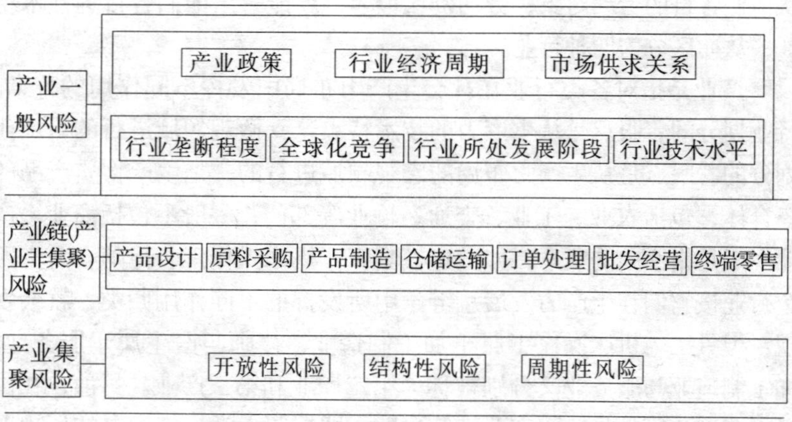

图 2-4　三类产业风险图

2.3.1　产业一般风险

产业一般风险即企业的行业风险，不仅来自各个行业内部自身的经营，还受到来自外部多方面的影响，包括国家行业政策、行业经济周期、市场供求关系、行业所处的发展阶段、行业技术水平、行业垄断程度、全球经济竞争带来的冲击等。具体包括：①国家行业政策风险。一个国家的产业政策对许多行业的运行和发展起着举足轻重的作用。属于国家重点支持的行业，政策风险相对较小；属于国家允许发展的行业，一般市场竞争比较充分，风险程度适中；属于国家限制发展的行业，往往发展空间较小，风险程度偏高；对于国家明令禁止的行业和产品，企业应及时、有效地从这些行业中退出，否则就会遭受巨大的风险损失。②行业经济周期风险。各行业自身周期与宏观经济周期往往存在差异。要根据各行业变动与经济运行之间的关系判断该行业是否具有周期性，从而分析宏观周期与行业周期的相关性。周期性行业与宏观经济运行具有较强的相关性。③市场供求关系风险。市场供求关系是经济学中决定产品价格的基本变量，也是决定行业发展前景的重要因素。其中，行业需求分析应考虑经济发展速度、居民收入和支出水平等多种因素；供给则应考察行业内部主要竞争者的生产能力、产品质量和产品结构等因素。④行业所处发展阶段的风险。各个行业发展包括四个阶段：初创期、成长期、成熟期和衰退期。处于初创期的行业，技术上不够成熟、创办成本较高、行业利润和风险都相对较高；处于成长阶段和成熟阶段的行业，产品和服务都比较标准化，企业经营比较规范，行业的系统风险相对较小；处于衰退期的行业面临着市场萎缩，行业系统风险较高，银行在对这类企业的信贷把握上，应限制新增信贷资金的进入，避免可能出现的信贷风险。⑤行业技术水平。先进技术是保证各个行业快速发展的重要条件，但技术发展速度过快或重大技术更新过于频繁，容易给行业内现有企业带来巨大的生存压力，有很多企业就会在技术不断更新的过程中破产倒闭。相应行业运行的稳定性降低，如果技术发展前景不确定，也会带来重大风险。⑥行业垄断程度。根据行业垄断程度，市场结构可分为完全竞争市场、垄断竞争市场、寡头垄断市场和完全垄断市场四种类型。完全竞争市场是资源完全由市场配置，经济效率最高，但行业内竞争最为激烈，行业内企业只能获得社会平均利润。而完全垄断行业虽然资源配置效率低下，却能获得远高于社会平均利润的超额垄断利润。通常，垄断行业掌握特殊资源，因而经营风险较小。随着我国加速开放进程，以及行业管理体制改革不断深化，传统的垄断格局将被逐步打破，该类行业面临转轨过程中的风险。⑦全球经济竞争带来的冲击。

随着我国加入 WTO，各行业在不同程度上面临着国外同业的竞争压力，有时会对行业发展形成直接冲击，导致行业整体风险上升。由于开放的速度和顺序不同，各行业面临的风险也有较大差别。在中国入世后的较短时期内，众多行业面临着严峻挑战。

2.3.1.1 产业运行监测风险指标体系的构建

目前在国际贸易中，国际上对产业风险的监测主要是通过产业损害幅度指标来进行的。产业损害幅度是指国内相关产业所受损害的程度，其测算方法主要有两种模式：阶段法和假设法。阶段法包括简单推论法和趋势分析法，假设法包括差额分析法和比较分析法，这两种方法比较具有代表性。其中，差额分析法是通过比较倾销产品价格差的高低作为认定产业损害的依据。确定产业损害幅度的计算公式为：

产业损害幅度（%）＝（国内生产相似产品的生产商的售价－涉案出口国出口商的调整后价格）/涉案出口国出口商 CIF 价格

比较分析法是以经济理论为依据，建立一个当无倾销进口商威胁时国内经济应有的“虚拟框架”，然后比较该虚拟情况与现行国内经济的差距，以确定倾销进口商品的威胁对国内产业造成的价格与数量变化程度。最后再确定这种影响的严重程度，以此作为裁定的标准。

无论是差额分析法还是比较分析法，这些方法以定性分析为主，定量分析法又显得过于简单，本书将依据产业风险监测的模糊不确定性，运用模糊数学理论对其进行定量分析，为产业的正常运行提供预警，从而为完善产业管理体系提供科学依据。

为了及时、准确地监测和预警产业风险的具体状况，需要建立一套既能体现产业运行状态，又能描述信贷产业风险状况的指标体系。本着可操作性、可比性、预警性、系统性、开放性和科学性的原则，同时，也要落实产业中的企业经济实力、经营效益及发展前景等，笔者根据商务部产业风险调查局的《预警指导意见》中的预警指标体系来建立相应的数学模型。这些指标包括：一是生产指标（生产能力、实际生产量），二是销售指标（实际总销售量、国内销售量、出口量、总销售额、销售成本和期末库存量），三是财务指标（税前利润、经营现金流量净额、平均投资额），四是价格指标（平均出厂价、平均销售单价和出口价格），五是人力资本指标（从业人员平均人数和从业人员劳动报酬）。各个指标权重采用专家德尔菲法确定，如表2-5所示：

表2-5　产业预警指标体系及其权重

一级指标（U_i）	权重（R_i）	二级指标（U_{ij}）	权重（R_{ij}）
生产指标（U_1）	0.15	生产能力（U_{11}）	0.9
		实际生产量（U_{12}）	0.085
销售指标（U_2）	0.30	实际总销售量（U_{21}）	0.30
		国内销售量（U_{22}）	0.30
		出口量（U_{23}）	0.10
		销售额（U_{24}）	0.15
		销售成本（U_{25}）	0.10
		期末库存量（U_{26}）	0.05
财务指标（U_3）	0.29	税前利润（U_{31}）	0.55
		经营现金流量净额（U_{32}）	0.35
		平均投资额（U_{33}）	0.10
价格指标（U_4）	0.15	平均出厂价（U_{41}）	0.80
		平均销售单价（U_{42}）	0.15
		出口价格（U_{43}）	0.05
人力资本指标（U_5）	0.11	从业人员平均人数（U_{51}）	0.85
		从业人员劳动报酬（U_{52}）	0.15

1. 生产指标

（1）生产能力：指在一个企业范围内生产某种产品的综合能力，即生产该种产品的全部设备综合平衡后可能达到的年产量。产品生产能力应为离指标报送时间最近的核定能力，如无核定能力则用原设计能力。

产品生产能力＝设备生产能力×分摊比例

分摊比例（%）＝该种产品产量/企业生产全部产品产量（包括

该种产品）×100%

（2）实际生产量：指工业企业在报告期内生产的并符合产品质量要求的实物数量，包括商品量和自用量两部分。

2. 销售指标

（1）实际总销售量：指在报告期内工业企业实际销售的由本企业生产（包括上期和本期）的符合规定的质量标准或订货合同规定的技术条件的工业产品的实物数量。

（2）国内销售量：指企业在报告期内某种产品在国内销售的数量。

（3）出口量：指企业在报告期内某种产品销往国外的数量。

（4）销售额：指企业销售某产品所获得的资金数额。

销售额 = 销售量×销售价格

（5）销售成本：产品的销售成本，包括销售产品的生产成本、销售费用以及按照规定计入产品销售成本的其他费用。

产品销售成本 = 企业主营业务成本×分摊比例（销售额比例）

销售额比例（%）= 该种产品销售额/企业生产全部产品销售额（包括该种产品）×100%

（6）期末库存量：指企业在报告期末时点上，尚存在企业产成品仓库中而暂未售出的产品的实物数量。

3. 财务指标

（1）税前利润（也叫利润总额）：指产品所得税完税前的利润。

产品税前利润 = 产品销售额 − 产品销售成本 − 分摊后的销售税金及附加 − 分摊后的期间费用

产品销售额 = 产品国内销售额 + 产品出口销售额

产品销售成本是指与产品销售额相对应的销售成本。

分摊后的销售税金及附加 = 企业主营业务税金及附加×分摊比例（销售额比例）

（2）经营现金流量净额：指企业在报告期内由于经营活动产生的现金流入和流出数量相抵后的金额。它不包括投资活动或筹资活动产生的现金流量。

产品经营现金流量净额 = 企业经营现金流量净额 × 分摊比例

分摊比例（%） = 该种产品的销售毛利润/企业全部产品的销售毛利润（包括该种产品） ×100%

销售毛利润 = 销售收入 − 销售成本

（3）平均投资额：指企业全年为生产该种产品所投入的全部资产价值。

平均投资额 = 企业平均资产总额 × 分摊比例

企业平均资产总额 = （资产负债表年初资产总额 + 资产负债表年末资产总额）/2

分摊比例 = 生产该种产品的生产成本/企业生产全部产品的生产成本（包括该种产品） ×100%

4. 价格指标

（1）平均出厂价：指企业的某种产品在报告期内多批次销售出厂，经算术平均后不含税的单位价格。

（2）平均销售单价：指市场销售过程中，产品不含销项税的平均单位销售价格。

（3）出口价格：指企业在报告期内某种产品销往国外不含税的平均单位出口价格。

5. 人力资本指标

（1）从业人员平均人数：指在企业从事生产某种产品取得劳动报酬或收入的全部人员数。其中包括在岗职工、再就业的离退休人员、各单位工作的外方人员和港澳台方人员、兼职人员、借用的外单位人员和第二职业者，但不包括离开本单位仍保留劳动关系的职工。从业人员平均人数是指报告期内每天平均拥有的从业人员人数。

从业人员平均人数 = 企业全部从业人员年平均人数 × 分摊比例

分摊比例（%） = 该种产品产量/企业生产全部产品产量（包括该种产品） ×100%

（2）从业人员劳动报酬：指企业在报告期内直接支付给生产某产

品的全部职工的劳动报酬总额。其中包括计时工资、计件工资、奖金、津贴和补贴、加班加点工资和特殊情况下支付的工资。

以上监测指标数据是产业风险警情预报的主要依据。警情预报就是各种监测指标数据反映产业状态的综合体现，是对各个监测指标数据进行综合技术处理后及时对产业运行的各种状态做出的科学判断，以最终达到促进产业发展趋于正常运行的目的。

目前，国内对损害幅度的认定包括三种情况：实质损害、实质损害威胁、实质阻碍。在这三种情况下，任何一种情况成立都可以采取反倾销措施。具体如下：①实质损害（material injury）。实质损害是指进口产品对进口方同类产品的销售产生了重大影响，严重损害了进口方同类产品生产者的利益及其产业发展。实质损害的法律认定标准：一是倾销产品进口数量的增加；二是倾销产品对进口方国内同类产品价格的影响；三是对国内产业经济指标的总体影响。②实质损害威胁（threat of material injury）。实质损害威胁是指进口产品的倾销对进口方国内产业虽未造成事实上的实质损害，但有证据和迹象表明，如不采取措施实质损害必然产生。③实质阻碍（material retardation）。实质阻碍是指倾销产品严重地阻碍了进口方国内生产同类产品产业的建立。这个新产业是指已经初步建立或者在建设过程当中，影响这个新产业建立的阻碍是实质性阻碍。

这种“三级预警等级”分类实际上是一种以比较粗线条的风险管理为主的划分方法，本书对此稍作细化，将产业运行的状态分为“AAA、AA、AB、BB、BBB”五种情况，分别表示“正常、关注、实质阻碍、实质损害威胁和实质损害”状态，系统输出的信号可分别用“3 个绿灯、2 个绿灯、黄灯、2 个红灯和 3 个红灯”显示，显得比较直观，这样便得到了警情预报等级集合：$V = (AAA, AA, AB, BB, BBB)$。

2.3.1.2　数学模型的建立

目前，关于产业风险运行状态的研究以定性分析为主，定量分析只从随机不确定的角度、在概率意义下定量测度了信贷资产最大预期损失的程度。然而，关于产业风险运行状态监测的“正常、关注、实质阻碍、实质损害威胁和实质损害”等概念本身的含义并不是很确切，带有很强的不确定性，是一些模糊的比较概念。另外，对于不同的决策者即使是在同一时期对同一产业风险运行状态的判断也可能存在着差异。因此，基于产业风险运行状态的模糊不确定性，可运用模糊数学的相关理论对其进行定量描述。

1. 模糊测度模型

因素集 $U=\{u_1, u_2, \cdots, u_n\}$；评判集 $V=\{v_1, v_2, \cdots, v_m\}$；单因素决断：$\tilde{f}: U\rightarrow\varphi(V)$，$u_i\mapsto\tilde{f}(u_i)=(r_{i1}, r_{i2}, \cdots, r_{im})\in\varphi(V)$。由 $\tilde{f}$ 可诱导模糊关系 $\underset{\sim}{R}\in\varphi(U\times V)$，可用一个模糊矩阵 $\underset{\approx}{R}=(r_{ij})_{n\times m}$来表示，所以 $\underset{\sim}{R}$ 又可以看成是 $U\rightarrow V$ 的一个模糊变换。故 $(U, V, \underset{\sim}{R})$ 就构成了一个模糊测度模型。给定 $\underset{\sim}{A}\in\varphi(U)$，在实际应用中即为因素的权重，$\underset{\sim}{A}=(a_1, a_2, \cdots, a_m)$，满足 $\sum_{i=1}^{n}a_i=1$，由 $\underset{\sim}{B}=\underset{\sim}{A}\cdot\underset{\approx}{R}$ 得 V 上的模糊子集 $\underset{\sim}{B}=(b_1, b_2, \cdots, b_m)\in\varphi(V)$。$\underset{\sim}{R}$ 为“模糊变换器”。

2. 实证研究

本书选取某产业为例，根据商务部产业风险调查局的资料，组织有关产业专家和资深经济专家，采用德尔菲法（Delphi 法）对影响该产业运行状态的五个因素（指标）进行评分并确定权重，如表 2-6 所示。

表 2-6　某产业运行监测指标权重与分值表

因素（指标）	销售指标（X_1）	生产指标（X_2）	价格指标（X_3）	财务指标（X_4）	人力资本指标（X_5）
权重	0.30	0.15	0.15	0.29	0.11
分值	73	83	81	69	67

表 2-6 中 5 个监测指标中的第一个“销售指标”，主要是反映产业中企业经营总的利润水平和经济效益的一个综合性指标，非常重要。同样，在当前面临的环境中，第三个监测指标“价格指

标”与第二个监测指标相比起着更关键的作用，因为对产业本身来说，紧紧抓住这一监测指标，可以防止某些企业长期低成本竞争，避免让低成本竞争演变为企业间的恶性竞争。由上述分析可知，销售指标和价格指标对产业运行状况的影响较大，所以可以赋予这两个指标较大的权数。但是，权向量并不是固定不变的，它随着监测指标所处的金融环境的变化而变化。总之，权数要能在实际运行中真正地反映出指标所处的不同地位和作用，要适应金融环境的变化。

因素集（指标集）$U=\{u_1, u_2, \cdots, u_5\}$，权重向量 $\underset{\sim}{A}=\{a_1, a_2, \cdots, a_5\}$。产业风险状态的影响因素，对于各产业风险状态预报等级的隶属度可由下列隶属函数得到：

“正常状态”，$u_1(x)=\begin{cases}1, & x\geqslant 90\\ (x-80)/10, & 80<x<90\\ 0, & x\leqslant 80\end{cases}$

“关注状态”，$u_2(x)=\begin{cases}(90-x)/10, & 80\leqslant x<90\\ (x-70)/10, & 70<x<80\\ 0, & x\geqslant 90 \text{ 或 } x\leqslant 70\end{cases}$

“实质阻碍状态”，$u_3(x)=\begin{cases}(80-x)/10, & 70\leqslant x<80\\ (x-60)/10, & 60<x<70\\ 0, & x\geqslant 80 \text{ 或 } x\leqslant 60\end{cases}$

“实质损害威胁状态”，$u_4(x)=\begin{cases}(70-x)/10, & 60\leqslant x<70\\ 0, & 0\leqslant x<60\end{cases}$

“实质损害状态”，$u_5(x)=1, 0\leqslant x<60$

2.3.1.3　模糊预警模型算法流程图及其计算

模型算法流程图如图 2-5 所示：

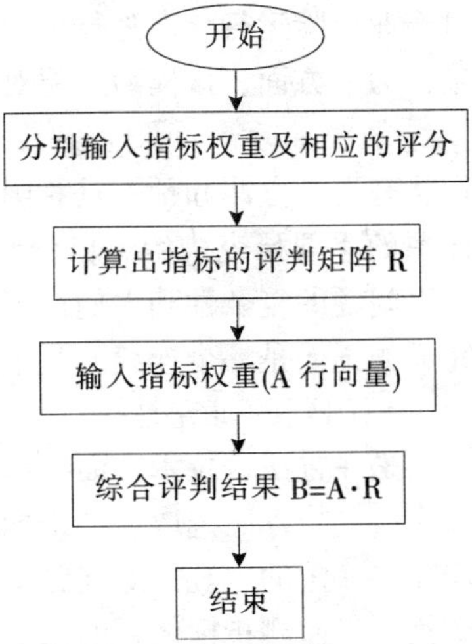

图 2－5　模型算法流程图

对 5 个影响因素（指标）在产业运行中的重要程度给出相应的权重值，记为权数集：$\underset{\sim}{A}=(a_1,\ a_2,\ \cdots,\ a_j)=(0.25,\ 0.30,\ 0.20,\ 0.15,\ 0.10)$。基于该问题的实际意义，选用 $M(\cdot,\ +)$ 算子，即“加权平均型”算子，于是得到 V 上的模糊子集 $\underset{\sim}{B}$：

$$\underset{\sim}{B}=(b_1,\ b_2,\ \cdots,\ b_5)=\underset{\sim}{A}\cdot\underset{\sim}{R}=(a_1,\ a_2,\ \cdots,\ a_5)\cdot(r_{ij})_{5\times5}$$

$$=(0.30\quad 0.15\quad 0.15\quad 0.29\quad 0.11)\cdot$$

$$\begin{bmatrix} 0 & 0.3 & 0.7 & 0 & 0 \\ 0.3 & 0.7 & 0 & 0 & 0 \\ 0.1 & 0.9 & 0 & 0 & 0 \\ 0 & 0 & 0 & 0.9 & 0.1 \\ 0 & 0 & 0 & 0.7 & 0.3 \end{bmatrix}$$

$$=(0.06,\ 0.330,\ 0.21,\ 0.338,\ 0.662)$$

由最大隶属度原则可知，$\max(b_1,\ b_2,\ \cdots,\ b_5)=\max(0.06,\ 0.330,\ 0.21,\ 0.338,\ 0.062)=b_4=0.338$。这表明产业风险幅度已经处于“实质损害威胁”状态，即“BB”状态，系统输出“2 个红灯”信号，如果国家不采取相应的对策措施，将会发生产业风险。建立了上述的模糊预警模型后，一方面，国家政府部门能用这五种状态数值，对产业风险运行状态进行纵向比较，及时制定相应的应对政策与措施；另一方面，该模型还能对各产业间所属状态进行横向比较。

对产业风险运行状态进行监测和预警是我国政府宏观经济决策中风险及预警管理体系的重要研究内容，已受到广泛关注。然而，需要说明的是，由于该问题的复杂性和人们认识能力的有限性，产业风险不是一次性完成的，而是一个连续的基于原型、非线性、迭代的动态过程。总之，该问题的研究是一项复杂的系统工程。目前，无论是在理论上还是在方法、技术方面，仍需要开展系统的研究与分析，如产业风险监测指标的选取、各指标权重值的确定以及隶属度函数的建立均存在一定的主观性等问题。克服上述不足之处的改进设想是力求寻找关于监测指标体系的选取和各指标权重值确定的科学方法；组织有关专家对产业风险运行状态进行综合评价，建立一套科学的评价与监测指标体系；同时，寻找适当的数学方法计算各指标权重值，如层次分析法（AHP 法）和统计法等。综上所述，产业风险运行状态的评价与监测需要科学的理论和方法指导，有关问题尚需进一步深入的探讨和研究。

2.3.2　产业链（产业非集聚）风险

产业链是建立在产业内部分工和供需关系基础上，以若干个企业为节点、产品为小节点纵横交织而成的网络状态系统。产业链分为两种类型：一种是垂直的供应链，另一种是横向的协作链。垂直关系是产业链的主要结构，一般把垂直分工分为产业上、中、下游关系，横向协作关系则是产业的服务与配套。

经济学家郎咸平提出了一个著名的“6+1”产业链理论。他把产业链分成产品设计、原料采购、产品制造、仓储运输、订单处理、批发经营和终端零售七个部分。在郎咸平看来，从 2005 年开始，世界进入他所说的“产业链战争”的时代。以美国为首的西方国家把价值最低且浪费资源、破坏环境的制造业一端（即“1”）放在了中国，而将产品设计、原料采购、订单处理、批发经营和终端零售等 6 块非制造业（即“6”）都掌控在自己的手里。“6”是

“软”的生产环节，“1”是“硬”的生产环节。在这样一种“6 + 1”产业链的定位下，中国就落在了价值的最低端。他以芭比娃娃为例：芭比娃娃在美国沃尔玛的零售价近 10 美元，在这个产业链里，中国只能得到 1 美元的价值，而且还给自身带来了难以避免的环境污染和资源浪费。但美国通过“6”，获得了 9 倍的价值，而且这 9 倍的价值没有污染、没有浪费。中国企业在整个产业链里获得的价值比例非常低，而且其风险在于当外部的需求减少或者是突然消失的时候，其过剩的生产能力将会闲置浪费。2008 年下半年以来的欧美金融危机使市场需求减少，直接导致了大量的中国企业出口受阻，部分企业甚至出现了倒闭或关闭的现象。

从价值链的角度来看，1991 年美国学者 Rappaport 和 Halevi 在《哈佛商业评论》发表论文[①]，主张美国电脑公司不必在制造功能上与东亚落后地区厂商竞争，而应专注于发展电脑的应用领域与主导市场标准的建立，至于制造环节可以以代工方式委托其他地区厂商完成。这篇文章刊出后，当时虽引发美国电脑资讯界业者诸多的争论，但以后数年信息产业的发展趋势，大致符合这篇文章的主张。

从先进地区科技产业发展的历程中我们可以看到，其产品发展是历经基础研究、应用研究、技术创新、建立行业标准、流程创新、服务体系、品牌形象等一系列资源能力长期累积的结果。在产业发展初期，研发、制造、行销的附加价值相当，[②] 呈现的是一条平行直线。但当产业形成全球竞争态势，由于系统组装制造功能的进入障碍较低，因此附加价值降幅也相对较大时，就形成所谓的微笑曲线；而先进地区基于比较利益观点，自然转进微笑曲线两端具有高附加价值的功能活动。从图 2 - 6 中可以看出，落后地区的产业风险在于在价值链中处于低价值的制造部分，在研发与行销中创

---

① Rappaport, A. S. & S. Halevi. The Computerless Computer Company, *Harvard Business Review*, 1991, 8 (2): 69 - 80.

② D. E. Burton, et al. *Should the U. S. Abandon Computer Manufacturing*? . *Harvard Business Review*, 1991, 11 (3): 140 - 161.

造的价值更大，但落后地区的企业却往往无能为力。

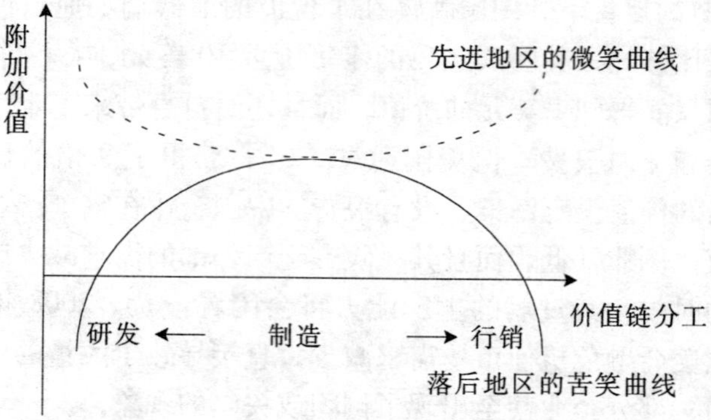

图 2-6　产业链曲线图

2.3.3　产业集群风险

对产业集群的研究最早可以追溯到马歇尔关于产业区的论述和韦伯关于聚集经济的论述。随后，包括经济地理学家、战略管理学家、产业经济学家等在内的大量学者从不同角度对产业集群做了深入的研究。集群研究的代表人物之一，美国的波特（Porter，2002）教授在其《国家竞争优势》一书中正式提出产业集群的概念，根据他的定义，产业集群是一组在地理上靠近的相互联系的公司和关联的机构，它们同处或相关于一个特定的产业领域，由于具有共性和互补性而联系在一起。我们也可以这样理解，产业集群是指同一产业在某个特定地理区域内高度集中，产业资本要素在空间范围内不断汇聚的过程。马歇尔在 1890 年就开始关注产业集群这一经济现象，并提出了两个重要的概念，即“内部经济”和“外部经济”。马歇尔之后，产业集聚理论有了较大的发展，出现了许多流派。其中，比较有影响的有韦伯的区位集聚论、熊彼特的创新产业集聚论、E. M. 胡佛的产业集聚最佳规模论、波特的企业竞争优势与钻石模型等。在对集群演进路径的追踪中人们发现，集群的演进并不是一帆风顺的，而是在任何一个周期阶段都能发生逆转甚至直接走向衰退。在现实中，美国波士顿 128 号公路的电子信息和计算机制造集群、底特律汽车制造集群、澳大利亚斯提里亚（Styria）地区的钢铁制造集群等集群所经历的衰退过程，使目前国内外许多学者都对产业集群风险做了多方面的研究，学者们从不同角度，特别是对产业集群风险的成因阐述了自己的观点。

2.3.3.1 产业集群内部风险

产业集群内部的风险主要表现在结构型风险、网络型风险、生态型风险、生命周期型风险和技术型风险。

1. 结构型风险

主要研究者有 Tichy（1997）和 Fritz（1998）等人，其主要观点是集群未能随不断变化的生产制造范式迅速做出相应调整，以致原有产业的永久性衰退，从而导致整个区域集群的没落。当缩小的区域集群已不足以激励创新时，该区域也就最终衰落成没有任何内在潜能去重新获取竞争优势的老工业区。

2. 网络型风险

主要研究者有 Granovettor、Harrison（1994），Hakansson、刘斯敖、吴莉云（2006），Prouder（1996），Meyer（1982），Scott（1989），Abrahamson、Fombrun（1994）、Anton Oleinik（2004），Fleming、Lee（2006）等人，其主要观点是组织对外界环境破坏的应变能力受到相互依赖性的影响。集群中的企业或部门常常以相互依赖的网络形式展现，这个网络最初是合理的，可以获得聚集经济。但随着集群的发展成熟，在合作网络中，由于相互依赖而形成锁定效应使集群创新力僵化、失去弹性。网络型风险又可以进一步细分为信息共享风险（路径锁定风险、恶性竞争分析、战略趋同风险、创新惰性风险和资产专用性风险）和植根性风险等。吴晓波、耿帅（2003）借助植物学研究领域中描述自花结实的术语——“自稔性”，构造出区域集群“自稔性”风险成因模型，认为集群自身特性在构成集群竞争优势的同时，也内生了封闭自守、战略趋同、资产过度专用和创新惰性等最终导致集群走向衰退的根本性风险。这种观点与网络型风险观点有很大的相似性。

3. 生态型风险

秦婉顺、顾佳峰从组织生态学角度讨论对集群的影响。组织生态学关于组织死亡的研究表明，企业的灭亡率与族群的密度成正相关，与族群的嵌入（niche）重合度相关。他们从企业群层面上分析一个企业群体的内部调整对于企业灭亡会产生多大影响，并分析了不同规模企业组成的企业群中，企业灭亡对群体内部调整度的敏感性，企业群体内部调整会使企业灭亡率上升①。

4. 生命周期型风险

奥地利区域经济学家 Tichy G. 在弗农的“产品生命周期”基础上，提出了区域产品周期理论（regional product cycle）。他认为，企业集群的生命周期可分为四个阶段，即诞生阶段、成长阶段、成熟阶段、衰退阶段，如同产品存在生命周期一样，集群也具有一个生产、发展、成熟、衰亡的过程。当企业集群走向成熟甚至衰亡时，由于其资源高度集中于一个产业或者一个单一产品，就可能拖垮整个区域经济，置身于其中的企业也无法生存下去。丹麦学者 Bent Dalum 等人（2002）在波特的基础上，以北欧的无线电通信工具集群为例，提出了技术生命周期理论，当集群不能跟随技术改进生产时，集群就会面临崩溃（disruption）的风险。②

5. 技术型风险

Bent Dalum（2002）认为，新技术的产生可以创造一个新的集群，或为现存的集群提供更好的机会，它也可以使一个集群的发展停滞，甚至走向衰落。集群的演化与技术生命周期息息相关。易明、杨树旺、王文成（2006）认为主要有三方面因素影响技术的演化过程：一是技术本身，二是使用该技术的企业群体，三是技术选择环境。

2.3.3.2　产业集群的外部风险

产业集群的外部风险主要受宏观环境的影响。其风险包括经济风险、政治法律风险、社会文化风险、压力集团风险等。以经济风

① 秦婉顺，顾佳峰．企业集群内部调整对于企业死亡的影响［J］．数量经济技术经济研究，2003（8）：113～117

② Bent Dalum，Christian R. Pedersen & Gert Villumsen. Technological Life Cycles：Regional Clusters Facing Disruption. 1998（6）：31－38.

险为例，Fritz 等（1998）在 Tichy G. 研究的基础上，分析了经济周期对企业集群的冲击——周期性风险（cyclical risk）。他们认为，经济周期对产业集群造成的负面影响，可能会使集群走向衰落；而周期风险是一种突发的、不能人为控制的、由外部经济周期性波动等原因造成的风险，可能会出现在集群生命周期的任何一段时期，将导致集群所在区域的经济不稳定。

2.3.3.3　产业集群的综合性风险

很多学者认识到产业集群既有存在于集群内部的风险，也有存在于集群外部的风险，或者有国家、集群和企业三个层面的风险。例如波特（Poter）早在《族群与新竞争经济学》中就指出，集群产生后就处于动态演化中，可能因为外部威胁（如技术间断、消费者需求变化等）及内部僵化（由于过度合并、卡特尔、群体思维抑制创新等）而失去竞争力。他认为，产业集群的风险有外部原因和内部原因。其中，内部原因在于内部创新体制的僵化，进而阻碍了生产力的发展和创造力的形成，导致生产力改善的步伐减缓；企业过度合并形成垄断则阻碍了企业间的竞争，而且集群内部的学校、产业协会和科研机构也会受到体制僵化的影响，产业集群成员的集体思考模式也会变得僵硬。他还认为，客户需求的变化和成本的上升，则是形成集群风险的外部因素①。朱永华（2006）从国家、集群和企业三个层面对风险进行分类研究，分析了国家层面的周期性风险、结构性风险、国际贸易壁垒风险，集群层面的网络性风险、组织性风险、集群品牌风险、过度竞争风险，企业层面的核心刚性风险、融资风险、资产专用性风险等风险的表现、成因和规避。②

2.3.3.4　产业集群风险识别的定量化研究

目前对于产业集群风险的研究方法主要集中在定性研究上，对

---

① 迈克尔·波特. 族群与新竞争经济学［J］. 经济社会体制比较，2000（2）：21～31

② 朱永华. 中小企业集群发展与创新［M］. 北京：中国经济出版社，2006. 43～46

于风险的定量化研究尚不多见，陈红儿、王少君（2007）曾经尝试过用模糊数学中的层次分析方法，以温州柳市低压电器产业集群为例对产业集群风险中的网络风险进行定量化研究，并得出了相应的结论①。层次分析法（analytic hierarchy process，AHP）是美国运筹学家 T. L. Saaty 教授于 20 世纪 70 年代初期提出的，是对定性问题进行定量分析的一种简便、灵活而又实用的多准则决策方法。它的特点是把复杂问题中的各种因素划分为相互联系的有序层次，使之条理化，根据对一定客观现实的主观判断结构（主要是两两比较）把专家意见和分析者的客观判断结果直接而有效地结合起来，对每一层次元素两两比较的重要性进行定量描述。而后，利用数学方法计算反映每一层次元素的相对重要性次序的权值，通过所有层次之间的总排序计算所有元素的相对权重并进行排序。本书将应用层次分析法对产业集群的内部最大化风险进行定量化的识别分析，其步骤如下：

1. 设定评价指标体系

产业集群风险涉及的因素众多，其评价指标也多种多样，而且不同的产业集群风险的表现也各不相同，在选择产业集群风险构成特征因素的时候遵循以下四个原则：结构层次性原则、相关性原则、全面性原则和非交叉性原则。基于此，我们将产业集群的风险构成特征因素分为五种：产业集群内企业数量、产业集群内企业总销售收入、产业集群内企业技术专利数量、产业集群内企业信息共享性和产业集群的开放性。

2. 选择判断标准

层次分析法中构造判断矩阵的关键在于设计一种特定的比较、判断两元素相对重要性标度的法则，使得任意两元素的相对重要性有一定的数量标准。层次分析法的创始人 T. L. Saaty 教授引用了 1～9 标度方法，各级标度含义如表 2－7 所示：

---

① 陈红儿，王少君．基于层次分析法的产业集群网络风险的研究——以温州柳市低压电器产业集群为例［J］．中国集体经济，2007（7）：144～145

表 2－7 层次分析法标度表

标度	定义	含义
1	同样重要	两元素对某属性同样重要
3	稍微重要	两元素对某属性，一元素比另一元素稍微重要
5	明显重要	两元素对某属性，一元素比另一元素明显重要
7	强烈重要	两元素对某属性，一元素比另一元素强烈重要
9	极端重要	两元素对某属性，一元素比另一元素极端重要
2、4、6、8	相邻标度中值	表明相邻两标度之间折中时的标准
上列标度倒数	反比较	元素 i 对元素 j 的标度为 a_{ij}，反之为 $1/a_{ji}$

1～9 标度是与人们的认识相符合的，从人们的习惯直觉判断能力来看，在区分事物的数量差别时，总是习惯于定性化的描述，例如相同、较强、强、很强、极强等判断语言。心理学家认为：人们区分信息等级的极限能力为 7±2，即若取 7±2 以内的各元素逐一比较，它们之间的差别较易掌握。根据大量的心理学和模拟实验证明，1～9 标度是可行的，与其他标度相比能更有效地将人们的定性思维判断进行数量化处理。

3. 构造判断矩阵

由相关领域的专家分别对各个层次的指标进行两两比较打分，得到判断矩阵。注意要尽量保证 $a_{ii}=1$，$a_{ij}=1/a_{ji}$，即评价指标自身相比，重要性相同，与矩阵主对角线相对称的数值互为倒数。

4. 层次单排序及其一致性检验

判断矩阵仅仅是专家对实际情况作出主观判断的数值矩阵，这种主观判断可能是不准确的，因此有必要给出检验矩阵是否满足一致性检验的标准。求解判断矩阵最大特征值对应的特征向量，经过归一化处理，即得层次单排序权重向量。对每一个判断矩阵都需要进行一致性检验。设 λ_{max} 为判断矩阵最大特征值，判断矩阵一致性指标为 CI，其中 $CI=\dfrac{\lambda_{max}-n}{n-1}$，$CI$ 值越小，表明决策者判断思维的一致性越好，判断矩阵 A 的一致性程度越高。为了度量不同判断矩阵是否具有满意一致性，根据经验还需引入判断矩阵的平均随机一致性指标 RI 值。对于 1 ~ 91 阶的判断矩阵，RI 值如表 2 – 8 所示：

表 2 – 8　平均随机一致性指标

判断矩阵阶数 n	1	2	3	4	5	6	7	8	9
一致性指标 RI	0	0	0.58	0.90	1.12	1.24	1.32	1.41	1.45

当评价矩阵阶数大于 2 时，判断矩阵一致性指标 CI 与同阶平均随机性指标 RI 之比称为随机一致性比率，记为 CR。当随机一致性比率满足 $CR = \frac{CI}{RI} < 0.1$ 时，即认为层次单排序的结果具有满意一致性，否则，需要请专家调整判断矩阵的元素取值。求解判断矩阵并不要求过高的精度，一般使用近似法进行计算，常用的有根法、和法及幂法等。

5. 层次总排序及其一致性检验

即使所有单个的判断矩阵都达到了满意一致性，但多个判断矩阵偏差的累积效应也必须引起注意，当这种累积超过一定界限时，由此而形成的决策结果的可靠性很值得怀疑。所以，必须控制总体的积累偏差，即对整个评价体系的总体一致性进行检验，并计算层次总排序。

计算同一层次所有因素对于最高层（总目标）相对性的排序权值，称为层次总排序。这一过程是由最高层次到最低层次逐层进行的。若上一层次 A 包含 n 个因素，分别为 A_1，A_2，…，A_n，其层次总排序权值分别为 W_1，W_2，…，W_n；下一层次 B 包含 m 个因素，分别为 B_1，B_2，…，B_m，它们对于因素 A_j 的层次单排序权值分别为 b_{1j}，b_{2j}，…，b_{mj}（当 B_k 与 A_j 无联系时，$b_{kj} = 0$）。此时，层次总排序权值如表 2 – 9 所示。

表 2－9　层次总排序计算

	A_1	A_2	…	A_n	B 层次总排序权值
	w_1	w_2	…	w_n	
B_1	b_{11}	b_{12}	…	b_{1n}	$\sum_{j=1}^{n} w_j b_{1j}$
B_2	b_{21}	b_{22}	…	b_{2n}	$\sum_{j=1}^{n} w_j b_{2j}$
⋮	⋮	⋮	⋮	⋮	⋮
B_m	b_{m1}	b_{m2}	…	b_{mn}	$\sum_{j=1}^{n} w_j b_{mj}$

积累效应的一致性检验是从最高层次到最低层次逐层进行的。如果 B 层次某些因素对于 A_j 单排序的一致性指标为 CI_j，相应的平均随机一致性指标为 CR_j，则当 B 层次总排序随机一致性比率 $CR = \frac{\sum_{j=1}^{n} w_j CI_j}{\sum_{j=1}^{n} w_j CR_j} < 0.1$ 时，即可认为层次总排序结果具有满意一致性，并可依此结果选择产业集群内部最大风险。否则，需重新调整判断矩阵的元素取值，重新进行层次总排序及其一致性检验。

综上所述，确定产业集群内部风险评价体系和评价指标以后，应用层次分析法进行产业集群内部风险选择的计算步骤如图 2－7 所示，图 2－7 表示评价体系中判断矩阵的数量。

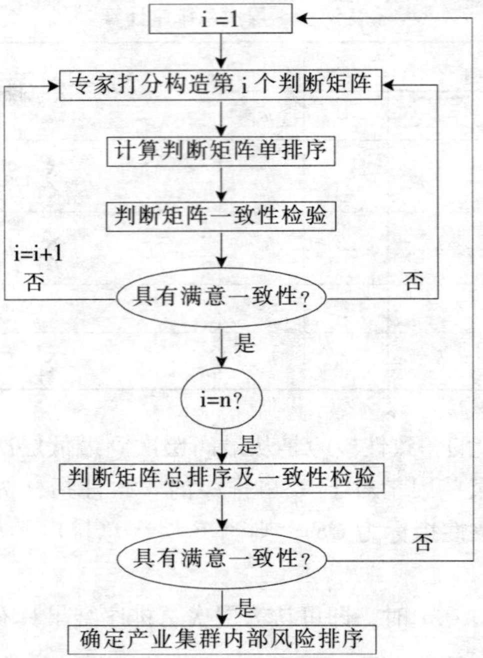

图 2 - 7　基于层次分析法的产业集群风险排序选择步骤①

6. 实证分析——以某产业集群的内部风险分析为例

对于某产业集群，通过对特定产业领域的专家和企业高管进行访谈和问卷调查，得出其共识的集群内部的产业集群风险分别有结构型风险、网络型风险、生态型风险、技术与生命周期型风险，设定的评价指标有产业集群内企业数量、产业集群内企业总销售收入、产业集群内企业技术专利数量、产业集群内企业信息共享性、产业集群的开放性。建立的产业集群内部风险评价指标体系如图 2 - 8 所示。各个指标两两比较判断矩阵如表 2 - 10 至表 2 - 15 所示，下面我们采用层次分析法来确定该产业集群各种风险的排序及找出当期该产业集群所面临的最大风险。

① 宋福根．现代企业决策支持系统原理与仿真［M］．北京：科学出版社，2005. 163

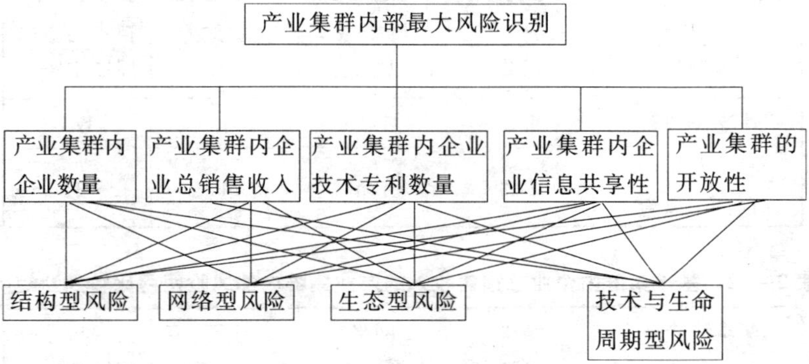

图2－8 产业集群内部最大风险识别与选择评价指标体系

表2－10 评价指标两两比较判断矩阵

	集群内企业数量	集群内企业总销售收入	集群内企业技术专利数量	集群内企业信息共享性	集群的开放性
集群内企业数量	1	1/2	1/5	1/7	1/9
集群内企业总销售收入	2	1	2	1/5	1/5
集群内企业技术专利数量	5	1/2	1	1/3	1/3
集群内企业信息共享性	7	5	3	1	1/2
集群的开放性	9	5	3	2	1

表2－11 基于集群内企业数量的产业集群内部风险两两比较判断矩阵

集群内企业数量	结构型风险	网络型风险	生态型风险	技术与生命周期型风险
结构型风险	1	2	3	3
网络型风险	1/2	1	5	2

（续上表）

集群内企业数量	结构型风险	网络型风险	生态型风险	技术与生命周期型风险
生态型风险	1/3	1/5	1	1/4
技术与生命周期型风险	1/3	1/3	4	1

表 2－12　基于集群内企业总销售收入的产业集群内部风险两两比较判断矩阵

集群内企业总销售收入	结构型风险	网络型风险	生态型风险	技术与生命周期型风险
结构型风险	1	3	5	5
网络型风险	1/3	1	2	2
生态型风险	1/5	1/2	1	1
技术与生命周期型风险	1/5	1/2	1	1

表 2－13　基于集群内企业技术专利数量的产业集群内部风险两两比较判断矩阵

集群内企业技术专利数量	结构型风险	网络型风险	生态型风险	技术与生命周期型风险
结构型风险	1	1	1/2	6
网络型风险	1	1	1/2	6
生态型风险	2	2	1	7
技术与生命周期型风险	1/6	1/6	1/7	1

表 2－14　基于集群内企业信息共享性的产业集群内部风险两两比较判断矩阵

集群内企业信息共享性	结构型风险	网络型风险	生态型风险	技术与生命周期型风险
结构型风险	1	1	1/2	1/2

（续上表）

集群内企业信息共享性	结构型风险	网络型风险	生态型风险	技术与生命周期型风险
网络型风险	1	1	1/2	1/2
生态型风险	1	2	1	2
技术与生命周期型风险	2	2	1/2	1

表 2－15　基于集群内开放性的产业集群内部风险两两比较判断矩阵

集群的开放性	结构型风险	网络型风险	生态型风险	技术与生命周期型风险
结构型风险	1	3	5	5
网络型风险	1/3	1	3	3
生态型风险	1/5	1/3	1	1
技术与生命周期型风险	1/5	1/3	1	1

用根法对表 2－11 中判断矩阵的特征值和特征向量进行求解，其步骤为：

（1）计算判断矩阵每一行元素的乘积（M_i 表示第 i 行的乘积）。

$$M_1 = 1 \times 1/2 \times 1/5 \times 1/7 \times 1/9 = 0.001\,6$$
$$M_2 = 2 \times 1 \times 2 \times 1/5 \times 1/5 = 0.16$$
$$M_3 = 5 \times 1/2 \times 1 \times 1/3 \times 1/3 = 0.277\,8$$
$$M_4 = 7 \times 5 \times 3 \times 1 \times 1/2 = 52.5$$
$$M_5 = 9 \times 5 \times 3 \times 2 \times 1 = 270$$

（2）计算 M_i 的 n 次方根 W_i。

$$W_1 = \sqrt[5]{W_1} = \sqrt[5]{0.001\,6} = 0.275\,9$$
$$W_2 = \sqrt[5]{W_2} = \sqrt[5]{0.16} = 0.693\,1$$
$$W_3 = \sqrt[5]{W_3} = \sqrt[5]{0.277\,8} = 0.774\,0$$

$$W_4=\sqrt[5]{W_4}=\sqrt[5]{52.5}=2.2081$$

$$W_5=\sqrt[5]{W_5}=\sqrt[5]{270}=3.0640$$

（3）对向量 $W=(W_1, W_2, W_3, W_4, W_5)^T=(0.2759, 0.6931, 0.7740, 2.2081, 3.0640)^T$ 进行归一化处理得到：

$$\sum_{j=1}^{n} W_j=0.2759+0.6931+0.7740+2.2081+3.0640=7.0151$$

则 $\overline{W}_1=\dfrac{W_1}{\sum_{j=1}^{n}W_j}=\dfrac{0.2759}{7.0151}=0.0393$

$$\overline{W}_2=\frac{W_2}{\sum_{j=1}^{n}W_j}=\frac{0.6931}{7.0151}=0.0988$$

$$\overline{W}_3=\frac{W_3}{\sum_{j=1}^{n}W_j}=\frac{0.7740}{7.0151}=0.1103$$

$$\overline{W}_4=\frac{W_4}{\sum_{j=1}^{n}W_j}=\frac{2.2081}{7.0151}=0.3148$$

$$\overline{W}_5=\frac{W_5}{\sum_{j=1}^{n}W_j}=\frac{3.0640}{7.0151}=0.4368$$

则所求的特征向量 $\overline{W}=(0.0393, 0.0988, 0.1103, 0.3148, 0.4368)^T$。

（4）计算判断矩阵的最大特征值 $\lambda_{\max}$。

$$A\overline{W}=\begin{bmatrix}1 & 1/2 & 1/5 & 1/7 & 1/9\\ 2 & 1 & 2 & 1/5 & 1/5\\ 5 & 1/2 & 1 & 1/3 & 1/3\\ 7 & 5 & 3 & 1 & 1/2\\ 9 & 5 & 3 & 2 & 1\end{bmatrix}\begin{bmatrix}0.0393\\ 0.0988\\ 0.1103\\ 0.3148\\ 0.4368\end{bmatrix}=\begin{bmatrix}0.2043\\ 0.5483\\ 0.5817\\ 1.6332\\ 2.2450\end{bmatrix}$$

则 $\lambda_{\max}=\sum_{i=1}^{n}\dfrac{(A\overline{W})_i}{n\overline{W}_i}=\dfrac{(A\overline{W})_1}{5\overline{W}_1}+\dfrac{(A\overline{W})_2}{5\overline{W}_2}+\dfrac{(A\overline{W})_3}{5\overline{W}_3}+\dfrac{(A\overline{W})_4}{5\overline{W}_4}+\dfrac{(A\overline{W})_5}{5\overline{W}_5}$

$$=\frac{0.2043}{5\times0.0393}+\frac{0.5483}{5\times0.0988}+\frac{0.5817}{5\times0.1103}+\frac{1.6332}{5\times0.3148}+\frac{2.2450}{5\times0.4368}$$

$$=5.2699$$

下面进行满意一致性判断：

$$CI=\frac{\lambda_{\max}-n}{n-1}=\frac{5.2699-5}{5-1}=0.06748<0.1$$

由平均随机一致性表可知，当 $n=5$ 时，$RI=1.12$，则 $CR=\frac{CI}{RI}=\frac{0.06748}{1.120}=0.06025<0.1$，由于 $CR=0.06025<0.1$，表明判断矩阵通过满意一致性检验。

下面是产业集群内部风险评价指标判断矩阵的计算结果：

表 2－16　产业集群内部风险评价计算结果表

	集群内企业数量	集群内企业总销售收入	集群内企业技术专利数量	集群内企业信息共享性	集群的开放性	权重
集群内企业数量	1	1/2	1/5	1/7	1/9	0.039 3
集群内企业总销售收入	2	1	2	1/5	1/5	0.098 8
集群内企业技术专利数量	5	1/2	1	1/3	1/3	0.110 3
集群内企业信息共享性	7	5	3	1	1/2	0.314 8
集群的开放性	9	5	3	2	1	0.436 8

$CI=0.06748$　$RI=1.12$　$CR=0.06025$

表2－16中的“权重”一列为满足一致性判断矩阵的最大特征值对应的特征向量。根据同样的算法原理，我们可以得到基于集群内企业数量、企业总销售收入、企业技术专利数量、企业信息共享性、集群的开放性的产业集群内部风险两两比较判断矩阵的单排序计算结果（见表2－17至表2－21）：

表2－17　基于集群内企业数量的产业集群内部风险单排序计算结果

	结构型风险	网络型风险	生态型风险	技术与生命周期型风险	权重
结构型风险	1	2	3	3	0.428
网络型风险	1/2	1	5	2	0.310
生态型风险	1/3	1/5	1	1/4	0.074 5
技术与生命周期型风险	1/3	1/2	4	1	0.187 5

CI＝0.078 3　*RI*＝0.9　*CR*＝0.087 0

表2－18　基于集群内企业集群内企业总销售收入的产业集群内部风险单排序计算结果

	结构型风险	网络型风险	生态型风险	技术与生命周期型风险	权重
结构型风险	1	3	5	5	0.57
网络型风险	1/3	1	2	2	0.21
生态型风险	1/5	1/2	1	1	0.11
技术与生命周期型风险	1/5	1/2	1	1	0.11

CI＝0.001 4　*RI*＝0.9　*CR*＝0.001 5

表2－19　基于集群内企业技术专利数量的产业集群内部风险单排序计算结果

	结构型风险	网络型风险	生态型风险	技术与生命周期型风险	权重
结构型风险	1	1	1/2	6	0.25
网络型风险	1	1	1/2	6	0.25

（续上表）

	结构型风险	网络型风险	生态型风险	技术与生命周期型风险	权重
生态型风险	2	2	1	7	0.44
技术与生命周期型风险	1/6	1/6	1/7	1	0.06

$CI = 0.0122$　$RI = 0.9$　$CR = 0.0135$

表 2－20　基于集群内企业信息共享性的产业集群内部风险单排序计算结果

	结构型风险	网络型风险	生态型风险	技术与生命周期型风险	权重
结构型风险	1	1	1/2	1/2	0.17
网络型风险	1	1	1/2	1/2	0.17
生态型风险	2	2	1	2	0.39
技术与生命周期型风险	2	2	1/2	1	0.27

$CI = 0.0201$　$RI = 0.9$　$CR = 0.0244$

表 2－21　基于集群内开放性的产业集群内部风险单排序计算结果

	结构型风险	网络型风险	生态型风险	技术与生命周期型风险	权重
结构型风险	1	3	5	5	0.56
网络型风险	1/3	1	3	3	0.25
生态型风险	1/5	1/3	1	1	0.10
技术与生命周期型风险	1/5	1/3	1	1	0.09

$CI = 0.0145$　$RI = 0.9$　$CR = 0.0161$

下面进行层次总排序及一致性计算，计算原理同前面，则该产业集群的集群风险相对于集群内企业数量、企业总销售收入、企业技术专利数量、企业信息共享性和集群的开放性等五项指标的层次总排序计算结果如表 2－22 所示：

表 2－22　某产业集群风险总排序计算结果

	企业数量 (0.039 3)	企业总销售收入 (0.098 8)	企业技术专利数量 (0.110 3)	企业信息共享性 (0.314 8)	集群的开放性 (0.436 8)	层次总排序
结构型风险	0.428	0.57	0.25	0.17	0.56	0.398 8
网络型风险	0.310	0.21	0.25	0.17	0.25	0.223 2
生态型风险	0.074 5	0.11	0.44	0.39	0.10	0.228 8
技术与生命周期型风险	0.187 5	0.11	0.06	0.27	0.09	0.149 2

表 2－22 中第一行的数据分别对应着四种风险评价指标的权重，数据来自于表 2－16，第二行至第五行的数据分别来自于表 2－17 至表 2－21，层次总排序的计算过程如下：

结构型风险权重 $=0.0393\times0.428+0.0988\times0.57+0.1103\times0.25+0.3148\times0.17+0.4368\times0.56=0.3988$

网络型风险权重 $=0.0393\times0.310+0.0988\times0.21+0.1103\times0.25+0.3148\times0.17+0.4368\times0.25=0.2232$

生态型风险权重 $=0.0393\times0.0745+0.0988\times0.11+0.1103\times0.44+0.3148\times0.39+0.4368\times0.10=0.2288$

技术与生命周期型风险权重 $=0.0393\times0.1875+0.0988\times0.11+0.1103\times0.06+0.3148\times0.27+0.4368\times0.09=0.3988$

最后对层次总排序进行一致性检验：

$$CI=\sum_{i=1}^{4}W_iCI_i=0.0393\times0.0783+0.0988\times0.0014+0.1103\times0.0122+0.3148\times0.0201+0.4368\times0.0145=0.01722$$

$$RI=\sum_{i=1}^{4}W_iRI_i=0.0393\times0.9+0.0988\times0.9+0.1103\times0.9+0.3148\times0.9+0.4368\times0.9=0.9$$

$CR=\dfrac{CI}{RI}=0.01722/0.9=0.01969<0.1$，符合一致性检验。

式中，W_i 是四种评价指标的权重，CI_i 是一致性指标，其数据分别由表 2－17 至表 2－21 中的数据计算得到。

根据上面的计算结果排序，我们可以得出该产业集群面临的风险排序为结构型风险、生态型风险、网络型风险和技术与生命周期型风险。

2.4 企业面临的商业生态风险识别及其模糊测度

2.4.1 商业生态及其风险评价指标概述

所谓商业生态系统，是指由组织和个人所组成的经济联合体，其成员包括核心企业、消费者、市场中介、供应商、风险承担者等，在一定程度上还包括竞争者，这些成员之间构成了价值链，不同的链之间相互交织形成了价值网，物质、能量和信息等通过价值网在联合体成员间流动和循环。这些成员之间的关系是共生关系，多个共生关系形成了商业生态系统的价值网。很显然，商业生态系统是一种跨行业与产业的结构系统，商业生态系统打破了传统的行业界线，使不同“行业”的企业走到了一起，从而增加各自的市场机会。比如，美国电报电话公司为了给商业顾客创建电子商业的解决方法，把不同行业的企业如计算机服务、系统一体化服务、电话服务、储蓄所、信用和交易服务等联系起来。1986 年，美国管理学家 James F. Moore 在《哈佛商业评论》上发表了“新竞争生态学”一文，首次提出商业生态系统的概念，1996 年他又出版了《竞争的消亡》一书，在该书中他利用生态学原理初步建立了商业生态系统的理论框架，通过对高科技案例公司成长过程的描述向人们展示了处于同一商业系统中相互依存的“商业物种”的共同进化现象以及整个商业生态系统的进化过程，阐明了新时代商业竞争的竞合法则。James F. Moore（1999）认为，相辅相成、互相依赖的各种企业编织成庞大的商业网络——商业生态系统（business－ecosystem，BES）。Moore 站在企业生态系统均衡演化的层面上，把商业活动分为开拓、扩展、领导和更新四个阶段。他建议高层经理人员经常从顾客、市场、产品、过程、组织、风险承担者、政府与社会这七个方面来考虑商业生态系统和自身所处的位置；商业生态系统理论的研究视角是以领导企业为核心的商业联合共同体为主要研究对象，探讨了商业联合体的形成及演化问题，解释了为什么同样功能的商业模式有的会成长而有的则会消亡，揭示了商业生态系统中系统成员通过商业关系而相互作用的内在机理，说明了商业生态中的企业也同样面临着商业生态衰亡的风险。商业生态结构图如图2－9所示：

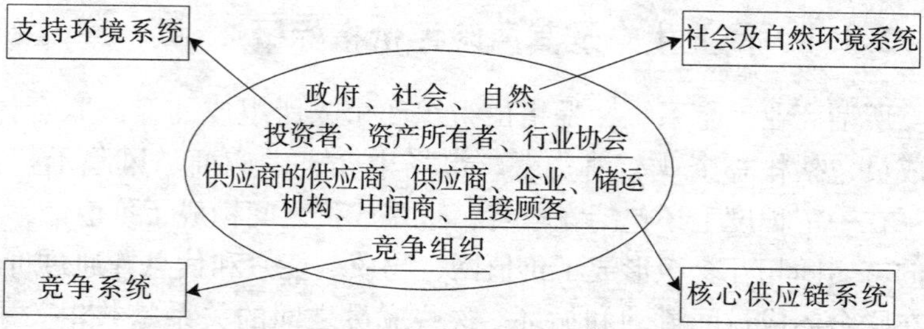

图2－9　商业生态结构图①

因此，在制定公司战略时，David Mayer 和 Martin Kenney（2004）认为不能只着眼于公司本身，还应从全局考虑，了解整个生态系统的健康状态，以及公司在系统中扮演的角色。生态系统健康学是20世纪80年代末在可持续发展思想的推动下发展起来的一门新学科（McMichael A. J.，Bolin B.，Costanza R.，1999），它为生态系统的利用、保护与管理提供了新的理论与方法，也为企业如何应对商业生态恶化所带来的风险提出了新的课题，生态系统健康的概念自提出以来，引起众多学者的关注（Kevan P. G.，Greco C. F.，1997；Rapport D. J.，Gandet C. L.，Calow P.，1994）。Marco Iansiti（2004）等首次在《哈佛商业评论》上探讨了有关BES健康的问题，提出可以从生产率、生命力和缝隙市场的创造能力三方面

① 任浩．现代企业组织设计［M］．北京：清华大学出版社，2005. 398

去考察 BES 的健康状况。张文红（2007）对 BES 健康提出了一个指标评价体系，这些指标分别是商业生态活力、商业生态生命力、商业生态恢复力、维持商业生态服务、商业生态创新的传递、商业生态投入的减少、商业生态对相邻生态的危害。这些指标的界定存在着较大的模糊性和近似性。本书基于商业生态的特点，构造了如下 BES 风险指标：生态成员的多样性、新产品与新服务的创新性、商业生态边界的拓展性、共生共赢关系的密切性。如图 2－10 所示：

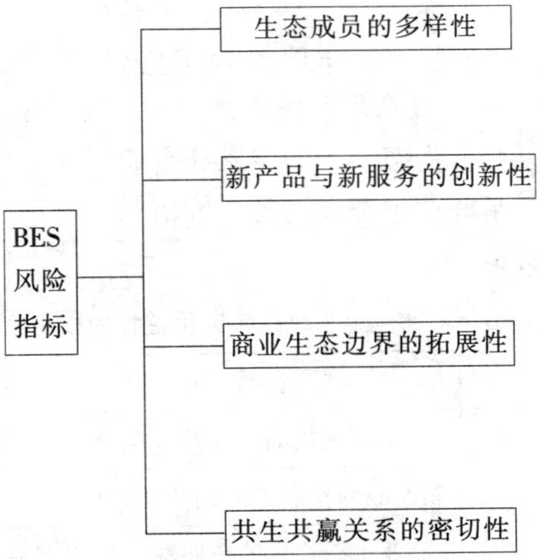

图 2－10　BES 风险指标图

具有多种生命形态的生态系统是最坚强的生态系统。在商业生态系统中，商业生态靠复制来繁衍，每一代生产下一代，以确保商业生态的生存与发展。产品与服务的寿命有限，不论今天多么成功，终将被下一代产品或新的服务所取代，因此需要不断地推出新产品或者新服务来保持商业生态的更新。共生是指两种或多种生物互相合作，以提高生存能力。传统企业视商业为零和竞争，从不考虑互利或共生关系，新型企业总是寻求双赢的共生关系，既在合作中竞争，又在竞争中合作。商业生态系统具有模糊的边界，主要体现在两个方面，一是每一个商业生态系统内部包含着众多的小商业生态系统，同时它本身又是一个更大的商业生态系统的一部分，也就是说，其边界可根据实际需要而定；二是某一企业可同时存在于多个商业生态系统中，因此商业生态的边界应始终处于不断的扩张之中，这样的商业生态系统才能保持其活力与生命力。

2.4.2 商业生态风险识别及其模糊测度

为了更好地评价某商业生态风险的程度，一般将商业生态面临风险的大小评价标准分为五个等级：低风险（v_1）、较低风险（v_2）、一般风险（v_3）、较高风险（v_4）、高风险（v_5），系统输出的信号可分别用“3 个绿灯、2 个绿灯、黄灯、2 个红灯和 3 个红灯”显示，比较直观，这样便得到了警情预报等级集合：$V=(AAA, AA, AB, BB, BBB)$。故评判集 $V=\{v_1, v_2, \cdots, v_5\}$。为此，邀请熟悉某商业生态领域的专家和企业家通过德尔菲法式的问卷调查形式，对某商业生态风险各评价指标的权重进行分配，其结果如表 2－23 所示：

表 2－23　某商业生态风险各评价指标的权重分配表

一级指标（U_i）	二级指标（U_{ij}）	权重	分值
商业生态风险	生态成员的多样性（U_{11}）	0.31	67
	新产品与新服务的创新性（U_{12}）	0.28	78
	商业生态边界的拓展性（U_{13}）	0.24	82
	共生共赢关系的密切性（U_{14}）	0.17	65

对四个影响因素（指标）在产业运行中的重要程度给出相应的权重值，记为权数集：$\underset{\sim}{A}=(a_1, a_2, \cdots, a_5)=(0.31, 0.28, 0.24, 0.17)$。基于该问题的实际意义，选用 $M(\cdot, +)$ 算子，即“加权平均型”算子，根据因素集（指标集）$U=\{u_1, u_2, \cdots, u_5\}$、权重向量 $\underset{\sim}{A}=\{a_1, a_2, \cdots, a_5\}$ 和商业生态风险状态的影响因素，对于商业生态风险状态预报等级的隶属度可由下列隶属函数得到：

$$“低风险状态”，u_1(x)=\begin{cases}1，x\geqslant 90\\(x-80)/10，80<x<90\\0，x\leqslant 80\end{cases}$$

$$“较低风险状态”，u_2(x)=\begin{cases}(90-x)/10，80\leqslant x<90\\(x-70)/10，70<x<80\\0，x\geqslant 90 或 x\leqslant 70\end{cases}$$

$$“一般风险状态”，u_3(x)=\begin{cases}(80-x)/10，70\leqslant x<80\\(x-60)/10，60<x<70\\0，x\geqslant 80 或 x\leqslant 60\end{cases}$$

$$“较高风险状态”，u_4(x)=\begin{cases}(70-x)/10，60\leqslant x<70\\0，0\leqslant x<60\end{cases}$$

“高风险状态”，$u_5(x)=1，0\leqslant x<60$

于是得到 V 上的模糊子集 $\underset{\sim}{B}$：

$$\underset{\sim}{B}=(b_1,b_2,\cdots,b_5)=\underset{\sim}{A}\cdot\underset{\sim}{R}=(a_1,a_2,\cdots,a_5)\cdot(r_{ij})_{5\times5}$$

$$=(0.31,0.28,0.24,0.17)\cdot\begin{bmatrix}0&0&0.7&0.3&0\\0&0.8&0.2&0&0\\0.2&0.8&0&0&0\\0&0&0.5&0.5&0\end{bmatrix}$$

$$=(0.048,0.416,0.358,0.178,0)$$

由最大隶属度原则可知，即 max = (0.048，0.416，0.358，0.178，0) = b_2 = 0.416，表明产业风险处于“较低风险”状态，即“AA”状态，系统输出“2 个绿灯”信号。这表明该商业生态风险处于较低状态。

2.5 企业面临的外部一般风险识别及其模糊测度

任何企业都是在一定的环境中生存和发展的，特别是企业面临的一般宏观环境，这部分所要分析的是企业所面临的外部宏观一般环境，这些环境因素包括经济、制度政策（政治）、社会文化、技术、自然灾害和法律，其中以经济因素最为重要。经济景气指数来源于企业景气调查，它是西方市场经济国家建立的一项统计调查制度。它是通过对企业家进行定期的问卷调查，并根据企业家对企业经营情况及宏观经济状况的判断和预期来编制的，由此反映企业的生产经营状况、经济运行状况，预测未来经济的发展变化趋势。

宏观经济景气监测预警体系，是利用一系列经济指标建立起来的宏观经济“晴雨表”或“报警器”。西方经济统计学家们早在一个世纪以前就开始了经济景气监测预警的研究工作。从19世纪末到20世纪70年代，经过半个多世纪的不懈努力，经济景气监测预警体系得以不断充实和完善，并为世界各国所熟悉。中国在20世纪80年代末也开始了这方面的研究与应用。

经济景气监测预警系统无论在构成还是构造方面，都取得了迅速的进展，目前广泛应用的经济景气指数有企业家信心指数、企业景气指数、合成指数（CI）与扩散指数（DI）、预警信号指数、制造业采购经理人指数（PMI）等。从国内外现有的经济预警方法来看，基本都集中在统计学的领域，同时在人工神经网络和基于最大熵的数学方面也有探索，经济运行状态本来是一个模糊的概念，本书试图结合中外学者已有的研究成果，运用模糊数学的理论和知识对经济景气监测分析及其模糊预警定量测评进行探索。

为了及时、准确地监测和预警经济运行的具体状况，需要建立一套能体现经济运行状态的指标体系。本着可操作性、可比性、预警性、系统性、开放性和科学性的原则，笔者根据国家统计局每月发布的经济指标体系来建立相应的模糊数学模型，这些经济指标包括：一是价格指标（包括物价指数CPI、生产者物价指数PPI、房屋价格指数）；二是经济增长指标（包括GDP增长率、消费增长率、投资增长率、工业增长率、中国采购经理指数PMI、发电量增长率）；三是外贸指标（包括出口总额增长率、贸易顺差增长率、外商投资增长率FDI）；四是金融指标（包括M2增长率、信贷增长率、储蓄增长率和外汇储备增长率）；五是人力资本指标（包括失业率和从业人员平均劳动报酬）。各个指标权重采用频数统计法确定，设因素集 $U=\{u_1, u_2, \cdots, u_n\}$，$n \geqslant 30$，请有关专家和企业家及部分消费者根据权重分配调研表对因素集中的各个元素，各自独立地提出自己认为最合适的权重，最后根据收回的权重分配调研表，对每个因素集 $U=\{u_1, u_2, \cdots, u_n\}$ 中的因素进行单因素权重统计试验并确定各个因素的权重，具体见表2－24：

表2－24 经济运行指标体系及其权重

一级指标（U_i）	权重（R_i）	二级指标（U_{ij}）	权重（R_{ij}）
价格指标（U_1）	0.18	CPI（U_{11}）	0.49
		PPI（U_{12}）	0.35
		房屋价格指数（U_{13}）	0.16
经济增长指标（U_2）	0.30	GDP 增长率（U_{21}）	0.25
		消费增长率（U_{22}）	0.20
		投资增长率（U_{23}）	0.25
		工业增长率（U_{24}）	0.10
		中国采购经理指数 PMI（U_{25}）	0.05
		发电量增长率（U_{26}）	0.15
外贸指标（U_3）	0.23	出口总额增长率（U_{31}）	0.55
		贸易顺差增长率（U_{32}）	0.35
		外商投资增长率（U_{33}）	0.10
金融指标（U_4）	0.16	M2 增长率（U_{41}）	0.50
		信贷增长率（U_{42}）	0.30
		储蓄增长率（U_{43}）	0.15
		外汇储备增长率（U_{44}）	0.05
人力资本指标（U_5）	0.13	失业率（U_{51}）	0.85
		从业人员平均劳动报酬（U_{52}）	0.15

我们将经济运行的状态分为“AAA、AA、AB、BB、BBB”五种情况，分别表示“非常好、较好、一般、差、较差”等状态，系统输出的信号可分别用“3 个绿灯、2 个绿灯、黄灯、2 个红灯和 3 个红灯”显示，比较直观，这样便得到了警情预报等级集合：$V=(AAA, AA, AB, BB, BBB)$。

目前，关于经济运行状态监测的“非常好、较好、一般、差、较差”等概念本身的含义并不是很确切，带有很强的模糊不确定性，是一些模糊的比较概念；另外，对于不同的决策者即使是在同一时期对同一经济运行状态的判断也可能存在着差异。因此，基于经济运行状态的模糊不确定性，可运用模糊数学的相关理论对其进行定量描述。

1. 模糊测度模型

因素集 $U=\{u_1, u_2, \cdots, u_n\}$；评判集 $V=\{v_1, v_2, \cdots, v_m\}$；

单因素决断：$\tilde{f}: U \to \varphi(V), u_i \mapsto \tilde{f}(u_i)=(r_{i1}, r_{i2}, \cdots, r_{im}) \in \varphi(V)$。

由 $\tilde{f}$ 可诱导模糊关系 $\underset{\sim}{R} \in \varphi(U \times V)$，可用一个模糊矩阵 $\underset{\approx}{R}=(r_{ij})_{n \times m}$来表示，所以 $\underset{\sim}{R}$ 又可以看成是 $U \to V$ 的一个模糊变换。这样，$(U, V, \underset{\sim}{R})$ 就构成了一个模糊测度模型。给定 $\underset{\sim}{A} \in \varphi(U)$，在实际应用中即为因素的权重，$\underset{\sim}{A}=(a_1, a_2, \cdots, a_m)$，满足$\sum_{i=1}^{n} a_i=1$，由 $\underset{\sim}{B}=\underset{\sim}{A} \cdot \underset{\approx}{R}$ 得 V 上的模糊子集 $\underset{\sim}{B}=(b_1, b_2, \cdots, b_m) \in \varphi(V)$。$\underset{\sim}{R}$ 为“模糊变换器”。

2. 实证研究

本书以中国 2009 年第一季度经济运行为例，根据国家统计局公布的数据，组织有关资深经济专家、企业家和消费者，采用德尔菲法对影响该季度经济运行状态的五个因素（指标）进行评分，并采用算术平均法来确定权重，如表 2－25 所示。

表 2-25 2009 年第一季度经济运行监测指标权重与分值表

因素（指标）	价格指标（X_1）	经济增长指标（X_2）	外贸指标（X_3）	金融指标（X_4）	人力资本指标（X_5）
权重	0.18	0.30	0.23	0.16	0.13
分值	56	83	62	71	66

在这里，经济增长指标和外贸指标对我国经济运行状况的影响比较大，所以可以赋予这两个指标较大的权数。但是，权向量并不是固定不变的，它随着监测指标所处的经济环境的变化而变化。总之，权数要能在实际运行中真正地反映出指标所处的不同地位和作用，要适应经济环境的变化。

因素集（指标集）$U=\{u_1, u_2, \cdots, u_5\}$，权重向量 $\underset{\sim}{A}=\{a_1, a_2, \cdots, a_5\}$。经济运行状态的影响因素，对于经济运行状态预报等级的隶属度可由下列隶属函数得到：

$$\text{“非常好状态”}, u_1(x)=\begin{cases}1, & x\geqslant 90\\ (x-80)/10, & 80<x<90\\ 0, & x\leqslant 80\end{cases}$$

$$\text{“较好状态”}, u_2(x)=\begin{cases}(90-x)/10, & 80\leqslant x<90\\ (x-70)/10, & 70<x<80\\ 0, & x\geqslant 90 \text{ 或 } x\leqslant 70\end{cases}$$

$$\text{“一般状态”}, u_3(x)=\begin{cases}(80-x)/10, & 70\leqslant x<80\\ (x-60)/10, & 60<x<70\\ 0, & x\geqslant 80 \text{ 或 } x\leqslant 60\end{cases}$$

$$\text{“差状态”}, u_4(x)=\begin{cases}(70-x)/10, & 60\leqslant x<70\\ 0, & 0\leqslant x<60\end{cases}$$

“较差状态”，$u_5(x)=1, 0\leqslant x<60$

3. 模糊预警模型算法及其计算

对五个影响因素（指标）在产业运行中的重要程度给出相应的权重值，记为权数集：$\underset{\sim}{A}=(a_1, a_2, \cdots, a_5)=(0.25, 0.30,$

0.20，0.15，0.10）。基于该问题的实际意义，选用 $M(\cdot, +)$ 算子，即“加权平均型”算子，于是得到 V 上的模糊子集 $\underset{\sim}{B}$：

$$\underset{\sim}{B}=(b_1, b_2, \cdots, b_5)=\underset{\sim}{A}\cdot\underset{\sim}{R}=(a_1, a_2, \cdots, a_5)\cdot(r_{ij})_{5\times5}$$

$$=(0.18, 0.30, 0.23, 0.16, 0.13)\cdot$$

$$\begin{bmatrix}0 & 0 & 0 & 0 & 1\\ 0.3 & 0.7 & 0 & 0 & 0\\ 0 & 0 & 0.2 & 0.8 & 0\\ 0 & 0.1 & 0.9 & 0 & 0\\ 0 & 0 & 0.6 & 0.4 & 0\end{bmatrix}=(0.09, 0.226, 0.268, 0.236, 0.18)$$

由最大隶属度原则可知，$\max(b_1, b_2, \cdots, b_5)=\max(0.09, 0.226, 0.268, 0.236, 0.18)=b_3=0.268$，表明经济运行处于“一般”状态，即“AB”状态，系统输出“黄灯”信号。这表明我国经济运行处于不确定性状态，在短期内有减缓的可能，由“红灯”转为“黄灯”时，不宜继续采取紧缩政策，国家应继续采取相应的经济措施来应对国外金融危机所带来的负面影响。

3 企业变革的制约因素与变革阻力比较分析

在企业的发展过程中，有许多因素会对企业产生重大的影响并要求企业根据内外环境的变化作出相应的调整，纵观整个企业变革的历史进程，制度、技术、市场、文化、权力—政治行为和经济周期的变动对企业的发展与变革起着重要作用。正如美国管理史学家曼塞·G. 布莱克福德（Mansel G. Blackford）所说的："长期以来，经济的、政治的以及文化的变革在世界范围内都是交织进行的。企业从来不曾生存于真空之中，今天也没有。相反，企业总是处在其外部环境的影响之下，并影响着外部环境。"① 在这些影响企业变革的变量中，有些是企业变革的外生变量，强迫企业实行变革以适应环境，其方式和手段多为突变式变革，如政府对企业的管制；而有些变量却是内生性的，在企业发展的多个时期，企业都会自动地实施变革来适应环境的变化，如市场的演变对企业的变革多是这种情况。美国管理学者科特（John P. Kotter）认为驱动重要组织变革

---

① ［美］曼塞·G. 布莱克福德（Mansel G. Blackford）. 现代企业的兴起［M］. 北京：经济管理出版社，2001. 2

需求的力量有技术变革（如更快更好的沟通、更快更好的传递、联系全球人员的信息网络）、国际经济一体化（关税更低、通过浮动汇率制联系起来的货币、更多全球资本流动）、发达国家市场的成熟（更低国内增长、更多雄心勃勃的出口商、更为不规则）、社会制度的转变（更多国家与资本主义体系相联系、更为私有化等）。①

在系统管理学派看来，企业是一个由相互联系、共同工作的各要素（如劳动力、物资、设备、资金、任务和信息等）所组成的系统，旨在实现一定的目标，内部各要素为其子系统。同时，企业又是一个开放的系统，同外界环境（政府、顾客、供货者、竞争者等）有着动态的相互作用，并能不断地自行调节，以适应环境和自身的需要。企业生存是一个优胜劣汰的过程，企业的存留取决于组织与内部过程和外部力量斗争的能力。环境所选择的最适应的企业是那些内部相适应同时与周围事物找到了相适性的组织。②因此，在分析企业变革的制约因素时，我们会发现有些因素是企业必须与外部环境相适应的，这些因素我们可称为外因；而有些因素主要是企业内部适应的结果，如一个企业存在的变革文化，我们可称为内因。笔者认为有些因素同时具有内因和外因的特征，如技术、市场、权力—政治行为和制度在企业的整个发展过程中就同时具有内因和外因的特点。鉴于内因外因论述的复杂性及全书篇幅的限制，这里仅就制度变迁的内因外因予以论述，其他因素的论述不予涉及。

3.1 制度变迁与企业变革

新制度经济学派的代表人之一道格拉斯·C. 诺斯在其著作

---

① ［美］理查德 L. 达夫特（Richard L. Daft）. 组织理论与设计精要［M］. 北京：机械工业出版社，1999. 144

② ［美］丹尼尔·A. 雷恩（Daniel A. Wren）. 管理思想的演变［M］. 北京：中国社会科学出版社，2000. 504

《经济史上的结构和变革》中对制度所下的定义为："制度是为约束在谋求财富或本人效用最大化中的个人行为而制定的一组规章、依循程序和伦理道德行为准则。"① 他认为在一个社会中，制度由正式规则（如宪法、法令、产权）和非正式规范（如道德约束力、禁忌、习惯、传统和行为准则）构成。制度的变迁是一个演进的过程，它通过复杂的规则、标准和实施的边际调整来实现。制度变迁的代理人是个别企业家。

制度是社会的博弈规则，而各种组织和这些组织的领导人就是最主要的游戏参与者，诺斯曾经说过，正是制度和组织之间的相互作用塑造了经济的制度演化。首先，制度的框架设计会对企业的生存与发展起到决定性作用，什么样的企业组织会出现和发展，取决于制度框架提供的机会。例如，如果制度提倡垄断，那将会导致垄断型组织的出现与发展；如果制度提倡技术创新，鼓励发明创造，那将会使整个社会的发明创造急剧增加。例如诺斯曾认为，1624 年英国政府颁布的垄断专利法令创造出一种专利制度，在这种专利制度下，鼓励技术变革和将创新的私人收益率提高到接近社会收益率的一整套激励机制才能形成。在缺乏创新所有权的情况下，技术变革的速度基本上受市场规模的影响，而创新技术所有权的出现使技术变革的速度大大加快，从而导致工业革命的爆发②。其次，企业作为一个组织的演化和变革又将会影响到制度变迁的路径和过程。一方面，企业组织出于生存竞争会加强对制度的学习，而这一学习过程又将潜移默化地改变非正式规则的内容；另一方面，如果某些组织预期改革的成本小于改革预期的潜在收益，他们就会动用组织的资源来试图改变正式的规则。因此，制度变迁既可被看做是企业变革的一个外生变量，又可被认为是企业变革的一个内生变量。

3.1.1 制度选择与企业变革

在人类经济发展史上，市场经济制度和计划经济制度是两种差

---

① ② ［美］道格拉斯·C. 诺斯（Douglas C. North）. 经济史上的结构和变革［M］. 北京：商务印书馆，1992. 195～196

异明显的经济制度，以西方七国集团为首的西方资本主义国家坚信市场这只“看不见的手”对于经济发展的巨大作用而选择和极力维护市场经济制度，而苏联、东欧国家和改革开放之前的中国则看到以私有产权为核心的资本主义的固有缺陷，因而选择了计划经济制度。随着时代的变迁，计划经济已日渐式微，例如中国自20世纪80年代初实行改革开放政策以来，经济制度已从计划经济、有计划的商品经济演变到社会主义市场经济全面发展，经济制度的巨大变迁对在具体经济制度环境下企业发展的重大影响是不言而喻的，它导致中国国有企业从经营管理到产权制度重新设计的一系列重大变革。不仅如此，经济制度的变迁还导致私营企业在中国的飞速发展。制度选择的变化会直接给企业带来一场突变或渐进式变革，例如，中国的经济制度改革走的是一条渐进式改革之路，它也给中国国有企业带来了一场渐进式变革，只不过这场渐进式变革的最后归宿是产权的变革，而产权的变革对于企业来说是一场剧烈式变革，这正如马克思唯物辩证法中所论述的那样，事物的任何变化都是从量变开始的，积累到一定的程度，便会发生质的变化。反观俄罗斯的经济改革，“休克疗法”的实施不但导致俄罗斯的经济增长出现了短时间的急剧下跌甚至是负增长，也给俄罗斯的国有企业带来了一场巨大的突变式变革。

制度的选择还表现为政府对于经济的干预程度，例如，奉行经济自由主义的政府和国家干预的凯恩斯政府在对生产的集中和垄断上，采取的政策各不相同，对企业的变革进程会产生加速或放任自流的影响。例如，“大萧条”时代之前的英国政府奉行传统的不干预私人经济活动的方针，认为只要不违背“公共利益”，政府对于垄断或竞争是听之任之的，自由贸易政策被认为能够使英国工业获得廉价的原料和农产品，降低工资和生产成本，提高竞争能力，确立英国工业品在世界范围内市场的优势地位。英国政府的这种长时期内不干预生产的集中和垄断，使英国企业不易于在商品购销方面实现联合，致使英国以控制商品购销为特征的卡特尔和辛迪加比较少，从而使英国企业中落后的、低效率的小企业被淘汰，新企业的建立进程缓慢，远远落后于当时的经济后起之秀美国和德国，同时也造成了英国企业的经营管理方式落后、管理效率低下、竞争能力差。而较晚开始工业化的美国和德国，则把生产和资本的集中看成是有利于提高经济效率和增加国家经济力量的途径，有意识地扶植某些企业，刺激某些部门企业的发展，鼓励企业合并，或给某些规模小、效率不高的企业制造困难，迫使它们关闭或改组。① 在企业组织制度方面，19 世纪在美国绝大多数州的普通公司法的许可下，具有竞争优势的股份有限公司在美国的工业公司中变得愈来愈普遍，而个人业主制和合伙企业制的组织形式则日渐衰落②。反观英国企业，19 世纪初期，由于英国政府认为，只有从事海外冒险事业或承办铁路、运河那样大规模事业的公司，才有理由申请组织设立股份有限公司，因此能够促进生产和资本加速集中的股份公司制，在英国发展缓慢。③ 从中我们不难看出，政府对于企业的变革进程可以通过增加或减少竞争的方式起到加速和减速的作用。而政府的这种作用对于该国经济远期的增长会产生重大影响。

3.1.2 竞争政策与企业变革

竞争政策属于制度政策范畴，它所涉及的是为市场经济中的微观经济活动的竞争过程确立和保持所需的制度框架、行为规范和竞争规则。所谓竞争政策，就是为保护和促进市场经济中的竞争而采取的行动措施、制定的法规条例和设立的监察实施机构的总和。④ 在国家的各种经济政策中，竞争政策占有基础的、首要的地位。竞争政策的目标与任务就是保护和促进竞争，使市场竞争与价格机制发挥有效的调控功能。为了保护和促进竞争，首先要为市场竞争过程建立一整套制度框架和一系列竞争规则，它们主要表现为各项有关的市场法规，如反对竞争限制或反垄断（反卡特尔、反托拉斯）

---

① 罗志如，厉以宁．二十世纪的英国经济［M］．北京：人民出版社，1982. 95~96

② ［美］曼塞·G. 布莱克福德（Mansel G. Blackford）．西方现代企业的兴起［M］．北京：经济管理出版社，2001. 84

③ ［美］曼塞·G. 布莱克福德（Mansel G. Blackford）．西方现代企业的兴起［M］．北京：经济管理出版社，2001. 94

④ 陈秀山．现代竞争理论与竞争政策［M］．北京：商务印书馆，1997. 132~133

法、反不正当竞争法、交易法、商标法、消费者保护法和专利法等，其中反对竞争限制法占有最重要的地位，它被视为市场经济的基本法，是竞争政策中最为重要的法律内容。这些市场法规的制定有时会给企业的发展带来一场变革。以反垄断法为例，19 世纪后半叶，随着第一次产业革命的基本完成，美国经济集中与垄断的趋势日益明显。60 年代末出现了一种被称为“普尔”的企业初级联合形式，即以生产和资本实力较为雄厚的企业为核心，企业间建立关于价格和销售量的短期协定，在此基础上又出现了一种更高级的企业联合形式——托拉斯。1879 年正式成立的洛克菲勒美孚石油公司是美国历史上的第一个托拉斯。1880 年至 1890 年，托拉斯迅速发展起来，这些托拉斯组织凭借其垄断地位和市场权力，控制原材料来源，划分销售市场，限定市场价格，规定产品产量，以获取高额垄断利润，使局外企业，特别是中小企业不断受到排挤、打击，越来越多地被托拉斯组织控制和兼并。托拉斯组织日益扩大的垄断地位和市场权力严重阻碍了市场竞争，损坏了中小企业和消费者的利益。为了打破托拉斯，促进竞争，美国政府于 1890 年通过了《谢尔曼法》，1914 年通过了《克莱顿法》和《联邦贸易委员会法》，1936 年通过了《鲁滨逊—帕特曼法》，1937 年通过了《米勒—泰丁斯法》，1938 年通过了《惠勒—利法》。19 世纪 30 年代通过的法案的特点是，不是用创造竞争性市场结构去防止垄断行为，而是用限制垄断性竞争性市场中不公平竞争的办法来维持现状。此后，1950 年通过了《塞勒—凯弗威尔法》，1962 年通过了《反托拉斯民事程序法》，虽然历届美国政府在实施上大打折扣，但反托拉斯法多少对企业的发展产生了一定影响，对有些企业来说是剧烈式变革，如根据反托拉斯法，1893 年标准石油托拉斯被俄亥俄最高法院判为违法，美国司法部控告北方证券公司违反《谢尔曼法》第一款，并在 1904 年由最高法院发布了解散北方证券的命令。1905 年，最高法院命令斯威夫特、阿穆尔、莫里斯、哈蒙——美国四大肉类包装商——不得密谋制定价格。1911 年，美孚石油公司（标准石油托拉斯）被强制拆散。1984 年，美国司法部与美国电话电报公司达成和解，美国电话电报公司被肢解为 23 家电话公司。[①] 由于反垄断法的强制性，使企业的变革也具有强制性。

竞争政策在19世纪20年代末到20世纪80年代的美国直接表现为国家监控调节的部门和领域不断扩大，政府各个专设机构的权限与作用日益加强，政府对于经济活动的干预力度和广度不断扩展深化，国家对企业的管制愈来愈多，不仅市场竞争过程本身受到越来越严格的规范，而且对于非竞争部门实行的国家调控也越来越扩大和加强。例如20世纪20年代末通过的《麦克法登法案》，30年代通过的《格拉斯—斯蒂格尔法》，50年代通过的《联邦存款保险法》以及《银行控股公司法》，确认了分散化的银行结构。其中包括：①保留了对银行设立分行的限制；②将商业银行与投资银行分离，因此创造了两条分离的融资渠道；③采纳存款保险制度，保护了小型银行。这些法律分割了银行业体系，对金融企业的发展也产生了深远影响，例如因为受到《1956年银行控股公司法》的管制，50年代的美国银行不得不通过组成控股公司以及将独立的子银行联合起来形成连锁银行来避开对分行的限制。[②] 戈登·唐纳森认为20世纪60年代和70年代的美国政治、财经和法规环境对公司的发展策略、多元化经营和自给自足策略产生了直接的影响。他在《公司改组——从内部把握改革进程》一书中写道："联邦政府通过调控和对反垄断行为的积极干预，很明显，对于这些公司来说，进一步渗入竞争对手的市场份额，特别是通过并购，势必会涉及法律行动，这样一来，最好的结果也是既耗资又费时，搞不好会完全断送原来计划中的公司扩展。结果，处于行业领导地位的公司，转而在国内开拓与原行业无关的多种经营，并到国外拓展市场，以此来保持公司内部的活力和对于公司成长环境的适应能力。"[③] "有意的和无意的联邦政府调控及财政政策，强有力地影响

① 陈宝森．美国经济与政府政策——从罗斯福到里根［M］．北京：世界知识出版社，1988. 393 ~405

② ［美］马克·J. 洛（Mark J. Roe）．强管理者　弱所有者——美国公司财务的政治根源［M］．上海：上海远东出版社，1999. 138

③ ［美］戈登·唐纳森（G. Donaldson）．公司改组——从内部把握改革进程［M］．北京：中国对外翻译出版社，2000. 32

了为公司成长和多元化经营提供资金的方式。”① 这种情况在我国也可以找到例证，如贷款难是一个长期困扰中小企业发展的难题，目前我国绝大多数中小企业都主要依靠积累的自我资金，融资渠道不畅，严重地限制了中小企业的发展速度和规模经营。再如，我国电信市场的竞争，政府在竞争者的选择和扶持上，无不体现了国家竞争政策的制定对电信企业的发展所带来的深远影响。

3.1.3 作为企业变革内因的制度变迁

从表面上看，制度变迁对于企业的变革是一种强制性的外在变量，制度的变革迫使企业也不得不随之进行变革以适应变化的制度环境，但企业对于制度的变革并不只是被动和消极的反应。企业通过对制度的学习以适应外部环境，在这个学习的环境中，又会潜移默化地改变非正式规范。当组织经过成本—收益分析，决定投资于正式企业制度的变革时，即称之为企业制度创新。企业制度的不断创新反过来也会导致制度的变革。例如，20 世纪 80 年代的美国里根政府时期，政府放松了对企业的管制，导致了新一轮企业兼并浪潮的出现，企业之间的竞争也更加激烈，为了激励员工，形成公司管理者、员工和股东三位一体的利益模式，许多美国公司实行了股票认股期权制度的激励创新机制。20 世纪 90 年代这一机制迅速风靡全美许多大小公司，并逐渐流行于世界各国。作为一种薪酬和激励制度创新，股票认股期权制度对公司的发展起到了不可磨灭的作用，这种制度打破了员工和股东之间的界限，公司以低价向员工出售认股期权，形成休戚与共的利益关系，这样一方面可以激励员工努力工作，另一方面公司也省却向员工支付高薪，员工同时也可以享受认股期权支付薪水所带来的减税好处。公司股东能从中受益是因为虽然股权被稀释，但努力工作的员工却可以增加公司的收益从而导致公司股价的上涨。但这一制度在实施过程中在被滥用后产生了弊端，特别是这一制度被广泛应用于网络公司之后，其负面效应

① ［英］Bernard Burnes. 变革时代的管理［M］. 昆明：云南大学出版社，2001. 32 ~ 33

暴露无遗，因为这种制度容易产生欺诈的问题，由于奖励制度与公司的赢利挂钩，如果公司的 CEO 能在规定的时间内，使公司的每股赢利升高到一定的水平便可获得股份。而每股赢利是可以通过各种不正当的方法暗中操纵的，所以，即使公司的业绩并没有根本性的长进，公司 CEO 也能获取可观的报酬。从 2001 年下半年伊始，愈演愈烈的美国公司欺诈丑闻案，如世通、安然等著名大公司的财务欺诈案，都说明了这一点，美国公司的丑闻正在使得过去十年来美国之外的企业纷纷效仿的“美国模式”（如鼓励残酷的竞争、激进的交易、高度的信息披露和给公司 CEO 高额的报酬等）失去光彩①。美国总统布什于 2002 年 7 月签署了公司改革法案，该法案是对 1933 年证券法和 1934 年证券交易法和破产法相应条款的修正，这些修正将会对美国公司治理制度和财务审计制度产生重大影响。② 再如，19 世纪的美国制造商及其销售同盟为了控制竞争，往往建立横向联合的联盟形式来控制价格，但由于这种协议并不具有合法的合同所具有的约束力，无法由法庭强制执行，因而常常以失败告终，于是，美国铁路界的反应是强烈要求州和联邦立法使联营或卡特尔合法化，在随后的实践中，美国公司为了对联合起来的各公司进行更有效的控制，需要把各成员公司合并成一个单一的、在法律上予以承认的实体，如果这个实体拥有大部分成员公司的股份，新的综合企业的董事会就能对各成员公司的经营活动建立和保持更有力的控制。而能够满足这些需要的显而易见的合法形式就是控股公司的建立，而要成立这种掌握其他公司股份的公司需要有州议会的特别法令，1888—1889 年的新泽西州议会修改该州的普通公司法，允许制造商在州内和州外购买和拥有其他企业的股份，从而使控股公司合法化。当 1890 年美国国会通过了谢尔曼反托拉斯法案后，控股公司立即取代了托拉斯合法地把几个州的许多单一的企业经营设备合并成一个大的、单一的联合企业。由此可见，企业

---

① 方军. WorldCom 终结 CEO 时代［N］. 经济观察报，2002-07-21（A2）

② 方流芳. 美国公司改革法案的主要内容［N］. 经济观察报，2002-08-26（C2）

变革同样可以影响到制度的变迁。[①] 虽然这种影响是非常有限的。

由制度的变迁所引起的企业变革具有以下一些基本特征：

（1）强制性。外部制度的变化对于企业而言往往是强制性的变革，例如在竞争政策制定后，企业所面临的竞争环境将有大的改变，迫使企业不得不实施剧烈的变革。

（2）突变性。从变革的方法上看，由制度的变化引起的企业变革多使用突变性的变革方法。

（3）变革的内容多涉及企业的制度变化，如组织制度、报酬制度等。

（4）相对稳定性。任何一种社会经济制度都具有相对的稳定性，因而由这种因素所引起的变革也具有相对的稳定性。

对于企业而言，认真学习和研究制度的变迁是十分必要的，因为这对企业的长期稳定发展具有特别重要的意义。例如，现阶段的中国对外改革开放，制度变化是经常发生的，研究这种制度的发展轨迹和规律对企业的发展和变革十分有益，如随着中国加入 WTO，许多经济制度变革的归宿将会越来越多地和国际接轨，所以熟悉 WTO 规则并提前采取应对措施对于许多企业变革至关重要。企业可以采取的措施有以下几点：

（1）从企业外部环境来看，认真学习有关国内和国际的与企业发展密切相关的制度层面的最先动态，特别是对于我国这样一个社会和经济制度处于急剧变化的国家更需如此，企业应像预测市场发展趋势一样关注制度的变迁，并提前做好应变措施。

（2）从推进企业内部变革的进程而言，社会制度的变迁常常影响企业员工价值观念的变化，因而企业在进行变革时需要认真对待这种变化，我国大型国有企业的变革更需如此，例如国有企业的 MBO（公司管理层收购）和股票期权的实施。

（3）在学习和模仿别国企业的成功变革的经验时，要考虑到制度变迁上的差异性，例如 MBO 是市场经济发达国家的产物，在

① ［美］小艾尔弗雷德·D. 钱德勒（Alfred D. Chandler）. 看得见的手——美国企业的管理革命［M］. 北京：商务印书馆，1987. 369 ~ 371

引进这一制度进行企业变革时就不能不考虑到制度上的差异性。

3.2 技术进步与企业变革

现代企业的兴起源自技术革命的爆发，技术的演变不仅影响到企业规模的大小，也同样对企业的管理变革具有重大的作用。技术进步的量变到质变再到量变的循环过程使技术的演变具有一种呈螺旋式上升和周期性缩短的特点。自英国工业革命以来，已大致发生了四次技术革命，每一次技术革命都给企业的生产、销售、组织和管理带来了极大的冲击，迫使企业不得不进行重大的变革来应对外部竞争环境的巨变。

3.2.1 第一次技术革命时期

第一次技术革命是18世纪中叶至19世纪20年代初始发于英国、以欧洲为核心、波及欧美的工业革命。它以自动纺织机和瓦特蒸汽机为标志，使纺织企业首先得到了迅速的发展。19世纪相继发明的轮船和火车则带来了交通运输业的根本性变革。与此同时，冶金，特别是钢铁和机械工业也得到了极大的发展。第一次技术革命把企业从手工业时期带到了机器时期，使企业生产力和效率发生了质的突破，也带来了像纺织工业这样的劳动密集型企业的出现。第一次技术革命对于企业变革的影响主要体现在以下几个方面(见表3-1)：

表3-1 第一次技术革命对于企业变革的影响

影响的方面	具体的内容
企业的规模	少量大规模的企业开始出现，如人数超过5 000人
企业的生产	利用水力来实现企业生产的集中化和生产过程的企业内部化
企业的组织	股份公司组织形式的出现

3.2.2 第二次技术革命时期

第二次技术革命从19世纪后期开始，结束于20世纪30年代左右，它以电的发现以及发电机和电动机的发明与使用为标志，加之内燃机技术的逐渐成熟，汽油机和柴油机的诞生，并在此基础上建立了汽车工业、拖拉机工业和航空业。从某种意义上而言，一方面第二次技术革命是第一次技术革命的延伸和深化，例如火车技术诞生于第一次技术革命时期的1814年，但铁路企业的兴起却是在19世纪下半叶，与之相类似的是，铁路运输业、轮船运输业和造船业、机械制造业等主导产业群的技术均来自第一次技术革命。另一方面，第二次技术革命又孕育了新一代的主导部门（如电力及机器制造、化学工业、汽车工业和石油供应等），并逐渐取代了传统工业（如纺织业和煤炭工业）的地位。第二次技术革命对企业变革的影响主要体现在以下几个方面（见表3－2）：

表3－2 第二次技术革命对企业变革的影响

影响的方面	具体的内容
企业规模	企业规模急剧扩大，如资本总额为14亿美元、雇员超过10万人的美国钢铁公司
企业的生产	大量生产的出现和标准化生产的流行
企业的组织和管理	托拉斯、卡特尔和控股公司等组织形式的出现
	先横向后纵向垂直的企业合并
	管理层级制的形成（受美国铁路企业的示范作用）
	单一的、高度集中化的管理结构
	按职能划分部门的组织结构形式已在许多企业实行
	多分支和分权化的组织结构形式的出现（如通用和杜邦公司的组织变革）

（续上表）

影响的方面	具体的内容
企业的组织和管理	企业的成长方式从内部扩充发展为外部的合并，而企业的管理也更加复杂。企业管理经历了从企业家式企业管理到经理式企业管理的转变。这一转变过程也可以被看做是从经验管理到科学管理的一次转变
	企业的经营权和管理权发生分离的情况开始变得普遍起来
	管理的职业化趋势
	企业管理技术的发展变革（如杜邦公司发明了被称为“杜邦财务体系”的衡量体系）

3.2.3 第三次技术革命

第三次技术革命发生在20世纪30年代至70年代，这次技术革命又被称为近现代第三次技术革命。这次技术革命对经济和社会生活的影响在广度、深度和速度上远远超过前两次技术革命。这一次技术革命把人类带入了电子时代、自动化时代、计算机时代和宇宙太空时代，不仅如此，第三次技术革命也促使传统技术全面革新和改造。这一阶段的发展过程如下：30年代是以电子管为器件的新型电子设备（如电视机、雷达）和电子仪器（如射电望远镜、电子显微镜）为代表的电子革命的蓬勃发展和三大合成材料的开创时期；40年代是原子能利用、电子计算机、半导体技术三大高级尖端技术的开创阶段；50年代是航天技术的开创阶段，是电子计算机走向应用和以集成电路为代表的微电子技术产生时期；60年代是电子计算机走向巨型化、小型化、网络化、软件技术大发展的阶段，是以激光为代表的光电子革命的开始，核电站走向实用化，应用卫星和遥感技术兴起，通信手段有新的突破的时期。50年代至60年代则是传统工业应用电子计算机等新兴技术实现全面技术革新的时期。与前两次技术革命不同的是，第三次技术革命的标志性技术是一组技术群，起主导作用的技术的主导地位不像以前（如第一次技术革命是蒸汽机，第二次则是电的发明及其应用）那样明显，其主要特征是，不仅进一步扩大了机器代替人的体力劳动的范围，更重要的是开辟了机器代替人的部分体力劳动的新时代。第三次技术革命对企业变革所带来的重大影响有以下几个方面（见表3－3）：

表3－3　第三次技术革命对企业变革的影响

影响的方面	具体的内容
企业的生产	多元化生产和计算机技术在生产中的应用（如MRP）
企业的组织	多分支公司的事业部组织机构形式在企业中（特别是大型企业）被广泛使用
	20世纪60年代在美国出现了一种新型的企业组织结构形式——联合大企业或称为集团企业
企业的管理	管理的重心从企业的内部（以生产为中心的车间管理）转向企业的外部（战略管理思想的出现和实践）

3.2.4　新技术革命

新技术革命又被称为第四次技术革命、信息革命等。由于技术革命的周期间隔不断缩短且存在加速运行的趋势，如第一次技术革命和第二次技术革命间隔超过了100年，第二次和第三次技术革命的间隔则缩短为几十年，而第三次和第四次技术革命之间几无间隔，第三次技术革命和新技术革命产生了强烈的连续性和叠加性，以致很多人认为第四次革命不过是一种夸大其词，它只不过是第三次技术革命的另一次浪潮而已。但时至今日，新技术革命对企业和世界经济的影响已经表明了它是一次独立的技术革命，其核心是计算机二次革命和生物技术革命，其创新群落和产业包括计算机、网络与通信、生命科学与生物工程、光导纤维、激光、新材料、新能源、海洋工业、空间工业和机器人工业等。

新技术革命对企业变革的影响主要包括以下几方面（见表3－4）：

表3-4 第四次技术革命对企业变革的影响

影响的方面	具体的内容
企业的生产	敏捷制造系统和人机一体化制造系统的出现
	现代集成制造技术的应用
	从单纯的产品生产转向产品和服务的生产
企业的组织	企业原有的从上到下的垂直结构（金字塔形结构）开始向扁平化的开放式结构转变
	一种既能够利用企业内部资源又能够充分利用整个社会及其他组织资源的企业组织形式——虚拟企业应运而生，其经营形式主要有业务外包、战略联盟、企业共生和虚拟销售网络
	学习型组织的提出
企业的管理	从关注企业的外部竞争环境到企业内外环境的并重
	企业再造理论的提出和实践
	电子商务的出现对企业管理的影响
	对知识工作者的生产效率和对知识管理的研究开始为企业所关注

从上面的分析中不难看出，由于技术的发展所引起的企业变革具有以下一些基本特征：

（1）技术的发展所引起的企业变革表现为两个方面：一是企业产品生产上的变革，这种变革能导致企业生产成本的下降和劳动效率的提高，或者因新产品的推出而导致竞争游戏规则被打破，进而影响到企业的市场地位。二是企业组织和管理上的变革，其原因在于信息技术的发展导致企业的沟通方式和效率发生变化，例如计算机和网络技术的出现给现代企业的组织和管理带来了一场相对传统企业而言翻天覆地的变革。

（2）技术的变革往往会引起市场重新洗牌，在许多情况下企业的变革表面上看是因为市场份额，其实深层次的原因是技术因素在起作用。

（3）技术的加速变化导致了企业变革的加速进行。技术的加速变化带来的产品生命周期的缩短和市场竞争规则的颠覆使现代企业处在一个高度不确定性的环境中，这对企业的变革提出了更高的要求。

（4）由技术所引发的变革最初是在生产这一点上进行的，随后则扩展为企业的组织和管理层面上。换句话说，这种变革最初是在业务层次上，其后则扩展到企业功能层次和制度层次上来。

（5）作为一种竞争壁垒的设置，现代企业发现要想跟上技术变革的步伐，就会面临技术成本和资本成本的双重风险。

3.2.5 渐进性技术、突破性技术与企业变革

以往的四次新技术革命无论是从规模还是从范围来看，影响都是深远的，然而在企业的实践管理过程中，所面临的技术主要有两种：渐进性技术与突破性技术。

1. 渐进性技术、突破性技术的内涵及其规律性

突破性技术与渐进性技术是相对而言的。从过程的视角看，渐进性技术沿着原有技术开发路径平滑、渐进地累积性发展；而突破性技术建立在科学研究的基础上，脱离原有技术开发路径进行跳跃式、非连续的发展，其商业化成功可能创立一个新行业、改造某个现有行业甚至改变一个国家的经济地位。突破性技术的例子有很多，如生物治疗学、数码相机、传真、电子银行、高清晰度电视和互联网等。它们的出现改变了原有的产业格局，从技术发展史来看，经济中心的转移（意大利—英国—德国—美国）都伴随着一国在某一领域突破性技术创新的成功。英国在纺织技术突破性创新的成功导致了第一次工业革命的发生，并使经济中心从意大利转移到英国；德国在化学领域的突破性创新使其成为新的经济中心；美国在电力技术突破性创新的成功使经济中心从德国转移到美国。

渐进性技术是按照主流用户的市场需求对现有技术进行调整或改进的，突破性技术则是以潜在市场的开发为突破口，建立在一整套不同的科学技术原理之上的一种“突破性”创新，具有很大的不确定性。这种不确定性主要表现为技术的不确定性和市场的不确定性。从历史的角度和以往的商业经验来看，技术创新演化遵循着如

下几大规律：

第一，渐进性技术的商业化往往由占资源和市场优势的现有企业主导，而在应对突破性技术方面，成功的却往往是新进入者。例如，在世界钟表业发展史上，就存在以瑞士企业为主的对传统机械表主导技术的开发、生产、销售和在钟表业技术相对落后的日本采纳石英技术和电子技术生产电子表的新技术进行开发、生产、销售两种不同的技术路线。其结果是日本钟表业大获全胜。

第二，虽然在突破性创新的技术开发上，已定型的具有领导地位的公司往往并不落后，但在突破性技术创新的商业化上却总是落后于新加入公司。占据主流技术的领导企业凭借其在现有技术轨道中长期积累的经验，使用现有技术将比采用新的突破性技术更能获得生产成本低、效率高和利润高的效果，这就会造成老企业仍然在原有的技术轨道上进行创新，也就是原有领导企业对原有技术的路径依赖。因此，当老企业决定采用突破性技术的时候，就意味着它们将要支付较大的转换成本。

第三，突破性技术创新的产品往往在开始时占领的市场是不为行业内领导企业所重视的边缘市场和低端市场，但是一段时间之后突破性创新产品逐渐占据市场优势，突破性创新产品的市场越来越大并最终成为市场的新的领导者。其演化图如图 3－1 所示：

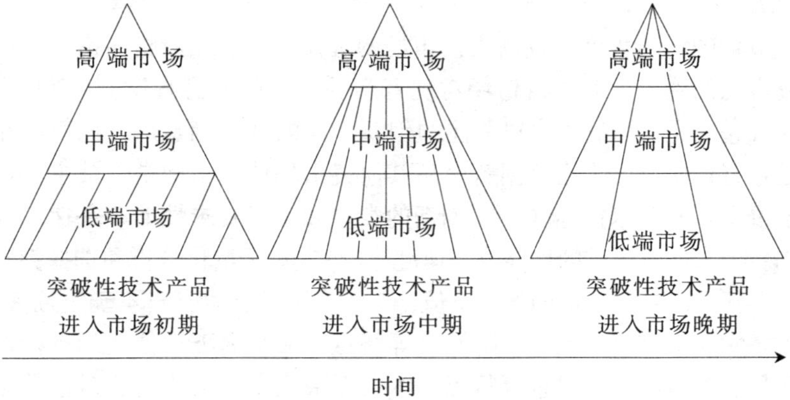

图 3－1　突破性技术产品市场发展演化图

2. 渐进性技术、突破性技术与企业变革

在企业的实践过程中，由于渐进性技术、突破性技术各有其特点，企业的管理者必须学会识别技术的类型，由于渐进性技术多着眼于现有的技术改进，对企业现有的组织管理机制并不会造成大的影响，加上现有技术产品的市场地位很容易使得企业产生一种对于突破性技术产品商业化的惰性或者是不敏感性，因此企业首先要学会识别判断技术的未来市场走向，技术选择就显得至关重要。由于每项新技术都有多个性能指标，而各个企业的创新动机、研究重点以及对潜在市场需求的预测都不尽相同，这样就可能产生各种不同的创新技术。例如电动汽车的发展，现在有许多国家对电动汽车进行研究，主要包括纯电动汽车、燃料电池汽车和混合动力电动汽车三种类型。由于种种原因，到目前为止，主导设计尚未形成。因此，如何判断哪一种技术会成为未来市场的主流十分重要。冯·希普尔（Von Hippel）提出可以用领先用户研究方法来实现。他认为，领先用户具有两个特征：①领先用户面临市场上将普及的新产品或服务需求，但是他们遇到这些需求的时间比市场上大部分人要早几个月或几年；②领先用户通过获取一个解决这些需求的方案而得到大量收益。企业可以根据领先用户对未来潜在市场的产品主导设计进行技术选择。陈劲等（2002）提出了用模糊数学理论知识对突破性创新进行模糊测度的指标体系，包括市场指标（创新指向市场的清晰程度，创新指向市场的规模大小、创新指向市场与主流市场的吻合度和主流市场对现有产品性能的满意程度）、产品指标（包括主流市场用户对关注的创新产品的性能满意度、创新产品是否有其他突出性能及创新产品其他突出的性能指标是否被主流市场重视）和技术指标（包括创新的类型和市场要求性能改进速度与创新未来能够提供的性能改进速度比较），对于量化分析和选择突破性创新技术具有一定的参考价值，由于突破性技术具有不确定性大、破坏性大、收益性大、风险性大等特点，加上突破性技术的选择往往具有多目标、多因素等特点，本书拟采用密切值法对突破性技术的识别进行理论上的探讨。其原理是先找出关于方案的决策点集的“最优点”和“最劣点”，然后找出尽可能接近“最优点”而远离

"最劣点"的决策点，它便是所要寻求的"满意技术"。

（1）建立突破性技术指标矩阵。

设有 m 个可供选择的技术 A_j，每个技术有 n 项指标 S_j，则 m 个可供选择技术的 n 项指标值构成的指标矩阵为：

$$A=(a_{ij})_{m\times n}(i=1,\ 2,\ 3,\ \cdots,\ m;\ j=1,\ 2,\ 3,\ \cdots,\ n)$$

式中，a_{ij}表示第 i 个可供选择技术的第 j 项指标的值。

（2）指标矩阵规范化。

当评价指标为正向指标（即数值越大越好）时，数值取正值；当评价指标为负向指标（即数值越小越好）时，数值取负值，这样将整个系统指标转化为正向指标系统。其计算公式如下：

$$r_{ij}=a_{ij}/\sqrt{\sum_{i=1}^{m}a_{ij}^{2}}\text{和}\ r_{ij}=-a_{ij}/\sqrt{\sum_{i=1}^{m}a_{ij}^{2}} \tag{3.1}$$

其中，$i=1,\ 2,\ 3,\ \cdots,\ n$ 为评价单元数；$j=1,\ 2,\ 3,\ \cdots,\ m$ 为评价指标数；a_{ij}为第 i 个评价单元的第 j 个评价指标的原始数据；r_{ij}为 a_{ij}的规范化值。

（3）确定各评价指标的"最优点"和"最劣点"。

所谓最优点即各评价指标规范化值中的最大值。其中，最优点 $B_j=\max\limits_{1\leqslant i\leqslant n}\{r_{ij}\}$，表示第 j（$j=1,\ 2,\ \cdots,\ m$）个评价指标在 $1\sim n$ 个评价单元的最大值。

最劣点即各评价指标规范化值中的最小值。最劣点 $W_j=\min\limits_{1\leqslant i\leqslant n}\{r_{ij}\}$，表示第 j（$j=1,\ 2,\ \cdots,\ m$）个评价指标在 $1\sim n$ 个评价单元的最小值。

各评价指标 $j=1,\ 2,\ \cdots,\ m$ 的最优点集和最劣点集分别为：

最优点集 $B_j=\{B_1,\ B_2,\ B_3,\ \cdots,\ B_m\}$

最劣点集 $W_j=\{W_1,\ W_2,\ W_3,\ \cdots,\ W_m\}$

（4）计算各评价单位与最优点和最劣点的密切程度，即欧几里得（Euclid）绝对距离：

$$d_i^{+}=\sqrt{\sum_{j=1}^{m}(r_{ij}-B_j)^2} \tag{3.2}$$

$$d_i^- = \sqrt{\sum_{j=1}^{m} (r_{ij} - W_j)^2} \tag{3.3}$$

（5）突破性技术选择的密切值计算。

密切值是一个无量纲，它是以各评价单位的指标距最优点的最小距离、最劣点的最大距离作为参比，进行自身对照，综合评价其隶属于最优点和最劣点的亲疏程度。

令 $d^+ = \min\limits_{1 \leq i \leq n} \{d_i^+\}$，$d^- = \max\limits_{1 \leq i \leq n} \{d_i^-\}$

则密切值
$$C_i = \frac{d_i^+}{d^+} - \frac{d_i^-}{d^-} \tag{3.4}$$

当 C 值越小时，表示该评价单位与最优点越密切，与最劣点越疏远，突破性技术的可能性越大。C 值为零时，突破性技术的可能性最大。

（6）应用举例。

采用上述方法对某企业的突破性技术进行选择，根据该企业及其所在行业的具体情况，分别筛选出四种技术作为未来该企业的突破性技术选择［用 A_i（$i=1$，2，3，4）表示］，在这四种技术选择的各项指标值中，技术产业关联度以系数表示，1 表示全关联，系数越高，表示关联度越强；产品性能稳定及兼容性用等级数表示，5 为最好，1 为最差，如表 3－5 所示：

表 3－5　某企业突破性技术选择方案

突破性技术选择方案	技术研发资本投入（千万）	技术研发时间（年）	市场需求前景（亿）	技术产业关联度	产品性能稳定及兼容性
A_1	6.8	12.5	520	0.90	5
A_2	7.6	12.5	680	0.98	4
A_3	10	14	120	0.66	3
A_4	3.5	6	80	0.57	2

由表 3－5 各项指标值建立指标矩阵如下：

$$A=\begin{bmatrix} 6.8 & 12.5 & 520 & 0.9 & 5 \\ 7.6 & 12.5 & 680 & 0.98 & 4 \\ 10 & 14 & 120 & 0.66 & 3 \\ 3.5 & 6 & 80 & 0.57 & 2 \end{bmatrix}$$

其中，技术研发资本投入和技术研发时间为负向指标，市场需求前景、技术产业关联度、产品性能稳定及兼容性为正向指标，应用公式（3.1）可以求得规范化指标矩阵为：

$$R=\begin{bmatrix} -0.4624 & -0.5357 & 0.5990 & 0.3556 & 0.6804 \\ -0.5168 & -0.5357 & 0.7833 & 0.3872 & 0.5443 \\ -0.6800 & -0.5999 & 0.1382 & 0.2607 & 0.4082 \\ -0.2380 & -0.2571 & 0.0921 & 0.2252 & 0.2721 \end{bmatrix}$$

由公式（3.2）可求得最优突破性技术 B^+ 和最劣突破性技术 W^-：

$$B^+=(-0.2380 \quad -0.2571 \quad 0.7833 \quad 0.3872 \quad 0.6804)$$
$$W^-=(-0.6800 \quad -0.5999 \quad 0.0921 \quad 0.2252 \quad 0.2721)$$

由公式（3.3）计算 d_i^- 和 d_i^+：

$$d_i^+=(0.5688 \quad 0.5223 \quad 0.9279 \quad 0.0432 \quad 0.2593)$$
$$d_i^-=(0.2693 \quad 0.1258 \quad 0.7368 \quad 0.0445 \quad 0.2593)$$
$$d^+=\min\{d_i^+\}=0.0432$$
$$d^-=\max\{d_i^-\}=0.7368$$

由公式（3.4）可以求得密切值 $C_i=(12.80 \quad 11.92 \quad 20.48 \quad 0.9396 \quad 5.967)$

根据所求得的密切值 C_i 的大小，依次排出各突破性技术选择方案优劣顺序为 $A_4>A_2>A_1>A_3$。

因此最佳的突破性技术方案为 A_4，该方法得到的结果具有很高的分辨率。

3.3 市场演变与企业变革

在市场营销学家看来，市场是由一切具有特定的欲望和需求，并且愿意和能够以交换来满足此欲望和需求的潜在顾客构成的。[①]而在经济学家眼里，市场则是泛指产品的买方和卖方交换关系的总和或者是一套社会制度，即市场是组织化和制度化的交换。[②]企业与市场的关系在经济学家中曾引起了许多争议，许多经济学家提出了自己的企业理论，例如阿尔钦（A. Alchain）和德姆塞茨认为企业是一种市场，他们认为普通的市场交换和企业内的组织和资源分配没有本质上的不同。而科思认为企业的存在是其对市场的一种替代，他认为："在企业的外部，生产是由价格引导的，而价格运动是由市场上一系列的交换来协调的，在企业内部，这些市场交换被消灭了。企业家作为协调者指导生产，替代了拥有交换行为的复杂的市场结构。"威廉姆森则认为企业的存在是因为其比市场更能节省交易费用。[③] 由此可以看出企业与市场的紧密联系。企业在其发展过程中总是受到市场的强烈影响，尤其在奉行自由市场经济的社会里更是如此。市场自身也在随时变化着，对这种市场演变的把握在信息时代对企业的管理而言已成为一种重要的技能。基于市场及其制度的复杂性，本书将从以下几个方面分析市场演变对企业变革的影响：

1. 市场规模与范围的性质

市场的规模是指在这个市场中所有企业的销售额之和，它是一个数字大小的概念；市场的范围是指在这市场中企业销售所能达到的地理区域，它是一个地理上的概念。从历史上看，工业化以及第一次技术——产业革命起源于英国，但工业化对英国企业的性质和结构所产生的影响不如其对美国或日本的公司的影响那么强烈。几乎所有的英国制造业企业仍然是小规模的家族企业，他们的组织形式是个人业主制或合伙制。血缘关系在这些企业的运营中依然具有

① ［美］菲利普·科特勒（Philip Kotler）. 市场营销管理［M］. 中国人民大学出版社，Prentice Hall 出版公司，1997. 12

② ［英］G. M. 霍奇逊. 现代制度主义的经济学宣言［M］. 北京：北京大学出版社，1993. 208

③ ［英］G. M. 霍奇逊. 现代制度主义的经济学宣言［M］. 北京：北京大学出版社，1993. 235 ~ 237

极高的重要性。大多数英国制造企业专业于他们所从事的事业，试图控制商品制造和销售一体化的制造商数量较少，而范围涉及从小规模专业化企业的区域性组织到分包制度却在广泛使用。[①] 为什么同样面对工业化会出现这种差异？其主要原因之一是市场的规模与范围的性质不同。因为英国企业面对的是一个被分割的市场，而不是一个大规模的均一的市场，这个市场被分割为狭小的国内市场和区域广大的海外殖民地市场。与美国市场相比，英国当时的国内市场狭小且不如美国市场繁荣，例如，在1880年美国拥有5 000万人口和72亿美元的国民收入，而同期英国却只有3 500万人口和52亿美元的国民收入。到1920年，美国的人口和国民收入已是英国的近3倍。除此之外，英国的全国性市场被区域性口味和偏好所分割的程度要比美国更为严重。相对于美国企业而言，英国企业更依赖国外市场。1860年至1913年，英国对外贸易占国民收入的比重为27%～30%，而同期的美国却只有大约5%。过多地依赖于国外的不均一的市场（因为各个海外市场的需求各不相同），使英国企业倾向于不生产需要较长过程的均质产品，因而也无法建立拥有大规模工厂的大企业，使他们的企业保持在相对较小的规模上。这也说明了为什么最早产生于英国的股份制企业及后来的有限责任制公司却没有在英国企业中得到大规模的采用。反观美国国内市场，在19世纪下半叶就已是全世界最大，而且更为重要的是，它还是全世界成长最快的市场。正如西蒙·库兹涅茨引用的资料所表明的，在南北战争到第一次世界大战期间，美国人口和全国产品的增长率都始终远远高于其他技术先进的国家，如法国、德国以及英国的同一增长率。美国市场不仅比其他国家的市场更大，发展更快，而且还具有更高的同质性。首先，美国当时的收入分配要比其他国家更为平均，市场的阶级界线不像欧洲那样明显。其次，美国市场的特点还在于它是一个新开发的市场，几十年前这里有许多地方还是荒无人烟，反而更易于新型的现代工商企业的建立，因为老一套

---

① ［美］曼塞·G. 布莱克福德（Mansel G. Blackford）. 西方现代企业的兴起［M］. 北京：经济管理出版社，2001. 59

的经营方法还来不及成为惯例而变得僵化。[①] 这种迅速发展的、同质的和开放性市场的存在，不仅促进了大量销售商的兴起，也加速了新技术的采用。大规模的和迅速成长的市场导致了铁路、电报技术及把煤用于熔炼工业、铸造工业和精炼工业的新技术的迅速推广和应用，这些新技术的应用反过来又进一步拓展了市场的范围，使得大量生产和大量分配相结合的现代大型企业开始出现。另外，这种市场的拓展又使得众多中小企业也能够在一个全国性的市场上进行竞争，而这种竞争加剧了争夺市场的激烈程度，从而导致了为控制市场竞争的企业组织的变革，如托拉斯、卡特尔等垄断性组织的出现以及集生产和销售于一体的垂直一体化企业的盛行。正如曼塞·G. 布莱克福德所评价的那样："垂直一体化是美国人对市场挑战和技术变化所做出的普遍的反应……垂直一体化为那些在全国性市场开展大规模经营活动的经营者提供了一些优势。"[②]

西欧和日本的市场则因国内市场较小，发展也比较缓慢，因而当地的企业对应用大量生产技术的变革的兴趣不高，也降低了促使他们建立庞大销售和采购组织的刺激作用。英国和法国继续依赖中间商处理比较传统的产品，大的结合型的企业数量并不太多，而且还没有大到无法由少数老板亲自进行高层管理的地步，因而企业家式企业以及随之而来的家族式企业继续蓬勃发展。在德国和日本，生产和分配的结合型企业比较常见。但由于其市场较小，无法为企业带来足够的现金流量，减少了企业从内部筹措资本的可能性，所以就增加了对外来的金融家——德国的大银行和日本的大财团（财阀）的依赖性，这就导致了经理层和金融家分享企业的高层管理决策权，使日本和德国的公司治理结构具有与美国及其他国家不同的鲜明特点。由此看来，维持一个统一的、同质的市场对企业的发展具有重要作用，这也是我国当前在打破地区垄断和封锁方面采

---

① ［美］小艾尔弗雷德·D. 钱德勒（Alfred D. Chandler）. 看得见的手——美国企业的管理革命［M］. 北京：商务印书馆，1987. 588

② ［美］曼塞·G. 布莱克福德（Mansel G. Blackford）. 西方现代企业的兴起［M］. 北京：经济管理出版社，2001. 85~86

取措施的重要原因。

从近现代来看，许多国家在其发展战略上曾先后采用过“进口替代战略”和“出口导向战略”，前者多难以取得好的实效，而后者则在许多国家创造了经济上的奇迹。究其原因，前者的市场是一个封闭的狭小的市场，企业在这种市场中的竞争激烈程度远不如国际市场，从而导致企业变革的动力不足，而后者面对的是一个开放的、市场规模和范围庞大的且竞争激烈的市场，企业能够根据市场的需求和自身的优势进行快速的变革，在竞争的过程中不断提高自己的竞争能力。这说明了一个开放的市场对企业的变革会产生重要的影响。从现在的中国市场中也能找到例证，如中国的家电市场是一个规模庞大且开放度最高的市场，因而家电企业每年在产品、技术、服务及价格上的竞争近乎白热化，竞争的结果是一部分企业被淘汰出局，一部分企业则顽强地生存下来并具有旺盛的生命力。西方经济学家习惯于将市场按竞争性质的不同划分为完全竞争市场、完全垄断市场、寡头垄断市场和垄断竞争市场，这种不同的市场性质对企业的变革带来的影响各不相同。在完全竞争市场和垄断竞争市场上企业的变革范围与程度要比寡头竞争和完全垄断要强烈得多，如我国电力市场的企业变革要比家电市场的企业变革缓慢得多。

2. 市场的稳定性与成熟度

市场的稳定性与成熟度主要表现在单个的产业市场上，迈克尔·波特的产业竞争分析法为我们提供了一条思路。在迈克尔·波特看来，形成竞争战略的实质就是将一个公司与其环境建立联系，公司环境的最关键部分是公司投入竞争的一个或几个产业。产业结构强烈地影响着竞争规则的确立以及潜在的可供公司选择的战略。一个产业内部的竞争状态取决于五种基本的竞争作用力，如图3－2所示：[①]

① ［美］迈克尔·波特（Michael E. Porter）．竞争战略［M］．北京：华夏出版社，1997.3

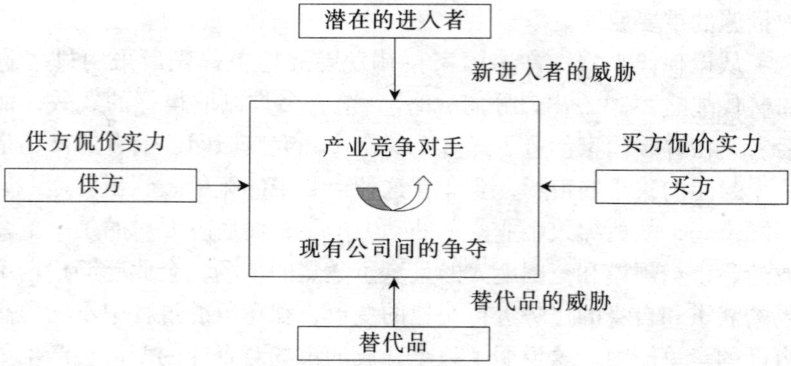

图 3－2　驱动产业竞争的力量

这五种力量的组合变化将会影响到企业从业务层次到战略层次的重大变化。如果一个产业市场的稳定性比较好，各种竞争力量相对稳定，那么处在这个市场中的企业的变革方式将会缓和得多。例如，我国碳酸型饮料市场中，两大市场寡头可口可乐和百事可乐占据了大部分市场份额，双方力量差别并不太大，因而在这一市场中的激烈的价格战很难看到。而在家电市场和手机、电脑等 IT 市场上，竞争对手比比皆是且竞争各方的力量对比相差甚大，故一轮轮的价格战、广告战、概念战和服务战不断出现，导致了这些市场的企业变革频繁，始终处于不断的调整之中。

在产业市场上有朝阳产业和夕阳产业之分，市场营销中产品有生命周期（指产品的进入期、成长期、成熟期和衰退期）之说，同样，市场也有一个成熟度的问题。市场的成熟度是指一个市场的发育成熟的程度，也有夕阳市场与朝阳市场之分。夕阳产业是指随着技术革命的深入发展，在社会需求结构中比重逐日下降，同时因缺乏技术创新在开发创造新产品和新市场的竞争中丧失了优势且生产率低下而处于不断衰落过程中的传统工业。朝阳产业是指随着知识技术革命进步和社会需求结构的变化，有大量创新涌现从而在开辟发展新产品和新市场的竞争中居有利地位、劳动生产率高、处于兴盛状态的产业部门。朝阳市场的出现往往会带来企业的高速成长，从而导致企业的管理与组织能力无法跟上业务迅速发展的需要。① 夕阳市场与朝阳市场的划分则主要从市场的角度出发，那些产业规模和范围（如销售额和销售增长率）处于不断扩大状态的市场，称为朝阳市场，而那些产业规模不断处于萎缩状态的市场则称为夕阳市场。这两类市场是相对而言的。朝阳市场在一定的条件下会不断演变成夕阳市场，例如掌上电脑在我国市场上的发展便是如此。掌上电脑的功能由最初的笔记本记事功能发展到后来的收发短消息、互联网浏览、电子词典等功能，但由于手机功能的完善和价格的不断下滑，使掌上电脑的市场定位处于一个十分尴尬的境地，其市场处于不断萎缩之中。夕阳市场在技术创新的条件下，也能够向夕阳市场演变。尼龙的销售就显示了这种特性，因为随着技术的创新，尼龙的许多新的用途也随之出现，例如降落伞、袜子、衬衫、地毯等新产品使尼龙不断萎缩的市场状态得以改观。产业市场的交替发展对企业战略的制定和修改将会带来重大的影响。例如我国有一家上市公司——咸阳偏转是一家专门生产供电视机用的偏转线圈的企业，在我国家电业迅速崛起的 20 世纪 90 年代，这家公司一直以较高的速度快速增长，其产量居世界第二位，1998 年位列深圳股市绩优股第六位。但是随着信息产业的兴起和发展，我国家电行业受供需矛盾的影响，市场竞争愈来愈激烈，加之一些彩电企业已经开始着重发展不需要偏转线圈的等离子彩电和液晶彩电，致使这家公司的市场份额开始出现大幅度的缩减。不断萎缩的偏转线圈市场迫使咸阳偏转从单一经营转向了多元化的发展战略，开始涉足锂电池、宽带网和软件业。

3. 经济周期、市场需求与企业变革

经济周期是指总的经济波动中扩张和收缩的交替性和不断重复性。社会经济运行呈现波动性是经济发展的自然规律。经济周期与市场需求有着密切的联系，当经济高涨的时候，市场需求旺盛，企业往往会扩大生产规模，通过涉足多元化经营领域以增加市场供给来满足市场需求，企业间的并购活动也十分频繁，企业的组织机构

---

① 黄亚均等．知识经济论［M］．太原：山西经济出版社，1998. 127 ~ 128

膨胀、管理层级增多。当企业所面临的经济环境不景气时，市场需求委靡，企业的表现将会是收缩业务，实行专业化经营或有限的基于核心能力的多元化经营以减少市场供给，与此同时，企业将会大规模裁员、精简组织机构、减少管理层次以增加对市场的反应能力。例如20世纪90年代后半期开始的美国经济的繁荣和21世纪初的经济衰退，让我们看到了美国公司如何在市场上进行运作。美国安然公司在市场高涨时期涉足多元化经营，例如金融衍生交易、电子商务、数据存储和商品贸易等业务，这些交易需要庞大的资金支持，资金的主要来源是股票市场；当经济不景气的时候，股票市场也随之下滑，为了维持较好的股市价格以筹集所需资金，安然公司不惜铤而走险做假账，最终使公司走上破产之路。再看看那些有名的跨国公司在2001年经济衰退时期的表现，摩托罗拉、朗讯、惠普、康柏和IBM，甚至一向以终生雇佣而引以为荣的日产汽车公司也不得不大规模地裁员和精简机构。

4. 市场体系的完善程度

按照经济学家的解释，市场是由一系列交换关系构成的总和，包括契约性协议和产权的让渡。这也说明了市场是一个系列交换的集合体，市场体系由劳动市场、资本市场、土地市场、技术市场、外汇市场和信息市场等构成，每个市场的发展完善与否将会对企业的经营与管理产生重大影响。例如，1997年东南亚金融危机的爆发，暴露了这些地方资本市场的不完善，使当地的制造业企业及其他企业受到了沉重的打击。又如，我国在向市场经济过渡的过程中，资本市场发展的滞后性已明显表现出来，导致众多发展势头良好的企业无法正常地从国内资本市场上筹集到其发展所必需的资本，一方面导致许多企业痛失发展良机，另一方面迫使许多企业只好转向国外资本市场筹集资本，加大了资本的使用成本，有的企业甚至为此背上了沉重的包袱。

美国有一个庞大的高度发达的资本市场可以依托，使英美治理模式中的持股人——无论是机构持股人还是个人持股者——通常不直接干预公司的运营，而更关心股票市场的价格涨落，从而使其持股的短期性质非常明显，股票市场的交易也异常活跃，上市公司的接管和兼并活动也频繁发生。许多企业的管理者为防备这种资本市场上的恶意接管，以保住自己的位置，而不得不对企业进行激烈的变革，如“毒丸”计划、“降落伞”计划等。再看看中国企业，资本市场的不成熟和不完善，使企业的融资过于依赖银行的间接融资，企业间的接管和兼并等变革活动并不像美国企业表现得那样显著。另外，在经济日益全球化的今天，外汇市场对国际化和全球性经营的企业的影响也日趋重大。

市场演变所引致的企业变革主要有以下一些主要特征：

（1）统领性。任何企业的变革归根到底是因为市场的原因，因为企业是一个自主经营、自负盈亏、独立核算的法人实体，市场上的细微变化可能会引发企业的重大变革。

（2）系统性。现代企业所面临的市场已经不再是一个个封闭的市场，在经济全球化日益发展的今天，国内市场和国际市场的任何变化都将会引发企业的变革。

（3）渐进性和突变性。最初市场的演变具有一种渐进性，因而企业的变革往往随着市场的演变而呈现出渐进性的特点，而现在由于技术的飞速发展，市场的演变也开始呈现出突变的特点，如IT业，因而企业的变革也随之具有突变性的特点。

（4）前瞻性。许多企业并不满足于被动地应对市场的演变，而是开始着手于创造市场来领导行业内的企业变革，英特尔公司所创的摩尔定理便是一例。

3.4 企业文化特征与企业变革

所谓企业文化，是指企业在长期的实践活动过程中所形成的并且为企业成员普遍认可和遵循的具有本组织特色的价值观念、团体意识、行为规范和思维模式的总和。管理学界对企业文化的关注是在20世纪20年代末30年代初，例如，著名的霍桑实验揭示了工作中的情感因素对工作的影响力，继霍桑实验后，伯纳德（C. I. Barnard）也强调了相似的观点，他还提出了可以操纵组织的象征意义来提高企业成员的责任感。到20世纪70年代末和80年代初，当美国企业在国内市场和国际市场上的竞争中纷纷败给日本企业时，引起了西方企业界和管理学家对日本企业经营和管理方式的格外关注。于是，组织文化被用来解释日本公司获得巨大成功的一个原因。如威廉·G. 大内的《Z 理论》，他利用了道格拉斯·麦格雷戈（Douglas McGregor）和克里斯·阿吉里斯（Chris Argyris）的理论观点，认为日本的成功是来自整个劳动力的参与和忠诚。他认为日本式管理的本质是终身雇佣、缓慢的评估和晋升及集体决策。基斯和米勒（Miller）则认为长期计划、终身雇佣制和集体责任是日本管理的标志，帕斯卡莱和阿索斯使用麦肯锡的 7S 分析框架（战略、结构、系统、人员、风格、共同价值观和技术）来分析日本的管理，他们与彼得斯（Peters）和沃特曼（Waterman）一样认为日本公司和西方公司的真正区别在于后者倾向于集中在“硬 S”（指战略、结构、系统）上，而忽视了“软 S”（指风格、人员、共同价值观和技能）。正是这些基于对日本大企业管理方式的研究，使企业或组织文化在西方理论界和企业界迅速传播开来。自 20 世纪 80 年代以来，汤姆·彼达斯（Tom Peters）和沃特曼（Robert Waterman）出版了创纪录的《追求卓越》，人们对组织文化的研究与企业实践不断发展，而且事实也表明了企业组织的生产效率与企业组织的文化有关。因此，如何对企业文化进行变革来重塑企业已成为大多数企业管理者思考的问题。企业文化是社会文化与组织管理实践相融合的产物。企业文化是西方管理理论在经历了“经济人”、“社会人”、“自我实现人”与“复杂人”假设之后，对组织的管理理念、管理过程与组织长期业绩的关系的又一次重新审视。

不同的组织文化有其自身的特征。然而，文化也是与一定的具体环境相联系的。当环境发生了重大的变化时，组织文化也应随之发生调整，否则组织文化也会变得僵硬起来，成为阻碍企业变革的因素。如果一家企业发现原有的值得骄傲的价值观或文化消失了，它一定是进入了老化阶段，但如果一家企业因为过分强调固有的价值观而忽略了企业发展的阶段性及环境的变化时，它就是一种僵化。

3.4.1 企业文化要素与企业文化状态模糊测度

根据迪尔（Dir）和肯尼迪（Kennedy）的观点，企业文化整个理论系统可以概括为五个要素，即企业环境、价值观、英雄人物、文化仪式和文化网络。而罗宾斯（Robbins）在其《管理学》一书中提出文化应包含七个维度：进取性（员工具有进取性和竞争性而不是合作性）、团队导向（围绕着团队而不是个人来组织工作的程度）、员工导向（管理决策中考虑结果对组织成员影响的程度）、成果导向（管理者关注结果或成果，而不是如何取得这些成果的程度）、关注细节（期望雇员表现出精确性、分析和关注细节的程度）、创新与风险承受力（鼓励雇员创新并承担风险的程度）、稳定性（组织决策和行动强调维持现状的程度）。美国学者 Denison 提出了一个“Denison 企业文化模型”，通过对 1 000 多家企业、4 万多名员工长达 15 年的研究，最终确定了企业文化的四个维度：应变能力、愿景及目标、一致性、员工参与。更多的专家学者从不同的角度提出了企业文化的不同组合要素，例如企业文化的三层次说（物质、制度、精神层次）、五层次说（物质行为层次、信息规则层次、价值理念层次、社会责任层次、自我发展层次）。我国管理咨询公司——和君咨询公司曾经提出一个企业文化轮廓图，如图 3－3 所示：

国外已经有了一些相对成熟的对于企业文化的测量与定量分析研究，比较著名的有美国密西根大学工商管理学院的企业文化模型、民族工作文化的四个特征，以及由此扩展的对组织文化的研究量表、组织文化测量和优化量表。美国密歇根大学的卡梅隆、奎因教授的《组织文化诊断与变革》是一部企业文化方面的经典著作，书中提出的竞争性价值模型是目前应用最广的测量工具。具体如图 3－4 所示：

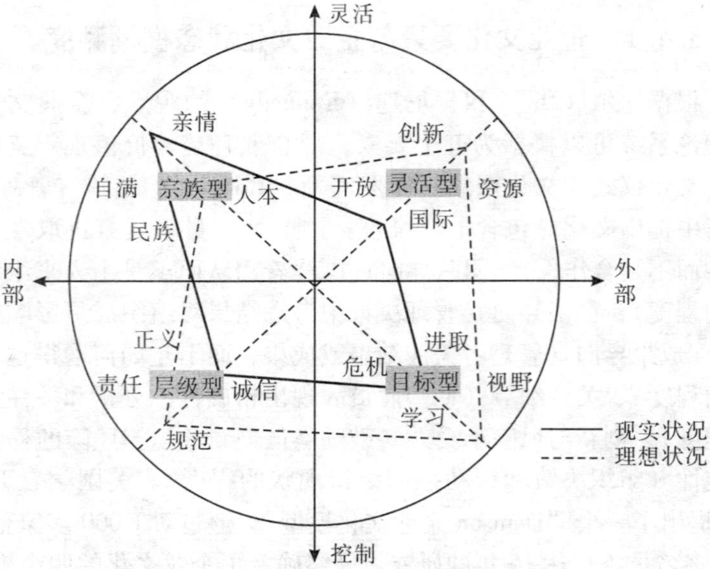

图 3－3　企业文化轮廓图

资料来源：http：//www. sasac. gov. cn/n1180/n2429527/n2441076/3424380_ 1. html

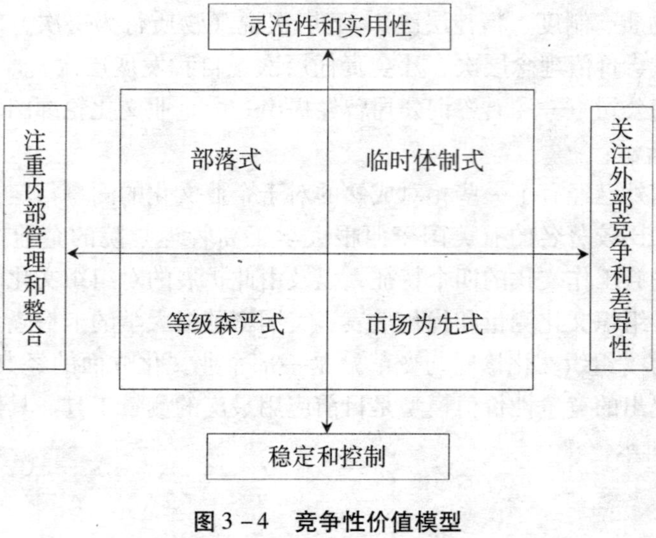

图 3－4　竞争性价值模型

图 3－4 中，每一个象限其实就是一个文化类型，也就是说，

每一个象限都表示了基本的假设、情况和价值，和描述企业文化的要素是相同的。四种主要的文化类型在现实中都可以找到与之相对应的企业，如麦当劳就属于等级森严式文化，通用电气属于市场为先式文化，大众快运航空属于部落式文化，美国国家宇航局下属有人驾驶宇宙飞船中心属于临时体制式文化。

这个工具可用来评估组织的主要特征、组织的领导能力、员工的管理、组织的黏合力、战略重点、成功的标准这六个组织文化的核心方面。问卷由六道选择题组成，分别对应着这六个方面。

每个方面都有四种类型，分别对应上述价值构架中四种文化特征即部落式、临时体制式、等级森严式和市场为先式。相应地，每个选择题都有 4 个选项（A、B、C 和 D），共计 100 分。答题者根据自己的认识，将 100 分分配给四个选项，也就意味着对这一核心方面的四种倾向的衡量。

使用这种方法，答题者首先分别对企业六个核心方面的现实状况进行评价，根据企业实际情况认真回答上述六个问题，确认企业现行文化；然后，仍是同样的问题，但回答时要假设企业在五年里按照你所喜欢的方向发展，即假设企业更卓越，达到了你所期望的目标，成为杰出表现的例子，超过行业平均水平，所向披靡，你希望企业的文化是怎样的，即确定企业成员认为应该发展的企业文化。这样就得出了企业文化的现实图景和未来图景。

虽然西方学者提出了关于企业文化的定量分析工具，但从整体上来看，对于企业文化的分析还是以定性的描述为主，本书试图采用模糊数学方法对企业文化的状态进行定量化的测度，其指标运用以迪尔和肯尼迪的五文化要素为例，对某企业的企业文化状态进行定量的分析。

首先，组织有关产业专家和企业家，采用德尔菲法对影响该企业文化运行状态的 5 个因素（指标）进行评分并确定权重，如表 3 –6 所示。

表 3－6　某企业文化运行监测指标权重与分值表

因素（指标）	企业环境（X_1）	价值观（X_2）	英雄人物（X_3）	文化仪式（X_4）	文化网络（X_5）
权重	0.10	0.30	0.15	0.30	0.15
分值	71	82	83	67	65

因素集（指标集）$U=\{u_1, u_2, \cdots, u_5\}$，权重向量 $\underset{\sim}{A}=\{a_1, a_2, \cdots, a_5\}$。根据企业文化运行状态对企业管理的影响程度，将企业文化运行对企业影响的状态分为“AAA、AA、AB、BB、BBB”五种情况，分别表示“正常、关注、实质阻碍、实质损害威胁和实质损害”状态，系统输出的信号可分别用“3 个绿灯、2 个绿灯、黄灯、2 个红灯和 3 个红灯”显示，比较直观，这样便得到了警情预报等级集合：$V=(AAA, AA, AB, BB, BBB)$。

对于该企业文化运行风险状态预报等级的隶属度可由下列隶属函数得到：

“正常状态”，$u_1(x)=\begin{cases}1, & x\geqslant 90\\ (x-80)/10, & 80<x<90\\ 0, & x\leqslant 80\end{cases}$

“关注状态”，$u_2(x)=\begin{cases}(90-x)/10, & 80\leqslant x<90\\ (x-70)/10, & 70<x<80\\ 0, & x\geqslant 90 \text{ 或 } x\leqslant 70\end{cases}$

“实质阻碍状态”，$u_3(x)=\begin{cases}(80-x)/10, & 70\leqslant x<80\\ (x-60)/10, & 60<x<70\\ 0, & x\geqslant 80 \text{ 或 } x\leqslant 60\end{cases}$

“实质损害威胁状态”，$u_4(x)=\begin{cases}(70-x)/10, & 60\leqslant x<70\\ 0, & 0\leqslant x<60\end{cases}$

“实质损害状态”，$u_5(x)=1, 0\leqslant x<60$

对 5 个影响因素（指标）在该企业文化运行中的重要程度给出相应的权重值，记为权数集：$\underset{\sim}{A}=(a_1, a_2, \cdots, a_5)=(0.25, 0.30, 0.20, 0.15, 0.10)$。基于该问题的实际意义，选用 $M(\cdot, +)$ 算

子，即“加权平均型”算子，于是得到 V 上的模糊子集 $\underset{\sim}{B}$：

$$\underset{\sim}{B}=(b_1,\ b_2,\ \cdots,\ b_5)=\underset{\sim}{A}\cdot\underset{\sim}{R}=(a_1,\ a_2,\ \cdots,\ a_5)\cdot(r_{ij})_{5\times5}$$

$$=(0.10,\ 0.30,\ 0.15,\ 0.30,\ 0.15)\cdot\begin{bmatrix}0 & 0.1 & 0.9 & 0 & 0\\ 0.2 & 0.8 & 0 & 0 & 0\\ 0.3 & 0.7 & 0 & 0 & 0\\ 0 & 0 & 0 & 0.7 & 0.3\\ 0 & 0 & 0 & 0.5 & 0.5\end{bmatrix}$$

$$=(0.065,\ 0.335,\ 0.09,\ 0.285,\ 0.165)$$

由最大隶属度原则可知，$\max(b_1,\ b_2,\ \cdots,\ b_5)=\max(0.065,\ 0.335,\ 0.09,\ 0.285,\ 0.165)=b_2=0.335$。

这表明企业文化风险状态已经处于“关注”状态，即“AA”状态，系统输出“2 个绿灯”信号。这时，企业要关注企业文化，以免企业文化引发管理风险的发生。

3.4.2　企业文化特征与企业的变革

除去文化的民族性、差别性因素不谈，企业文化特征对企业变革的影响主要体现在以下几个方面：

1. 成功企业文化与企业变革

从企业的发展历史来看，每一个历史时期都有成功的企业且其企业文化各不相同。例如，以制造业为例，曾经存在三个有“世界工厂”之称的国家，分别是 19 世纪末 20 世纪初的英国、20 世纪 50 年代和 60 年代的美国、70 年代和 80 年代的日本，都曾存在辉煌一时的企业文化。如英国的合伙制的小规模家族企业文化，这种文化特征以家庭和友谊为基础，所有权和经营权尚没有完全分离，企业主从事亲身实践的管理活动，外来人员很难融入企业内部。正是这种文化的小规模家族企业的生产使得 1880 年英国制造业者控制了世界工业品贸易的 41%，而到 1913 年，这一数字还保持在30%。[①] 然而这一成功却并不能使英国企业继续其世界领先的地位。在第二次技术革命来临的时候，英国逐渐丧失了那种产业革命前积极向西欧大陆学习一切可供自己学习的长处的特色，对外国先进技术和新技术成果方面变得保守起来，从而导致自己在不断加剧的竞争中日益处于不利的位置。美国凭借第二次技术革命的浪潮建立了现代的工商企业，在这些大规模的企业里，经营权和所有权分离、组织层级众多、管理等级森严、员工缺乏自主权、强调业绩考核和数量分析，美国企业借机在"二战"后取代英国成为第二个"世界工厂"，然而美国企业的这种文化特征忽略了人的作用，而且由于公司管理层级众多，过分依赖数量分析和报告而变得僵化，无法对迅速变化的市场做出快速的反应，因此当日本公司以高质量和低价格的产品与其竞争时，美国在制造业上很快输给了日本，日本取代美国成为"世界工厂"。日本企业的崛起使得企业文化的理论盛行，人们通过对日本企业的研究，认为日本企业独特的企业文化是其具有强大竞争力的原因。例如，日本企业强调发挥人的作用，强调"7S"里的软"4S"，采用了终身雇佣、年功序列，为了强调企业的稳定性和合作性，反对企业兼并，主张公司之间相互持股。然而时过境迁，随着日本经济泡沫的破灭，日本企业也遇到了不少的麻烦，虽然日本的制造业表现颇为良好，但也难以阻止日本重要制造企业在2001年集体亏损的出现。日本企业正在逐渐失去"世界工厂"的地位。"世界工厂"的几经迁移表明了任何成功的企业文化都是相对的，正如唯物辩证法所称的那样，先进的东西在一定的情况下会转化为落后的事物。成功的企业文化总是与一定的特定环境相联系的，当环境发生重大变化时，企业的文化也应随之进行变革，否则将成为阻碍企业发展的桎梏。而且越是成功的企业，其企业文化的阻碍作用也最大。越是成功的地方，就越是需要变革的地方。"成功的体制、策略、企业组织和经营方式之所以失败完全是因为他们取得了成功。""如果你取得了辉煌的成就，就不会轻易放弃成就带来的东西，随着事态的发展变化，不做适当

① ［美］曼塞·G. 布莱克福德（Mansel G. Blackford）. 西方现代企业的兴起［M］. 北京：经济管理出版社，2001. 63

的调整，就只能失败，这就是成功的悲剧。”① 强大的文化往往会成为变革的阻力，而弱文化却可以允许新思想和新领导者的出现。例如，日本的公司间的法人相互持股一度是日本企业成功的保证，而现在却成为日本企业兼并和重组的一道难题。企业文化的这种负面作用究其原因主要有以下几点：①企业文化的特有惯性。这是因为组织文化具有稳定性的特征，一旦形成，就不容易变成组织文化惯性。一个组织的文化形成于过去的环境，能较好地适应过去的环境，但当外部环境发生巨变时，组织文化将会出现某些不适应的状况。因为一方面组织既有的思维定式使人们感觉迟钝，觉察不到环境的变化；另一方面即使管理者看到了环境的变化，采取了新的发展战略，组织文化惯性仍然会顽强地表现出来，传统的思想观念、思维方式、价值观和行为规范会继续滞留，下意识地对企业的变革起着阻碍作用。②企业文化往往会扼杀个性和抑制思想观念的多元化，因为共同的企业文化的形成本身就是思想观念和思维方式的同一化，而同一化将会扼杀个性的发挥，抑制思想观念和思维方式的多元化。③对外来人员和文化的排斥。企业文化一旦形成，在企业员工心理上多会造成一种优越感，认为自己企业的文化是最好的，越是成功的企业越是如此，这样往往会对外来的员工和人员产生一种排斥，使企业无法学习先进的文化和管理方式。

2. 文化变革和企业变革

没有一个组织的文化是静止不变的，随着影响文化的外部和内部因素的变化，组织的文化也应随之发生变化。但是由于文化存在于组织中的每个个体的信仰、价值观和规范之中，因而企业的文化变革是很难进行的，除非企业受到了某种重要的冲击，如濒临破产的境地等。为了有效地和高效率地运作，组织的文化必须与组织的结构相匹配，但是由于组织的环境和结构能够迅速发生变化，而组织文化的变革却经常跟不上组织环境、结构和原则的变化步伐。因此，组织文化可能会经常妨碍组织高效率运转。这也是为什么汤姆·彼得斯和沃特曼坚持认为组织遗忘要远比组织学习更重要，美

---

① ［美］Crisyine O. Cunanan. 东山再起的日本管理模式［EB/OL］. 世界经理人网站，1997－11

国公司必须被破坏，才能使美国生存下去。任何组织的唯一生存方法就是通过不停地创新和变革过程经常重新发明它自身。[①] 在企业的具体实践中，许多企业也正在从事企业文化变革方面的工作，例如在1988年多布森对英国1 000家最大的公共和私人部门的组织进行的调查中，他发现在过去的5年中，250家以上的组织进行了文化变革项目。1997年，Industrial Society对4 000家组织进行的一项类似的调查也发现，有90%的企业组织正在进行或最近进行过组织文化变革项目。这些文化变革是由多方面的原因促成的，包括战略计划、培训、促进团队工作的组织设计和对评估制度的变革，其手段是通过形成雇员的信念、价值观和态度进行文化变革的。[②]

文化变革与企业变革之间的关系在于如果企业决定变革解决的问题确实是由企业文化造成的，那么变革企业文化将成为企业变革的首要选择。在进行文化变革的过程中，按照卡名斯和休斯的观点，文化变革必须考虑以下几点：①必须要有能够为文化变革提供目的和方向的，具有共同价值观和行为的明确的战略远景。②高层管理者对文化变革的赞同。③支持组织变革。文化变革必须伴随着组织结构、人力资源、信息和控制制度、管理方式的支持性修改等，这些组织特征能够帮助人们的行为定位于新的企业文化。④组织成员的地位。改变企业文化的最为有效的方法之一是改变组织的成员地位，管理者能够根据组织成员与新文化的相适应性来评价和挑选员工，不能适应新方式的员工将被终止对他们的雇佣。而道森（Dawson）则根据他的调查确定了一个“四步文化变革方法”：第一步是改变人员的构成，第二步是重新组织劳动力，第三步是传播新的价值观，第四步是改变制度、程序和人事政策。[③]

在特定的企业文化背景下，企业变革具有如下一些基本的

① ［英］Bernard Burnes. 变革时代的管理［M］. 昆明：云南大学出版社，2001. 128～129

② ［英］Bernard Burnes. 变革时代的管理［M］. 昆明：云南大学出版社，2001. 221

③ ［英］Bernard Burnes. 变革时代的管理［M］. 昆明：云南大学出版社，2001. 128～129

特征：

（1）渐进性。由于企业文化的形成需要很长一段时间，因而要想彻底改变一个企业的文化不会是一件一蹴而就的事情，企业文化所引发的变革具有渐进性和缓慢性的特点。

（2）全局性。企业文化的变革所带来的不仅是员工的价值观的变化，往往还会伴随着组织结构、企业战略和管理思想的变化。

（3）不平衡性。越是成功的企业和组织、越严密的企业在变革的过程中所遇到的来自企业文化方面的阻力就会越大，而那些刚成立的或组织松散的企业则在变革的过程中在企业文化方面所遇到的阻力会较小。

3. 企业的对策

企业文化的特性与企业变革的关系使人们了解到要想使企业发生变革并取得成功，企业文化是一个不可忽略的因素，文化特点鲜明的企业，则更应如此，成功的企业文化需要不断变革以适应变化的环境。企业在这方面的对策主要有以下几点：

（1）对企业的文化特点进行充分而必要的分析，重点分析企业文化与外部环境是否适应。在这一点上成功的企业更需如此，人们不会忘记福特汽车的成功是福特的“让每个美国人都能拥有一部汽车”的梦想，因而福特生产的是清一色的黑色 T 型汽车，而不是让“每个美国人都拥有一部能体现自己个性的车”，当美国人拥有汽车不再是一个梦想的时候，环境也随之发生了改变，所以当通用汽车公司推出能体现消费者个性的五颜六色的设计新颖的汽车时，文化僵化的福特公司很快便丢失了大部分的市场份额。因此，成功的企业需要随时检查自己的文化，以防“成功变成失败之母”。

（2）提出明确的战略远景。有效的企业文化变革应从对企业的新战略和使它有效所需要的共同的价值观和行为的明确远景开始。就像日产汽车公司的 CEO 戈恩上台伊始所宣称的那样：“第一，日产目前的状况很糟糕；第二，我打算在短期内将其推回正轨，并保持长期的正常运作。”在此基础上，日产公司制订了一个详细的关于企业文化变革和企业变革的“日产复兴计划”。①

（3）文化的变革必须与企业组织的变革联系在一起。企业文化的变革必须伴随着组织结构、人力资源制度、信息控制制度以及管理方式的支持性变化。

（4）引进外来的战略变革者，对公司的文化发动根本性的变革。在这一点上，日产公司的文化变革和企业变革就是一个很好的例子。除此之外，我国的深圳、陕西等地方的国有控股上市公司引进国外的战略投资者以达到政企分开、业务重组从而改变公司的管理和经营也是如此。

（5）改变组织成员的地位，这是改变组织文化的最为有效的方法之一。对于那些能适应新的企业文化的员工予以留任，对于那些不能适应新方式的现有员工则终止雇用。同时，要有计划地从外部引进能适应企业新文化的员工。

3.5　权力—政治行为与企业变革

1. 企业内部的权力—政治行为

企业是一个由生产与运作分系统、正式权威分系统、职业分系统和政治分系统组成的，为了共同的目标而协调活动的开放的社会技术系统。西方学术界把任何直接试图影响政府政策或政治过程的复杂行为称为公司政治行为。国外对企业中的权力与政治行为展开了广泛的研究，例如，研究公司组织中的政治行为，或者说运用政治学的概念研究公司组织的行为，大体上是从20世纪60年代才开始的。英国爱丁堡大学社会学教授汤·伯恩斯（Tom Burns），通过考察传统企业从“机械式的组织形态”向“有机的组织形态”过渡中发生的冲突，总结出：“要正确理解企业组织的功能，我们必须把企业设想成为至少有三个社会系统——正式的权威系统、职业系统以及政治系统——同时在发挥作用的组织”；“每一个组织都是政治活动的舞台。在这一舞台上，不同的成员和部门为获取权力

① 曹建海. 日产汽车公司的复兴之路［N］. 中国经营报. 2002－03－11（31）

展开相互间的竞争和合作”。[①] 从20世纪70年代起，许多组织行为学著作都把企业组织中的权力与政治列为专章加以论述。[②] 20世纪90年代，一批很有影响的研究企业中权力与政治问题的专著陆续问世。[③] 同时，越来越多的学者从权力和政治的角度考察公司中的治理结构、经理激励、国有企业改革等问题。[④]

每一个企业与社会的其他人、群体和组织有着复杂的联系。与企业有关的人和组织在企业的决策、行为和经营中存在利益关系，因而在公司的经营和管理的决策上存在着权力的获取、分配和运用的问题，而企业的这种对于经营和管理权力的争夺的过程就是一种企业政治的过程。例如，公司CEO的更换将会带来企业权力结构的改变，随之而来的则是企业经营战略的转变和人力资源的调整等。此外，企业的权力—政治行为也会经常引起和制约企业的变革。

权力—政治行为在组织的生活中是到处都存在的现象，管理者对政治行为的看法是：多数管理者对政治持否定意见，他们认为政

① ［英］汤·伯恩斯：《新时代的工业》，载《新社会》1963年1月31日第18页。转引自［英］D. S. 皮尤等：《组织管理学名家思想荟萃》，中国社会科学出版社1986年版，第48～55页。

② 例如：［美］安德鲁·J. 杜布林：《组织行为基础——应用的前景》（1978年英文版）第五章“组织内的政治手腕”，中译本由机械工业出版社1985年出版，第79～99页；［美］斯蒂芬·P. 罗宾斯：《组织行为学》（第七版）第十二章“权力与政治”，中国人民大学出版社、Prentice Hall出版公司1997年版，第353～383页；［美］理查德·L. 达夫特：《组织理论与设计精要》第十二章“权力与政治活动”，机械工业出版社1999年版，第212～233页。

③ 例如：［美］杰弗里·普费弗：《用权之道——机构中的权力斗争与影响》，新华出版社1998年版；［美］约翰·科特：《权力与影响》，华夏出版社1997年版；［美］安妮特·西蒙斯：《领地争夺游戏：理解并终止工作中的地盘之争》，上海人民出版社1999年版；［美］詹姆斯·卢卡斯：《企业权力的学问》，上海人民出版社2000年版。

④ 例如：［美］约翰·庞德：《超越管制：政治化的公司控制权》；沃尔特·J. 萨蒙等：《哈佛商业评论》；精粹译丛：《公司治理》，中国人民大学出版社2001年版，第145～174页；［美］马克·J. 洛：《强管理者　弱所有者——美国公司财务的政治根源》，上海远东出版社1999年版；［美］戴维·C. 迈克兰德、戴维·H. 伯哈姆：《权力是最大的动力器》；［美］P·德鲁克等：《未来的管理》，四川人民出版社2000年版，第39～55页；世界银行政策研究报告：《官办企业问题研究——国有企业改革的经济学和政治学》，中国财政经济出版社1997年版。

治对组织害多益少，多数管理者认为政治行为在高层发生的几率比低层多。①从组织行为学的角度来看，企业管理者在增强其权力过程中会采用的一个策略是将企业带入一个高不确定性的领域，通过对不确定性事件的处理能力的加强来增强其权力基础。例如，有些企业的经理借兼并其他企业的机会来提高自己的声誉。在众多的企业变革的案例中，还有一类变革的特征也是十分突出的，因为这种企业的变革既不是由于技术和市场的压力所导致，也不是因为政府的政策和国家的法律制度出现了根本性的变革，企业的变革目的不是着眼于企业的长远发展目标，而是为了追求组织中某个利益群体的利益，它不是组织的正式目标。这一点也许在上市公司之间的兼并与反兼并的对公司的控制权的争夺行动中反映得较为明显。由于许多管理者地位的不安全性，特别是在重大动荡和变革时期，管理者和其他群体为了维护自己的利益而不惜采取多种手段甚至是有害于公司的长远利益的手段。例如，为了降低收购者收益或增加收购者风险，被收购管理层为了保住自己的位置，不惜牺牲公司的长期利益，采取诸如“皇冠上的明珠”、“毒丸计划”和“焦土战术”的方式。权力—政治观点认为组织经常采取不理性的行动，它们的目标产生于协商和影响过程，组织是由竞争和变化联盟的群体和个人组成（Brown，1995；Robbins，1987）。这个观点在 20 世纪 70 年代末和 80 年代初开始引起人们的兴趣。西尔特（Cyert）和马奇（March，1963）指出，私人部门的组织和公共部门的组织一样都是政治实体，公司的特征是竞争性和多种相互冲突的利益之间交换的联合。即使存在强大的企业文化，企业成员的一致性、意愿性和稳定性也不可能在一个企业内部长期保持一致。成员间所表现出来的合作和积极程度将随着他们正在追求的目标与他们的个人利益相一致的程度而发生变化（Mullins，1993）。整个组织中个人和群体追求不同的利益，相互斗争形成有利于他们决策的这种现象致使许多学者认为组织的特征就是政治制度（Mintzberg，1983）。

组织中权力—政治行为的存在表明在公司中存在着权力的斗

① 张德．组织行为学［M］．北京：高等教育出版社，1999. 123

争，例如政治派系争斗、寻求联盟、施加对决策的影响、促进和保护个人自己的或个人所在群体的利益。这种表现出来的权力和政治是一种负面的影响，因为个体和群体运用权力和政治完全是为了追求他们自己的利益。然而一些学者（布坎南和博迪，1992）却认为政治行为能通过使组织更有效地管理变革而对改善组织运作产生积极的影响，权力的使用是在相互依赖的系统中使事情完成所需要的一项重要的社会过程。组织变革的过程从根本上来说就是一个政治过程。

2. 公司治理结构是一种对公司中权力的安排

不同的国家的公司治理结构具有不同的特点，如从国际范围来看，有三种各具特征的公司治理结构，即英美治理模式、日德治理模式和东南亚的家族治理模式，这些不同的模式对公司的变革有着不同的影响。

英美治理模式的最大特点是股东高度分散，并且流动性极强，企业融资以股权和直接融资为主，资产负债率低。例如在美国的绝大多数企业中，由股东持股的股份公司占公司总数的95%以上，其资产负债率一般为35%～45%，大大低于德国和日本的60%左右的资产负债率。同时，银行在企业债权中的比重也大大低于德国和日本。[①] 在公司的治理目标上，以"股东价值最大化"作为其治理目标，即以股东控制为主，债权人一般不参与公司的治理。英美治理模式的另外一个特点是以股票市场为主导的外部控制机制高度发达，由于英美证券市场股票的高度流动性，单个股东对公司的控制主要是通过证券市场，表现为"用脚投票"，股东关心的是投资回报，这种投资回报来自公司的股息和分红以及在证券市场上股价升值中获得的资本升值收益，股东评价经理业绩的重要指标就是投资回报的多少和所有者权益。而经理必须尽心尽力通过提高公司业绩来回报股东。这使得英美治理模式的短期效应非常明显，企业的经理往往为了提升股价而不得不作出具有短期行为的变革决定。在英美治理模式中，本来是为了克服这种短期行为的经营者"股票

---

① 张其左．公司治理结构的国际比较及启示［N］．光明日报，2001－11－09（B2）

期权制”在这次美国公司丑闻中也暴露出了很多问题，如为了提升股票的价格而进行的兼并活动甚至是做假账等。

以日本和德国为主的大陆公司治理模式的最大特点是股东相对比较集中、稳定。在德国公司中多为大银行直接持股，银行与企业之间的存贷关系使银行成为一个重要的利益相关者，银行控制的方式是向监事会派出代表。日本则是公司法人间的相互持股，董事会成员主要来自公司内部，决策与执行都由内部人员承担。企业外部的监督和约束主要来自两个方面：持股法人和主银行。一个企业集团内部公司之间相互持股，公司的总裁往往会成为大股东。主银行虽然不直接持股，但对公司有直接的控制权。很明显，大陆公司治理模式追求的是稳定的治理方式，它强调协调和合作，着眼于公司的长远利益，能综合考虑各方的利益相关者，经理人员多为大股东选派，其变动更多地受该大股东的影响，而不是市场的决定，因而具有相对的稳定性。大陆治理模式的公司的变革活动不像英美治理模式的公司那样频繁，在公司面临经营危机时，前者的变革困难要比后者大得多，这是因为前者的变革所涉及的相关利益者太多，在关系的协调上所花费的时间会更多，过程也就会更长。

家族治理模式与大陆治理模式有许多相同之处，其突出的特征是追求稳定和个人（或家族）持股。以香港为例，除汇丰银行外，在香港联交所上市的大多数公司（不包括 H 股）从第一次公开发行股票起，大股东就会一直保持着控制权。在公司内部，管理人员高比例持股，使得公司利益和个人利益趋于同步，从而实现双重激励，成为公司的主要控制方式和行为特征。这种模式能够使内部交易成本降低，可以最大限度地提高内部管理效率，实现资源的最优配置。但同时也存在着忽视中小股东的利益，以家族的继承方式使得董事会在选择接班的代理人时缺乏有效的市场机制约束等因素。家族治理模式下的企业变革具有大陆治理模式公司变革的特点，追求稳定和控制权的因素使这类家族企业在变革速度上不及英美企业，但由于没有复杂的利益相关者关系的协调又使得其变革速度要比大陆治理模式下的企业快。

3. 国有企业变革与权力—政治行为

国有企业变革中的权利—政治行为对变革的影响尤其重大。例如，一份1995年发表的世界银行政策研究报告中这样提到了关于国有企业变革的政治学影响："显而易见，决定国有企业改革的性质进展和内容的因素不仅是经济效益。这些因素中最重要的是政治因素。国有企业的改革会给政府的支持基础带来损失。因此，各国政治家对国有企业的任何变化都得仔细地权衡。"在世界银行的调查报告中，提出了三个关于国有企业改革成功必须具备的条件：①改革必须具有政治必要性——它对领导人及其选民的益处必须高于付出的代价。②改革必须具有政治可行性——领导阶层必须有能力推行改革。③改革必须言而有信——领导阶层关于补偿受损者和保护投资者产权的承诺必须是可信的。[①] 由此可见，国有企业的改革是一种国家、企业社会和相关利益者的多方权力—政治博弈的活动过程。国有企业的改革无疑将会受到极大的影响与制约。

4. 企业外部的政治行为及其绩效

爱泼斯坦（1969）认为"企业已经步入政治竞争的时代"，政府或政府政策作为一种竞争工具，能拓展企业的外部生存空间，为企业创造有利的竞争环境。企业与政府之间的关系会永远成为优先考虑的政治，政府政策的不确定性导致企业商业交易费用的增加，而企业是否能够成功地运用政治权力获得潜在的利益将直接关系到企业的经营业绩及竞争力。卫武、田志龙、高海涛（2004）曾对企业政治绩效评价系统建立了标准和环境两种模型，并进行过探索性的理论研究，其采用的标准模型指标分别是企业政治绩效的效率、有效性和适应性，这为我们进一步研究企业的外部政治行为奠定了一个良好的基础。

5. 企业的权力—政治行为状态测度模型的建立及其定量分析

基于企业权力—政治行为的模糊性和难以识别性，本书拟运用模糊数学的理论知识对企业的内外部的权力—政治行为状态进行定

---

① 世界银行政策研究报告．官办企业问题研究——国有企业改革的经济学和政治学［M］．北京：中国财政经济出版社，1997．136

量化的测度。

(1) 企业的权力—政治行为状态模型的建立与算法探讨。

当因素过多或者因素间的影响又分层次时，在Zadeh的“∧－∨”算子下，会出现“泯灭”现象，难以得到有意义的结果，为了不让有价值的信息白白丧失，我们采用多层次模糊测度模型。该模型实际上起到了层次的细分代替因素（或权重）细分的作用，具体步骤如下：

由于评价个体博彩参与程度时，往往需要考虑众多因素，因素之间还有不同的类别和层次，因此需要建立多层次模型来进行分析。

定义：给定集合U，设P是将U分成k个子集的一种分法，且满足：①$\bigcup_{i=1}^{k} U_i = U$；②$U_i \cap U_j = \varnothing$，$\forall i, j, i \neq j$。则称$P$是对$U$的一个划分，记为$U/P = \{U_1, U_2, \cdots, U_k\}$。

(2) 实例分析。

根据国内外学者已有的研究成果，笔者选取了以下两个大的影响因素作为一级指标来对企业的权力—政治行为状态进行模糊综合评价：企业内部的权力—政治行为和企业外部的权力—政治行为。其二级指标分别是裙带关系程度、重大经营决策的权力—政治行为程度、提拔与奖惩的权力—政治行为程度、政府政治资源、政治竞争能力与优势等。权重采用德尔菲法确定，具体如表3－7所示：

表3－7

一级指标（U_i）	权重（R_i）	二级指标（U_{ij}）	权重（R_{ij}）
企业内部的权力—政治行为（U_1）	0.65	裙带关系程度（U_{11}）	0.35
		重大经营决策的权力—政治行为程度（U_{12}）	0.25
		提拔与奖惩的权力—政治行为程度（U_{13}）	0.40
企业外部的权力—政治行为（U_2）	0.35	政府政治资源（U_{21}）	0.45
		政治竞争能力与优势（U_{22}）	0.55

为了更好地评价企业的权力—政治行为状态程度，一般将企业的权力—政治行为状态程度的评价标准分为五个等级：非常高（v_1）、较高（v_2）、一般（v_3）、较低（v_4）、低（v_5），故评判集为 $V=\{v_1, v_2, \cdots, v_5\}$。为此，通过分类抽样对某企业100位员工和100位中高管理者进行问卷调查，分别对这两类人群等个体认为的企业的权力—政治行为状态程度大小指标进行评价，如表3－8所示：

表3－8

二级指标（U_{ij}）	非常高（v_1）	较高（v_2）	一般（v_3）	低（v_4）	较低（v_5）
裙带关系程度（U_{11}）	0.60	0.20	0.10	0.1	0
重大经营决策的权力—政治行为程度（U_{12}）	0.40	0.30	0.10	0.1	0.1
提拔与奖惩的权力—政治行为程度（U_{13}）	0.50	0.30	0.10	0.1	0
政府政治资源（U_{21}）	0.35	0.25	0.10	0.1	0.2
政治竞争能力与优势（U_{22}）	0.20	0.20	0.10	0.3	0.2

其计算结果如下：

首先，对企业内部的权力—政治行为指标进行定量测度，则有：企业内部的权力—政治行为程度指标 U_1 的模糊评价矩阵及其权重向量 $A_1=(0.35, 0.25, 0.40)$，根据企业内部的权力—政治行为程度指标中多因素原因，$R_1=\begin{bmatrix}0.60 & 0.20 & 0.10 & 0.10 & 0\\0.40 & 0.30 & 0.10 & 0.10 & 0.10\\0.50 & 0.30 & 0.10 & 0.10 & 0\end{bmatrix}$，计算得：$B_1=A_1\cdot R_1=(0.51, 0.265, 0.10, 0.10, 0)$。

由“最大隶属度原则”可知，0.51对应的指标是高程度的企业内部的权力—政治行为，说明企业内部的权力—政治行为程度非常严重，这对企业的管理决策具有较为重要的参考价值。

其次，对企业外部的权力—政治行为程度指标进行定量测度。同理，

$$B_2 = A_2 \cdot R_2 = (0.45,\ 0.55) \cdot \begin{bmatrix} 0.35 & 0.25 & 0.10 & 0.10 & 0.20 \\ 0.20 & 0.20 & 0.10 & 0.30 & 0.20 \end{bmatrix}$$

$$= (0.267\,5,\ 0.225,\ 0.1,\ 0.21,\ 0.2)$$

由“最大隶属度原则”可知，对于该企业而言，企业外部的权力—政治行为中政府资源的依赖性最大，在政治竞争能力与优势方面需要进一步提高。

综上所述，对企业的权力—政治行为指标进行综合测度为 $U = \{U_1,\ U_2,\ U_3,\ U_4\}$，权重向量 $A = (0.65,\ 0.35)$，做综合测度得：

$$A \cdot U = (0.65,\ 0.35) \cdot \begin{bmatrix} 0.51 & 0.265 & 0.10 & 0.10 & 0 \\ 0.267\,5 & 0.222\,5 & 0.10 & 0.21 & 0.20 \end{bmatrix}$$

$$= (0.267\,5,\ 0.225,\ 0.1,\ 0.21,\ 0.2)$$

企业的权力—政治行为程度综合测度分值表如表 3－9 所示：

表 3－9　综合测度等级分值表

测度标准	高度	较高程度	一般	较差	差
分值	90～100 (中值取 95)	80～89 (中值取 85)	70～79 (中值取 75)	60～69 (中值取 65)	60 以下 (中值取 30)

根据表 3－9 可得企业的权力—政治行为程度综合测度分值为：

$F = (0.267\,5,\ 0.225,\ 0.1,\ 0.21,\ 0.2) \cdot (95,\ 85,\ 75,\ 65,\ 30)^T \approx 71.687\,5$

由上述计算可知，因为综合测度分值 $F \approx 71.687\,5$，企业的权力—政治行为程度由分值表中参考标准可知为一般程度，说明企业的权力—政治行为状态适中。

基于权力—政治行为而引发的企业变革具有如下一些特征：

（1）时间特定性。虽然企业中的权力—政治行为始终存在着，但由权力—政治行为而引起的企业变革却在两个时期内表现最为突出：在公司管理权更迭后和对公司控制权的争夺过程中。

（2）目标的模糊性。由权力—政治行为引起的企业变革并不是为了实现企业的利润或发展目标，在某些时候纯粹是为了权力的争夺。

（3）突变性。由于权力—政治行为不可能总是有计划地进行，因而其引发的变革多具有突变性的特点。

（4）整体性。企业中的权力—政治斗争涉及层次众多，范围较广，其引起的变革不仅涉及企业的业务层次，也会涉及企业的功能层次和制度层次。

3.6 一个综合的观点：企业变革制约因素的比较分析

从上面的分析我们可以看出，导致企业变革的因素主要有制度的变迁、技术的进步、文化特征、市场的演变和企业中存在的权力—政治斗争。虽然这五个因素都会对企业的变革产生重要的影响，但这并不是说它们对于企业变革的作用是相同的。在这里我们可以采取随机抽样的方法和二手资料数据来对40家中外企业的变革制约因素进行统计分析，其结果如表3-10所示。需要特别说明的是，由于从本质上看，企业的发展就是变革，因此最好的样本和数据是40家或更多家企业的变革过程的全貌，但由于资料收集的原因，在这里出现的企业变革样本多为某个特定时间段内所发生的内容，因此企业变革的方式、方法或内容的判断都是以在一个特定的时间段企业所发生的变革为依据的，后面的几部分所进行的企业抽样和统计分析如没有特别说明也是以此为依据。

表3-10 40家中外企业的变革制约因素资料

企业名称	变革制约因素					时间跨度（年）
	制度	技术	市场	企业文化	权力—政治行为	
联想		○	○			2001—2009

（续上表）

企业名称	变革制约因素					时间跨度（年）
	制度	技术	市场	企业文化	权力—政治行为	
健力宝			○		○	2002—2008
熊猫电子	○		○			1996—2000
万和燃气			○			2002—2008
美的电器				○		2001—2003
中兴通信			○			2002—2008
海尔			○	○		2001—2008
太太			○			1996—1999
小鸭电器	○		○			2002—2003
乐华			○			2002—2003
创维电器			○			2002—2003
科龙	○	○	○			2001—2003
哈药	○		○			2001—2002
长虹	○	○	○			2001—2003
东风汽车			○			2001—2003
美菱电器			○			2002—2003
太阳神	○		○			1993—1995
正泰集团	○					2002—2008
咸阳偏转			○			2002—2003
实达			○			1996—2003
全兴	○		○			2002—2003
联合利华			○			1980—1997
康柏			○			1991—1993

（续上表）

企业名称	变革制约因素					时间跨度（年）
	制度	技术	市场	企业文化	权力—政治行为	
惠普			○			1996—1999
可口可乐			○			1999—2002
摩托罗拉		○	○			2000—2003
伊莱克斯（中国）			○			1996—2002
微软		○	○			2002—2003
通用电气				○	○	1984—2008
柯达		○	○			2001—2008
太阳微电子		○	○			2001—2003
戴尔			○			1992—1993
索尼		○	○	○		2001—2003
富士通		○	○	○		2001—2003
日立			○	○		2002—2003
日产			○	○		1999—2003
松下			○	○		2001—2003
三星电子		○	○			1999—2008
现代汽车			○			1999—2008
ACTION 公司（丹麦）			○			1988—1992

表3-11　统计结果

	变革制约因素				
	制度	技术	市场	企业文化	权力—政治行为
样本数（共40）	8	9	37	8	2
比例（%）	20	22.5	96.25	20	5

注：由于有些公司变革制约因素存在着两种以上的现象，因此数据解读不能采用单纯的求和法。

从企业变革的历史过程来看，制度的变迁、技术—产业革命和市场的演变对企业的生产、组织和管理的变革有着重要的作用，这其中尤其以技术的进步和市场的变化对企业变革带来的影响最为深刻。从上面的统计数据我们可以得出如下几个结论：

1. 技术与市场

从上面的统计数据来看，96.25%的企业变革是由于市场的原因引起的，另有22.5%的企业变革则是由于技术和市场共同的原因引起的。其实当我们分析企业发展和成长历史时，不难发现技术与市场相互影响的重要性，虽然许多学者对于是市场需求导致了工业革命的发生还是由于技术革命的爆发形成了一个新的市场持有异议，但是不言而喻，技术和市场的双重作用对于企业的变革具有特别重要的意义。无论是早期的产业技术革命还是现在的信息技术时代，技术的发展往往意味着一个又一个新兴产业和市场的出现和形成，同时又迫使一些相对传统的产业及其市场逐步退出竞争的舞台。因此，从某种程度上可以说技术创造了市场，市场形成了竞争，竞争导致了变革。从经济学的角度来讲，技术的不断进步还可以使那些经济不发达国家能拥有一种后发优势，不受传统技术形成的固定资产的拖累，从而在竞争中占据有利地位。这些国家的经济增长又创造出了一个规模不断膨胀的市场或市场的联合体，这些新兴市场对企业的发展是至关重要的。就像现在的中国市场一样，规模不断发展扩大的中国市场已成为众多跨国公司的首要选择，对于有些跨国公司而言，对中国市场的争夺已经成为决定其生死攸关的大事。例如对于美国朗讯公司来说，中国市场已经成为其走出全面衰退的一个关键因素，由于受全球电信业市场不景气的拖累和OC－192光纤网络系统的决策失误的影响，自2000年以来该公司笼罩在全面衰退的阴影之中，在中国电信市场上虽也受国际电信市场不景气的影响，但其业务一直处于持续的增长中，尤其是2001年和2002年中国联通的CDMA网络项目招标大获成功，朗讯在2001年的中国市场的业务量增长了50%，一举成为朗讯公司在全球居于第二位的大市场，仅次于该公司在美国的企业，成为该公司赢利的一个重要来源。在美国业务前景不明朗的情况下，中国市场已经成为朗讯公司摆脱阴影的最大亮点。

技术进步的速度和市场竞争的激烈程度对企业变革的方式具有重要的作用，企业的渐进式变革和激进式变革多受其影响。同时，技术和市场因素又具有一种普遍性、规律性作用，即它们会影响到在市场上竞争的一切企业，这在经济全球化的今天尤其如此。技术进步的速度和市场竞争的激烈程度会直接决定企业的组织结构、战略制定和运作模式的选择。而且这种组织结构、战略和经营策略的选择有时候会表现出惊人的一致。例如，在今天的IT行业里，飞速的技术发展变化使众多IT企业纷纷结成战略联盟的形式来共同开发技术市场和与竞争对手进行竞争，使战略联盟成为在IT行业被普遍使用的一种松散组织形式，成为市场竞争中的有力武器。

2. 制度的变迁

虽然统计的数字中有20%的企业变革是由于制度的原因引起的，但我们也应该注意到这些企业大部分为国有控股企业或家族控股企业，而在西方的企业变革过程中很少出现，这说明制度的变迁对于西方发达的市场经济国家而言，呈现出的是一种较为稳定的过程，多年的实践已经使这些国家的社会制度和法律制度处于一种相对平稳的状态，那种剧烈的大调整并不多见。就像2001年以来的美国公司会计丑闻事件也并没有给美国企业的治理结构、组织结构、经营战略及运作方式带来剧烈的变化。在这些国家里企业的经营和管理往往受制度的影响不大，这也是为什么西方的管理学者在讨论企业的变革时多不涉及制度的原因之一。而在那些经济制度转型的国家里，特别是那些由实行计划经济向市场经济过渡的国家里，制度变化的因素往往会对企业的经营和管理产生重大的影响。我国正在实行市场经济建设，经济的快速发展，使制度的滞后性表现得尤为明显。制度的滞后性并不是指制度的不变性，而是不断变化的制度难以跟上经济发展或企业变革的步伐。在我国的上市公司中，国有控股公司的国有股减持和所谓的引进国外的战略投资者的政策规定便是如此。不同的制度的变迁对企业变革所产生的影响是各不相同的。美国针对其公司丑闻的法律制度变革对企业所造成的影响不一定适合于我国的上市公司，虽然我国的上市公司的会计丑闻已是一个公开的秘密。这些都说明了制度变迁对企业所造成的影响不一定具有规律性意义。不同的制度变迁环境下的企业变革的方式和手段不一定具有普遍的借鉴作用。

3. 企业文化特征对企业变革的作用

从统计数据上来看，只有 8 家企业的变革是由于文化引起的，这说明变革文化以主动适应环境的企业的数量比较少。企业文化对企业变革的制约作用其实体现在企业变革的过程中，而不是引发企业变革的诱因。但其中值得我们关注的是，在 8 家受企业文化制约的变革企业中，5 家日本企业样本都在其中，这就说明了企业文化特征对于曾经有过辉煌成功历史的日本企业变革的影响作用非常巨大。

对企业文化的关注可以使企业清楚企业文化特征的两面性，一方面它可以使企业走向成功或是卓越，另一方面成功的企业文化往往容易演变成企业的累赘或是成为企业走向下一个成功的障碍。日本的企业文化曾一度为世人关注，但是随着环境的改变，在快速的技术进步中，在全球性的市场竞争中，日本企业越来越发现，它们最需要变革的恰恰是他们曾经引以为荣的企业文化。许多日本企业已经意识到了这一点，并纷纷采取了变革其企业文化的措施，其中最为引人注目的当属日产汽车公司的企业变革，引进外来的 CEO、大规模解雇员工和打破年功序列的不拘一格的提拔机制，使现在的日产汽车公司越来越像一个欧美公司。文化的变革多半是缓慢的，企业组织、战略和管理上的变革如果不考虑文化上的因素，这类变革的结局会令企业处于不利的位置，越是成功的企业越要注意到这一点。鉴于不同的企业具有不同的企业文化，因此企业文化上的变革也会呈现出不同的特点。一些专家学者就如何实施文化变革提出了一些自己的看法，如詹姆斯·迈天认为在企业中转变正式文化是件从高层到基层的事，并用一个图表示企业文化转变的过程，[①] 但笔者认为这并不说明企业文化的变革方法和手段具有一种通用性。

4. 权力—政治观点对企业变革的影响作用是非常明显的

虽然只有5%的企业变革是由于公司CEO更换导致的，但这也说明了由于权力—政治行为而引发的变革是存在的，虽然这种变革在现实的经济中并不多见，但一旦引发变革将是一种剧烈式变革。

这种观点可能更多地适用于企业的权力交接时期和上市公司对于公司控制权的争夺当中。虽然大卫·威勒（David Wheeler）和玛利亚·西兰琶（Maria Sillanpan）在其著作《利益相关者公司》中认为，企业是系列利益相关者构成的一个集合体，利益相关者为了自己的利益往往在组织变革的过程中会施加影响，组织的变革和管理的变革从根本上来说就是一个组织政治变革的过程，是众多利益力量博弈的结果，就像惠普公司和康柏公司的合并过程一样，合并的最终完成有赖于各方面利益的综合平衡。[②] 但是企业权力—政治行为是组织生活中一个永远存在的特征，并不只是当企业发生变革时才显示出它的存在，当组织在对组织结构和资源分配进行决策时，如当企业管理层为了增强其权力基础，采用的策略之一是使企业介入高度不确定性的领域，此时组织权力和政治的作用才显得分外重要。

5. 五种变革制约因素的变革特征比较分析

五种变革制约因素的变革特征比较分析如表3－12所示：

---

① ［美］詹姆斯·迈天（James Martin）．大转变——企业构建工程的七项原则［M］．北京：清华大学出版社，1999. 402

② ［英］大卫·威勒（David Wheeler），玛利亚·西兰琶（Maria Sillanpan）．利益相关者公司［M］．北京：经济管理出版社，2002. 9

表 3-12　五种变革制约因素的变革特征比较分析

变革制约因素	目标	方法	影响	时间间隔	强制性
制度	目标模糊	突变性	整体性	长期性	强制性
技术	目标清晰	突变性与渐进性	由点到面	短期性	强制性与主动性
市场	目标清晰	突变性与渐进性	统领性	短期性	强制性与主动性
文化	目标清晰	渐进性	整体性	长期性	主动性
权力—政治行为	目标模糊	突变性	整体性	短期性	主动性

综上所述，影响企业变革的五个因素各有其特点，但它们在企业变革的过程中所起的作用是不同的，这其中技术的进步和市场的演变对企业的变革的影响具有普遍性作用，不同制度环境下的企业都会受其影响，企业在应变的过程中所采取的对策具有惊人的一致性。至于制度的变迁对企业的影响则不一定具有普遍性意义，企业文化和企业权力—政治行为对企业变革的影响是显而易见的，越是成功的企业其文化对变革的阻碍作用就越大。而在企业面临权力交接和上市公司面临着控制权的争夺时，企业权力—政治行为对企业变革的作用就会表现得尤为突出。

3.7　企业变革阻力分析

随着经济的全球化发展、信息技术的创新、企业外部环境的不确定性的动态演化，企业所面临的经营环境发生着急剧的变化，任何以市场为导向的企业都需要不失时机地推动企业的技术变革、组织变革和人员变革，以适应不断变化着的内外部环境。然而变革就意味着破坏，意味着打破传统。变革的这一特性，使得变革对于组织和个人而言具有不同程度的风险性。组织内员工对变革的接受与否，组织变革的方向是否适应不断变化的外部环境，都直接影响着企业变革的成败。正是由于组织变革所具有的破坏性和风险性才使得组织变革遭到来自组织内外各个方面的阻力，认识这些阻力的来源、探究阻力产生的原因将对我们解决组织变革中所遇到的问题提供重要的指导依据。

3.7.1 企业变革阻力的来源

企业变革包含两个层面，一是制度和规则的改变，也就是改变人与人之间利益关系的约束条件；二是对现状有益的改善，改革之后可以提高企业的整体经济效益，也就是说即使做不到“帕累托最优”，也应该努力做到“帕累托改进”。企业变革是要改变那些不能适应企业的内外环境，阻碍企业可持续发展的各种因素，如企业的管理制度、企业文化、员工的工作方式、工作习惯等。这种变革必然会涉及企业的各个层面，引起企业内部个人和部门利益的重新分配。因此，必然会遭到来自企业各个方面的阻力。

1. 个人阻力

每一项管理变革都是在目标指引下，经过宣传发动，制订方案，推出一套新的制度、机制，最后实施推动。许多旧的规章制度被取代，原有的行为规范也不再适应，多年形成的传统和习惯要放弃，尤其是个人的利益会有所调整，阻力会来自组织中部分成员心理上的抵触和行为上的抵制，尤其是在实施阶段，阻力将会密集地表现出来。阻力有时是公开的、直接的，但很多情况下表现为潜在的、延后的。个人阻力主要有以下几个方面：

（1）心理阻力。心理阻力主要来源于三个方面：习惯心理、保守心理、怀疑和害怕心理。其中习惯是长期养成的心理和行为特点，人们通常按自己的习惯对外部环境的刺激做出反应，从而获得心理上的满足和对变革形成阻力。保守心理是一种维持现状、害怕变革的思想。具有保守思想的人往往迷恋传统，苟安现状，习惯于原有的秩序和章程，害怕改革。变革思想和保守思想的冲突往往贯穿改革的全过程。怀疑和害怕心理则是对变革缺乏信心和对未来的担忧。由于宣传、沟通的不足，有些人会对变革的必要性、紧迫性和具体保障手段缺乏了解，因而对变革产生很多猜疑，同时也由于对变革的发动者的推动能力缺乏信心，认为很难达到预期效果，认为变革是在冒不必要的风险，是劳民伤财的活动。当变革还不能充分显示成果时，人们还无法亲身享受到变革带来的利益，人们很容易持观望态度。另外，人们担心在变革中利益会受到损害，具有害怕的心理而抵制企业变革。在实施变革的过程中，一些员工虽然认识到了变革的迫切要求，却不能准确地把握变革实施的结果，他们常常会对变革产生各种猜疑，认为变革有可能达不到预期的效果，很可能会对组织和个人的利益产生损害。这类人常常认为变革是在冒风险。因此，在变革的过程中，他们常常依附于群体的态度倾向，有的甚至公开抵制变革。

（2）能力阻力。企业的变革常常伴随着技术变革、人员变革，每一次变革的实施都对企业内的员工提出了更高的要求。先进生产线的建立、办公自动化的建立、新技术的应用都要求员工不断地提高自己的知识和能力，以适应企业变革的需要。而一些员工担心自己的技术已经过时，一旦企业发生变革，自己就会被淘汰或是既有地位遭到挑战。在改革过程中，新的工作、新的技术、新的方法、新的组织结构，同组织员工原有的职业能力会发生冲突，员工会产生心理抗拒和一定的心理压力。如果这种压力和负担超过了职工的心理承受能力，便产生抵触和反对态度，阻碍变革的进行。

2. 非正式组织的阻力

企业变革的阻力还会来自非正式方面，研究表明，对企业变革形成阻力的非正式组织因素主要有非正式组织规范和非正式组织内聚力等。非正式组织规范具有层次性，边缘规范比较容易改变，而核心规范由于包含着非正式组织成员的认同，难以改变。同样，内聚力很高的非正式组织也往往不容易接受组织变革。

3. 组织因素

在企业变革中，组织惰性是形成变革阻力的主要因素。这是指企业在面临变革形势时表现得比较刻板、缺乏灵活性，难以适应环境的要求或者内部的变革需求。造成组织惰性的因素较多，如企业内部体制不顺、决策程序不良、职能聚焦点狭窄、官僚结构和僵硬的企业文化等，都会使企业产生惰性而阻碍企业变革。组织变革的阻力主要有：①权力与地位上的阻力。不论是人事还是技术上的改革，都涉及组织中人的权力和地位的变化。人们不会轻易放弃已获得的地位和权力，因而在思想和行动上以各种形式抵制对其地位和权力有危险的变革。②组织结构上的障碍。任何一种新的主意和对资源的新用法，都会触犯组织的某些权力，所以往往会受到抵制。典型的等级制组织结构，强调信息从高层流向基层，职工只能按特定渠道来获取信息，只反馈工作的积极信息，对实际存在的问题和应该采取的变革方法避而不谈。这实际是封锁消息，抵制变革。③组织文化上的阻力。例如，企业如果形成了一种官僚的、缺乏创新的企业文化，那么在企业变革的过程中对新事物的推广就会遇到强大的阻力。

4. 组织外部环境因素

企业的外部环境因素往往也是企业变革的一个阻力因素。例如，全社会对企业变革行为的舆论关注和期待、企业特定的组织文化在形成和发展中所根植的整个社会或者民族的文化特征等，这些都将会对企业的变革决策产生影响，在一定程度上会形成阻力。

3.7.2 企业变革阻力的克服

1. 通过沟通与宣传，对企业变革达成广泛的共识

在变革之前和变革实施的过程中，要通过各种宣传方式和沟通手段，对外部宏观社会经济环境进行分析，让员工了解到企业变革的必要性和紧迫性。面对科技进步或者是经济危机，企业如果不通过变革适应竞争环境、增强活力、提高竞争力，就会在市场竞争中处于不利地位或被淘汰。企业可以通过大型会议、小组研讨、个别交谈、内刊文章等方式加强沟通，使员工了解全部事实，消除误解，增进对引导变革的领导人的信任，增强对变革成果的正面期望。各级领导在日常工作中结合实际进行沟通，效果也会很明显。企业也可以聘请外脑进行调研诊断，以第三方的角色客观真实地披露问题及根源所在，揭示变革的紧迫感，并解除大家的后顾之忧，赢得企业大部分员工对于企业变革的认同。企业应广泛发动员工参与变革的过程，在变革的实施过程中，要让员工理解变革的实施方案，并且要尽可能地听取员工的意见和建议，让员工参与到变革中来。与此同时，企业还应该时刻关注员工的心理变化，及时与员工交流，在适当的时候可以作出某种承诺，以消除员工的心理顾虑。这样，企业变革的阻力就会大大降低。

2. 建立强有力的企业变革领导团队

变革必须是自上而下的，所以要求有一个坚强、团结、有力的领导团队，尤其是最高领导者必须不惧风险、不惧压力，才能坚定变革的信念，毫不动摇，只有这样，才能克服来自各方面的阻力和困难，坚定地按照既定目标实施推动。

3. 借助企业外部力量

企业外部力量即通常所谓的咨询顾问。在变革的过程中，一些员工认为变革的动机带有主观性质，他们认为变革是为了当局者能更好地谋取私利。还有一些员工认为变革发动者的能力有限，不能有效地实施变革。而引入企业外部力量就能很好地解决上述问题。一方面，咨询顾问通常都是由一些外部专家所组成，他们的知识和能力不容置疑。另一方面，由于企业外部力量来自第三方，通常能较客观地认识企业所面临的问题，较正确地找到解决问题的办法，从而减少企业变革所带来的阻力。

4. 适当地运用激励手段

在实施阶段初期，应该采用以奖励为主的激励手段，树立有示范效应的员工榜样，促进更多的人支持变革，理解变革；在正面引导后，可以采用惩罚手段，撤除阻碍变革的干部，让反对变革的人离开团队，为变革清除障碍；在实施的中后期阶段，则主要运用恰当的激励手段来巩固企业前期变革的成果。

5. 设置变革的目标，并反映和汇报阶段性成果

企业在变革前要认真分析内外环境，分析有利和不利条件，建立一个客观、合理的变革目标和变革流程，并对变革过程中可能出现的影响因素进行预测。通过认真的分析和预测，来增强企业员工的信心，增强对未来变革成果的正面预期，消除不安全感。在变革的每一个阶段性工作完成后，应将成果进行反映和汇报，让企业员工了解变革进展情况及其给组织带来的益处。

6. 妥善安排相关利益人员

在企业变革的过程中不可避免地会对部分人员的利益产生损害，例如裁员或者降薪等，对于撤并精简人员乃至辞退的员工，必须按照劳动法规，进行妥善安排，并给予经济上的补偿，避免产生劳动争议和团队动荡，维持一个安定的变革环境。

4 企业变革层次性的比较分析

许多人一提及企业变革大多认为是对企业进行一场大刀阔斧式的整体变革，实际上在企业的变革实践过程中，由于时间跨度的不同，企业的变革具有一定的层次性。这种变革的层次性表现在以下两个方面：一是企业变革的具体内容层次，如业务的增减、功能的转换和企业制度的重新设计等，企业在内容层次上的变革具有不同的特点。二是企业变革的应对层次，主要表现为企业是消极应对企业变革，还是有意识地预测即将到来的变革或者是改变竞争游戏规则来领导全行业的企业变革，而这三种企业应对变革的方式很显然有着各自的特征。

4.1 企业变革内容层次上的比较研究

4.1.1 企业变革内容层次上的界定

在有关企业变革理论和实践中，企业变革的内容和类型各不相同，理查德·L. 达夫特（Richard. L. Daft）认为管理者可以关注以下四种类型的组织内部变革来赢得战略竞争上的优势：①技术变革。它是指组织生产流程方面的变革，包括有关部门知识和技能基础，可使企业具有独特的竞争力。进行技术变革是为了更有效地产生更多的数量，技术方面的变革涉及产品或服务的生产技术，包括工作方式、工作装备或工作流程等。②产品或服务上的变革。它通常是指组织的新产品或服务，新产品包括对现有产品或整个产品线的小改进，一般来说，设计新产品是为了扩大市场份额或开发新市场与新顾客。③战略与结构的变革。其范围涉及组织结构、战略管理、企业政策、报酬系统、劳资关系、协调策略、管理信息与控制系统以及会计与预算系统等方面的变革。结构和系统的变革通常是由上而下的，而产品或技术方面的变革却经常是由下而上的。④人员和文化的变革。这主要是指企业员工价值观、态度、期望、信仰、能力和行为等方面的变革。沟通和促进员工解决问题和计划的能力等方面的变革是人员变革，而企业改造中企业的文化也将随之发生变革。[①] 中欧国际工商学院资深教授 Jaume Ribera 认为，所有经理人的日常事务可以分为两类：一类是与职能或部门有关的事务，另一类则是要变革企业经营方式，甚至业务经营模式本身。[②]

除此之外，我们也可以参考 Bernard Burnes 对于企业战略层次的划分：公司层次的战略、业务层次的战略、功能层次的战略。公司层次的战略是考虑形成大型、多样化的组织，这往往会涉及组织结构的调整和变革。业务层次的战略与企业集团的每一个独立业务的动作和方向有关，例如，日本汽车公司由最初的只在中国销售汽车改为现在的开始在中国普遍投资设厂生产汽车。功能层次的战略是考虑独立业务的功能和过程，如财务、营销、制造、技术和人力资源等。根据这种划分，我们可以将企业变革层次和内容划分为三个部分：第一个层次的变革是企业或公司层次的变革，主要涉及组织的整体变革或对于组织的全局具有特别重要意义的变革，多为制度层次上的变革。例如，公司治理结构设计与安排、组织结构的变

① 理查德·L. 达夫特（Richard·L. Daft）. 组织理论与设计精要［M］. 北京：机械工业出版社，1999. 145～146

② 影响企业管理的十大理念和十大实践［N］. 中国经营报，2002－02－12（11）

化与调整、企业经营战略的重大修改与制定等，公司层次或企业层次的变革多会跨越公司的多个领域。例如，现在美国上市公司受美国经济衰退和公司会计丑闻的双重影响，一方面，其引以为自豪的公司治理结构受到严重冲击，将会影响其公司治理结构的调整，这一点从美国上市企业增加外部独立董事的人数可以看出来。另一方面，公司纷纷大规模裁员，调整企业战略，缩减业务并进行业务重组，同时组织结构的重构也同步进行。再如，中国国有企业的变革，多数会涉及产权等制度安排方面的变革。第二个层次的变革是业务层次的变革，其变革的范围相对较小，它往往与一个独立的业务单位能够在它选定的市场上竞争的不同方法有关，其常考虑的是企业应该如何在独特的、可确认的和战略上相关的市场上定位，应该对哪一类的顾客群体提供哪些类型的产品，如何在构造和管理业务的内部方面支持它所选择的竞争方法，前面所述的理查德·L.达夫特的关于企业变革的产品与服务方面的变革即是如此。例如，通用汽车对菲亚特采取的变革措施是对其15家工厂分别采取了关闭或缩小规模等措施，同时开发新产品；欧宝董事长福斯特的变革措施则是削减成本与生产能力，增强对市场反应的灵活性，实行按单订货，减少库存，并把复苏的希望寄托在新车型上，等等。再如，中国联通上马CDMA业务，以和中国移动争夺手机高端用户也是一种业务层面的变革。一般来说，业务层次的变革往往会涉及企业战略的转变和组织结构的重构。第三个层次的变革是企业功能层次的变革。它往往与企业的营销、财务、研究、技术、人力资源、制造/运作和购买有关。功能层次的变革可能是企业或公司里最不注意的，因为在公司和业务层次上的对外部世界——市场的过分关注往往会导致对那些组织的内部运作缺乏兴趣，而且功能层次的许多方面可能会被认为已经包含在公司层次和业务层次中。例如，20世纪80年代日本公司的崛起，使西方理论界和企业界开始关注和效仿日本的成功，并创造出了7S框架，即战略（strategy）、结构（structure）、系统（systems）、人员（staff）、风格（style）、共同价值观（shared values）和技能（skills），尽管认识到日本公司在7S方面都很强大并将其融合为一体，但西方的关注点却放在所谓的“软S”方面，即人员、风格、共同价值观和技能等方面的变革，因而忽视了日本在制造/运作和购买等领域变革所带来的绩效，这一状况直到90年代哈默尔和钱皮的《改革公司》的出版及当时在西方国家企业界形成一股企业流程再造热潮才得以改变。

4.1.2 对企业变革内容各层次的具体分析

上面我们分析了企业变革的内容层次的界定，下面将对各内容层次的变革做简要的分析。

4.1.2.1 公司层次的企业变革

公司层次的企业变革主要考虑的是如何重新设计企业的组织结构，如何重新形成企业的发展与经营战略及如何对于不同的业务活动的方向进行组织和协调。公司层次的变革主要与以下内容有关：组织的变革，包括组织的使命及其独特的特征、组织结构的重新设计等；战略变革，包括企业发展战略的制定与修改，如何对公司的业务组合进行管理等。企业变革的公司层次的内容通常包括以下三个方面：

1. 组织的变革

引起组织变革的因素一般有：①企业外部经营环境的变化。例如产业结构调整、科学技术发展引起产品和工艺的改革、国际国内市场需求的变化和竞争加剧等等。组织结构往往是实现企业战略的手段，企业外部环境的变化，必将要求企业组织做出适应性的调整。②企业自身成长的需要，根据企业生命周期理论，企业在创建后，由于外部及本身的原因，企业必然要争取成长壮大。例如，小型企业成长为中型或大型企业；单一品种企业成长为品种多样化的企业；单一厂型企业发展成为多厂型的联合企业或企业集团；生产简单产品的企业成长为生产高技术产品的企业，等等。在这种成长过程中又经历不同的生命周期阶段。③企业内部环境条件的变化。主要的条件有：第一，技术条件的变化。例如，企业实行技术改造，设备的机械化、自动化水平有很大提高，引起集中控制的要求和技术服务部门的加强；高、精、尖、新产品的投入，引进技术、生产、营销等管理部门的深刻变化和调整等等。第二，人员条件的变化。例如，人员结构和素质的变化，如青年职工、高文化员工比重的增加，使人员的工作态度、作风、期望、价值观等发生变化，从而影响到组织、结构、权力系统、奖惩制度的修改。第三，管理条件的变化。例如，推行各种现代化管理新方法，实行计算机辅助管理（IT/IS），推行现代企业制度的法人治理结构，等等，从而要求企业组织做出相应的改革。

组织的变革经常能在组织的结构变化上体现出来。例如，当企业刚成立的时候，一般采用的是简单直线型或职能型组织结构（见图4－1、图4－2）：

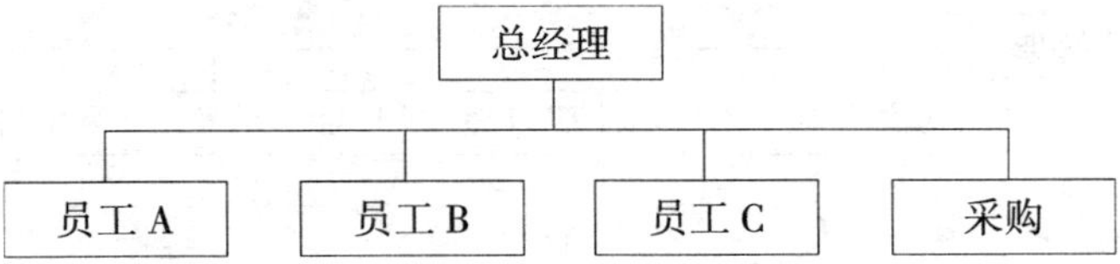

图4－1　简单直线型组织结构

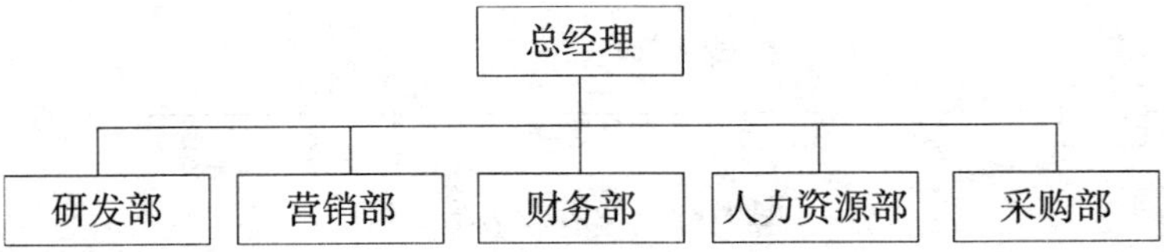

图4－2　职能型组织结构

当企业规模进一步壮大时，企业开始考虑采用分权制的组织结构形式，例如事业部型组织结构（见图4－3）：

在一些技术知识密集型企业中，为了对客户和外界环境的变化迅速做出反应，满足市场的多样性需求，在组织变革时经常会采用一种矩阵型组织结构（见图4－4）。

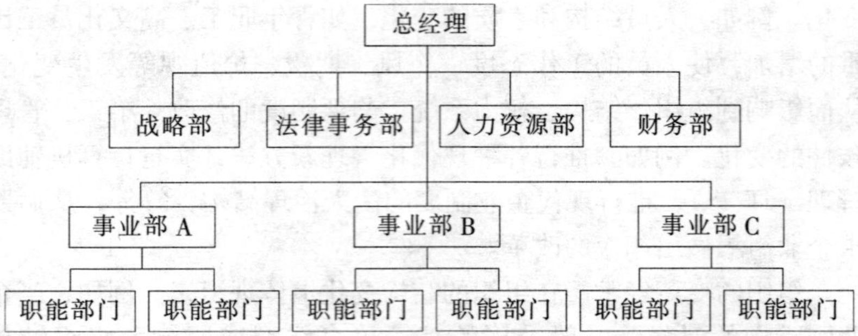

图 4－3　事业部型组织结构

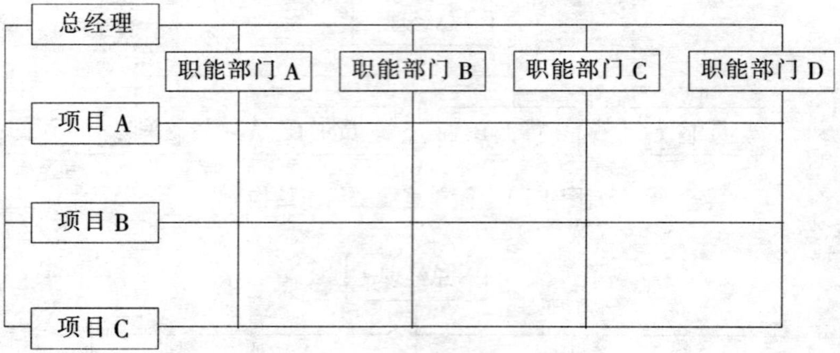

图 4－4　矩阵型组织结构

例如，笔者曾经调查过广州一家知名的建筑设计企业，其原有的组织结构按照传统的专业所模式设置，如图 4－5 所示：

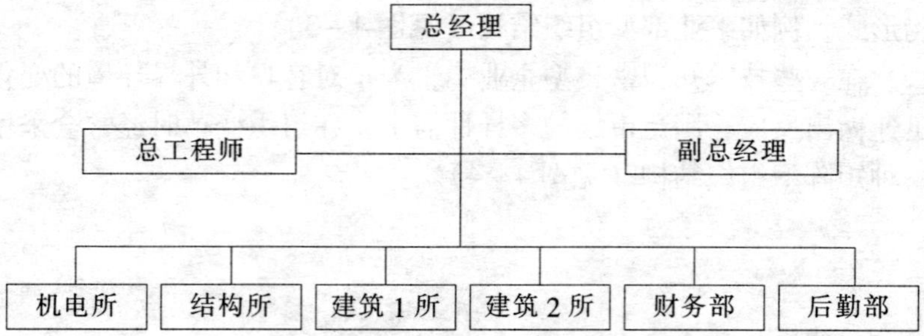

图 4－5　专业所组织结构

后来因为市场变化迅速和开拓外省市场，该公司决定对组织结构进行重大变革，其调整后的组织结构如图 4 –6 所示：

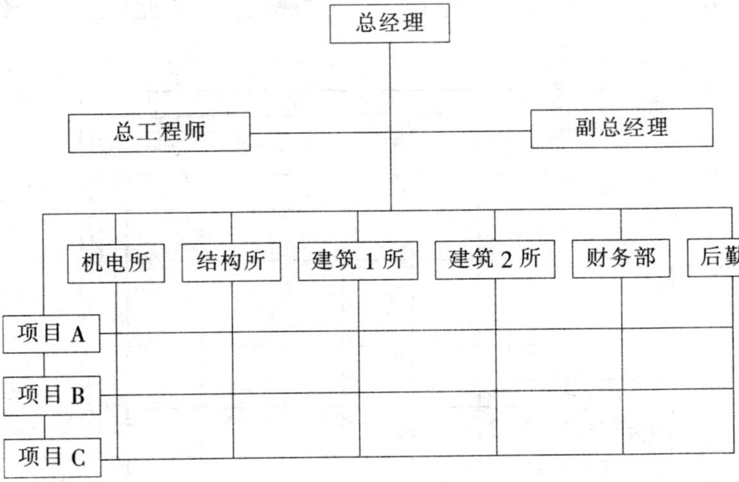

图 4 –6 项目经理制组织结构

项目经理制属于矩阵型管理模式，吸收了职能型和纯项目型的优点，发挥职能型的纵向优势和项目型的横向优势，把职能原则和对象原则有效地结合起来。在目前市场环境下，对中等规模的建筑设计院，以项目组为中心、专业所为基础、管理职能为支持，采取矩阵型管理模式具有多方面的优势，对较大规模的建筑设计院同样可以在划分责任中心的基础上采用矩阵型管理模式。由于成立以项目为中心的项目组，从运营机制上明确树立了以顾客为中心的架构，也为项目管理手段和方法的运用提供了基础；项目负责人自主选择设计人员，使得设计院最重要的资源即人力资源在设计院内部向市场化配置方向迈出了重要的一步。而有效系统的部门管理指标可以使管理部门深入生产一线，减少管理的层次性和重叠性，培养整体的团队精神。

随着企业规模的进一步扩大，形成规模庞大的集团型跨国或跨地区企业，这时候在一个企业的组织结构中经常会存在三种（或三种以上）的管理机构。其中包括：①按产品或服务项目划分的事业部，是产品利润中心；②按职能划分的参谋机构，是专业成本中心；③按地区划分的管理机构，是地区利润中心。立体多维组织结构适用于体制健全的跨国或跨地区的规模庞大的企业集团，如图 4－7 所示：

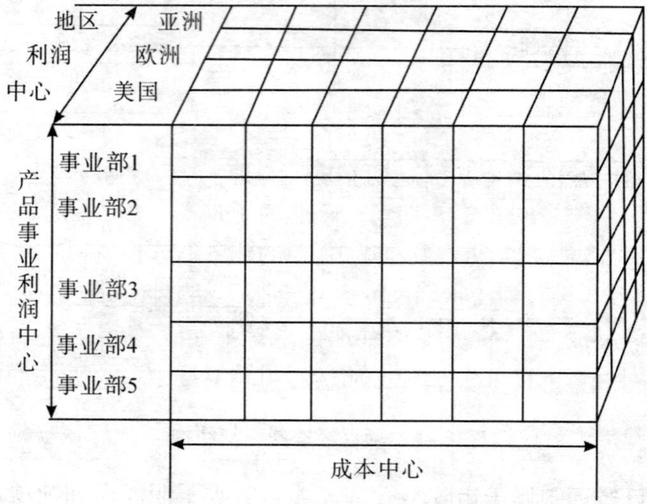

图 4－7　立体多维型组织结构

进入 20 世纪 90 年代以后，知识经济在全球兴起，人们开始注意到传统的企业与企业内组织形式已经难以适应知识经济这一新的经济形态的需要。加上信息通信技术的发展，一些企业开始采用网络型虚拟组织结构，它是指一些相互独立的业务过程或企业等多个伙伴以信息技术和通信技术为基础，依靠高度发达的网络将供应企业、生产企业、消费者甚至竞争对手等独立的企业连接而组成的暂时性联盟，而每一个伙伴各自在设计、制造、分销等领域为联盟贡献出自己的核心能力，并相互联合起来实现技能共享和成本分担，以把握快速变化的市场机遇。虚拟型组织结构如图 4－8 所示：

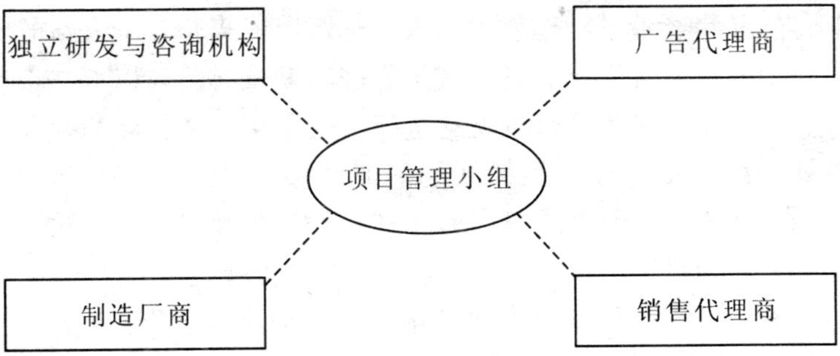

图4－8 虚拟型组织结构

随着企业之间竞争的加剧，企业为了提高对顾客需求的反应速度与效率，建立以业务流程为中心的组织结构，特别是 Michael Hammer 和 James Champy 在 1993 年出版了经典性著作 *Reengineering the Corporation* 之后，流程再造理论全球盛行。流程再造的核心是面向顾客满意度的业务流程，而核心思想是要打破企业按职能设置部门的管理方式，代之以业务流程为中心，重新设计企业管理过程，从整体上确认企业的作业流程，追求全局最优，而不是个别最优。

2. 战略的变革

客观环境的不确定性会直接导致企业的经营风险。有统计数据表明：10 年前，《财富》杂志 500 强的企业中有 40% 已经从名单中消失；1970 年，500 强中 60% 的企业已经榜上无名；1900 年，道琼斯指数上榜的 12 家企业中只有通用电器（General Electric）一家还在经营。大部分企业没有顺应社会进步和产业发展的大潮而进行大胆而成功的变革，以保持企业生存和发展的动能，从而逐步走向衰亡。

战略管理大师迈克尔·波特认为，战略的本质是抉择、权衡和各适其位。长期以来，管理领域无法给战略下唯一的定义，这个词被模糊不清地以不同的方式使用着。一般认为，战略具有五个方面的含义：计划（plan）、谋略（ploy）、范式（pattern）、定位（position）和视角（perspective，或称思维模式）。企业的战略发展过程就是不断对内外条件变化进行动态平衡的过程。当企业外部环境尤其是所从事行业的业态发生较大变化时，或当企业步入新的成长阶段需要对生产经营与管理模式进行战略调整时，或以上二者兼有时，企业必须对内外条件的变化进行战略平衡，选择新的生存与成长模式，以推动企业发展模式的战略转型。贝克哈德（R. Beckhard）认为它是“企业组织在形式和结构上发生的根本变革”。莱维（Levy）和莫瑞（Merry）认为企业战略转型是“涉及组织核心流程、精神意识、创新能力和进化”的全面飞跃。巴图克（J. M. Bartunek）认为它是“一种范式的转换，是一种对自我认识方式的转变，是组织的再生”。博西迪（L. Bossidy）和查兰（R. Charan）认为企业战略转型“是一种经营模式的变革”。威廉姆·金认为它是“通过改变企业组织中大多数人的行为来实现奇迹般提高组织绩效的过程”。

战略转型是从一种战略向另一种战略的转变。其中，战略可以是业务、逻辑、模式、能力等。例如，从红海到蓝海的战略逻辑的转变就是战略转型；史玉柱从脑白金业务转向征途网游业务是战略转型；海尔从家电制造商向营销贸易型的能力转型属于战略转型；吉利汽车从低端产品向中端汽车产品的转变也属于战略转型。从国外经验看，无数个成功的大公司及其领导者都经历过企业战略转型。如成功从计算机硬件提供商向IT综合服务提供商转型的IBM公司经过战略转型，企业发展方向更加清晰明确，竞争力空前提高。

（1）企业战略变革的动因。

①基于生存原因的战略变革。当企业面临困难或是遭遇发展瓶颈、希望摆脱现状时，对战略变革的需求最为强烈，企业管理者为使企业焕发生机，而重新培育企业的核心专长，开始进行企业战略转型工程。劣势转型较优势转型要复杂得多，困难会更大，任务会更艰巨。在企业决定转向新的发展目标和模式时，不但有战略选择的风险，同时也面临与原有的业务、组织形式以及企业文化等各方面的冲突，因此企业转型是一项充满挑战性的工程。

②基于增强企业活力的战略变革。很多中小型企业会碰到这样的情况：虽然高层管理人员不断强调全新愿景，却总是停留在语言

上，不能转化为实际的行动。如何使企业的战略深入人心、留住优秀人才，就成了这些企业战略转型的重要内容。

③基于新的商业赢利模式而进行的战略变革。很多电子、汽车和化学行业企业的转型就是出于这个原因，在市场份额和公司规模已经达到一定程度时，公司发现其利润回报、股票价值并不令人满意。这些公司，往往选择舍弃低成本产品，而转向创新性的、差异化的产品，或是专注于某些快速成长的市场。

④基于并购重组的战略变革。并购重组后，对整个公司的运营实现顺利磨合，是一项十分具有挑战性的工作。一旦执行不力，往往会出现“机构麻痹症”，让有价值的客户和优秀的员工失去信任和耐心。这时，就必须对组织机构实行重新设计和业务流程再造。

⑤基于应对本土市场上的行业格局剧变的战略变革。许多企业常常面临着市场的供求逆转、大量外资巨头进入市场或新业务模式的情况出现，企业不可避免地要加入激烈的成本竞争，同时也必须根据对客户需求的清晰划分来实现产品差异化。在零售业和中介服务行业，这种情况比较常见。

⑥基于技术的战略变革。信息技术的快速发展常常带来行业的新的赢利模式的出现，原有的竞争优势会一夜间荡然无存，例如数码技术的出现导致民用胶卷行业的灭顶之灾，行业领袖柯达公司也因此举步维艰，正在进行着基于技术的战略变革。

（2）企业战略变革的类型。

①根据企业战略转型时所处的状态，企业战略转型可分为“优势转型”与“劣势转型”。所谓优势转型，是指企业于经营高峰状态时，提前预见和把握未来的机会及威胁，进行主动的战略转型。所谓劣势转型，则是指企业于经营困境时，为使企业焕发生机而进行的战略变革。

②根据企业发展方向和经营领域的改变程度，企业战略转型主要有两种形式：一种是顺势转型，一种是产业跳跃式转型。企业通过向相同或相关行业实施价值链延伸和转移，如企业通过联合和兼并、开展相关多元化经营等活动实施转型行为就是顺势转型的典型形式。例如，IBM 从 PC 制造企业向系统服务商的转型。与 IBM 公

司形成鲜明对比的是上海永生股份公司完全退出制笔行业转向信息产业。这种跳跃式转型会造成企业战略实施的复杂性加剧，因为它需要企业的使命发生根本变化，并要重新集聚所需资源，重新形成管理技能和产品开发技术。

③按转型操作的实施节奏，企业战略变革可以分为全面重建式和重点突破式两种。全面重建式变革是指企业整个管理系统结构和运行机制同时进行大规模的调整，力求一步到位。而重点突破式变革是指企业先从某一关键环节开始入手进行改造，进而逐渐带动整个企业的战略变革。

（3）企业战略变革的要点。

①网络化管理。传统公司的组织体系就像金字塔一样，由普通员工到管理人员层层堆砌而成，居于塔尖的就是决定公司命运的CEO。与此相反，21 世纪企业的组织体系则更多地带有 Web 特征：公司雇佣、战略合作伙伴、外部合同员工、供应商与客户通过各种各样的协作关系，错综复杂而又平等有序地链接在一起，链中的每一个环节都相互依存。同时，将生产与营销的所有环节完全集于一身的公司将少之又少，公司将更倾向于在包括从产品研发，到制造与营销在内的各个环节上，寻求公司以外的援助。对这些由战略合作伙伴、原材料供应商、合同员工及自由职业者构成的复杂网络的管理，将与公司内部业务运营的管理同等重要，实际上，这二者之间有时根本无法加以区分。在这个错综复杂的网络内，尤其是对外部人员，根本无从分辨哪一个环节隶属于哪一家公司。

②消除固定模式。对于成功的企业来说，原有的成功模式往往根深蒂固，需要重新检讨。从某种意义上讲，21 世纪的公司并没有理想的固定模式，有些公司可能是完全虚拟的，所有业务运作完全依赖于网络中的供应商、制造商及分销商，而有些公司的虚拟化程度则要差一些；部分最成功的公司可能是一些非常小的专业公司，但另一些组织体系略微复杂，规模、业务范畴更为宽泛的公司也同样存在着成功机会。因此，企业的管理者应该消除那种寻找理想的固定商业模式。如喜临门集团从为国外品牌 OEM 服务转向在国内市场经营自主品牌。这一战略转型使得原本以外贸订单管理和

代工为导向的战略性模式，如品质控制、产能管理、零库存管理、报关订舱、技工的招聘培训等在新的经营战略方向下，失去了原有的战略性价值。而设计研发、渠道规划与开拓、客户关系管理、新产品推广、物流体系构建等方面的战略整合模式却变得十分重要。

③借助新技术来整合竞争力。先进的技术可使企业的每位职员抓住每一个稍纵即逝的业务发展机会，同时每位员工也均肩负着使企业保持市场领先地位的责任与压力，这就需要企业通过各种形式的网络，将员工的设想整合到业务发展之中，企业还将借助 Web 化管理进一步将企业以外的设计人员、模具制造商、产品制造商及分销商整合到一起，共同完成特定的工作。而且新兴的技术将使来自不同国家与地区的员工与外聘人员，无须借助翻译就可通过在线途径顺利交流。一家在美国注册的公司可以在斯里兰卡进行软件开发、在德国进行工程设计、在中国进行生产，其中的每个环节都通过网络无缝连接在一起。技术的核心就是人们今天所称的数字化。简而言之，数字化就是将人们的手与脑从大量重复性劳动中解放出来，交由计算机与网络，数字化可以节省大量时间及人力物力，并能够极大地提高业务处理速度与效率。

④生产物流数字化。这一迅速涌动的信息化潮流将逐渐改变公司的业务与管理模式，订单处理的电子化，能够使订单处理完全脱离电话联络与纸制票据，“虚拟财务决算”系统可使公司主管借助语音命令通过计算机或移动电话实际了解公司的销售与利润指标。网络化的潜力在传统经济领域普遍存在，它渗透于每一个行业内、每一个生产流程中。一家公司的规模越大，开销越大，由此带来的效益也就越明显。未来数年中，网络给传统公司带来的效益将尤为显著。在有着创新意识的公司主管手中，即便是那些最古老的行业也同样能够通过全新的管理模式显著地提高效率。

⑤公司层次的变革战略实施类型。其一，稳定战略。这种战略尽力使企业保持平静和稳定，并不对企业的产品和市场作出剧烈的突然变化。其二，成长战略。大多数的企业都希望自己能在市场中不断发展和壮大，因而不断采取基于业务专业化或业务多元化的发展策略以获得营业额和利润的增长。这种战略主要通过企业内部的

有机增长来达到企业发展的目的。其三，投资组合扩张战略。与成长战略相对应的是投资组合扩张战略，其主要手段是通过兼并、联合企业或者收购使企业获得发展。其四，减缩战略。减缩战略主要是在企业处于增长衰退的困境中时采用，其通常的做法是将业务剥离、减少雇员的数量和相应的活动以达到减少成本的目的，减缩战略的实施经常伴随着组织的重构。

除此之外，公司层次的战略还有收获战略和将前面几种战略联合起来使用的联合战略。

企业在战略转型过程中要对其治理机构进行深入解析和研究，以提高企业的治理水平。当前企业最大的治理转型问题有很多表现形式，一是创业时的不规范带来的治理失衡问题，二是因为合作伙伴、创业元老、技术和管理骨干等的产权比较优势变化带来的治理失衡问题，三是因为企业做大需要现在的企业制度建立需求问题。其中第二条非常关键，对处于过冬期的企业来说，这时往往容易出现“反水出走”现象，越困难的时候矛盾越激化。

（4）企业战略转型的风险。

①政策法律的风险。转型战略能否成功在一定程度上取决于国家的相关法律和政策，如国家对于土地控制、能源消耗、环境保护、信贷税收等政策甚至关乎企业转型的生死存亡。国家对于企业拟介入转型业务领域的程度和方式的限定与变数、对于部分政策条款的逐步明朗化、对于某行业的改革重组等对企业转型和企业战略发展方向的影响将是巨大的。企业面对政策法律的风险，必须仔细研究并能够成功预见、规避与有效释放。

②企业战略定位的风险。企业在实行转型的过程中，其转型前后的业务无论是在内涵上还是在外延上都存在一定差异。尤其对于历史悠久、业务成熟、平台稳定、广大客户熟悉甚至认可度较高而事实上危机四伏的业务无论向全新的还是相关的企业定位推进，出资人、管理层到操作层、客户端能否在较短的时间内接受，也是一个值得深思的风险问题。

③观念转变的风险。转型是战略层面的一种选择，基层企业和员工对此并不十分理解。企业经过宣传和组织大讨论，短期内员工

对于转型的重要性与必要性可能会有初步的认识，但真正树立与企业转型相适应的全新理念，尚需要一个过程。如果大多数员工在理念上不能适应转型的要求，那么转型的实践将不可避免地会受到影响。

④人力资源配置的风险。理论上拟转型的企业多是老企业或大中型企业，其员工人数多，人力资源组成参数复杂，绝大多数员工面临技术、观念、思维等方面的挑战，大多数企业不可能像外国企业那样采用市场化的简单手段，对原有人力资源进行有效、和谐的配置面临较大的风险。例如，家族企业在战略转型过程中，经常会遇到人力资源匮乏的问题而导致变革无法顺利实施下去。

3. 企业文化的变革

企业管理变革最终是企业文化变革，企业文化主要包括企业员工群体的行为规范和共同的价值观。行为规范是指通常的或普遍的行为方式，共同的价值观是指企业大多数人共同关心的重要问题和目标，它决定着这个员工群体的行为方式。管理变革必须落实到人的行为改变，所以管理变革最终是文化的变革。

企业文化变革的动因有：

（1）企业战略变革。企业战略必须随市场竞争不断进行调整，每一次大的战略变革都会对企业产生很大的影响，企业成员对战略的认同和参与度，取决于核心价值观的标准，所以新的战略需要有新的企业文化支持，在这种情况下，企业文化变革往往会伴随战略的调整而进行变革。

（2）企业危机出现。吴晓波的《大败局》一书剖析的10个企业失败案例，其原因虽然各异，但企业文化缺乏创新是主要原因之一。每次企业出现危机时，例如经营危机、财务危机，人们都很容易对企业文化产生怀疑，而这时恰恰是企业最需要文化支持的时候，此时企业领导人最喜欢导入新的企业文化理念，重塑员工的信心，从而渡过企业危机。

（3）原有的企业文化已经不能使企业适应外部环境的竞争。企业文化是企业成员生存的环境，它是调整企业和外部环境使其相适应的途径，因为企业文化本身具有延续性，一般企业文化需要在适当的时候进行创新，特别是在外部竞争环境发生变化时，企业文化创新就必须提上日程了。王安电脑公司曾经非常成功，但它死抱着过去成功的思考方式和做事方式不放，没有及时改变自身的文化，以适应变化中的市场需求，最终导致该公司的衰亡。因此，对外部环境的不适应性是企业改变文化的主要原因。波音公司在1999年曾经面对严峻的市场形势，便把改变保守的企业文化作为公司所要解决的主要问题。施乐新任总裁安妮·马尔卡希为了清除施乐文化体内抵制外来变化的毒瘤，在2001年提出要彻底改变施乐文化。企业今天的辉煌并不意味着明天的成功，因为外部环境是复杂多变的，而企业现存的文化是企业适应过去的市场环境的产物，在新的市场环境中它就可能因不适应而成为企业前行的沉重负担。正因为这样，企业应时时关注外部环境的变化趋势，分析现有文化是否适应外部环境，一旦不适应就要考虑改变文化。改造企业文化必须符合外部环境尤其是市场环境的要求，否则将会弊大于利。

4.1.2.2 企业变革的功能层次

企业变革的功能层次主要考虑的是独立的业务功能和过程，例如，在财务、营销、制造、技术及人力资源等方面如何组织自己以便不仅取得自己的目标，而且能保证它们与业务的其他部分整合为一。在企业的实践过程中，在特定的时间内企业有时只在功能层次上进行变革，如我国某些家电企业（如乐华电子）在2002年内曾专门对其营销功能进行了变革，从以前的设立专门的营销公司转变为采用销售代理制以求提高效率和节省销售成本。

4.1.2.3 企业变革的业务层次

业务变革层次的内容与企业集团的每一个独立业务的动作和方向有关，它主要考虑的内容是企业应该如何在独特的、可确认的和战略上相关的市场上进行竞争定位，如差异性、低成本等，同时它需要分析企业应该对哪一类顾客群体提供哪些类型的产品，如何在构造和管理业务的内部方面支持它所选择的竞争方法。与业务层次变革相适应的战略主要有根据迈克尔·波特的竞争理论而得出的三种竞争战略：

（1）成本领先。这种战略的目标是在不降低可比较的产品质量的情况下来达到比竞争对手更低的成本。而企业达到这一点需要市场有较大的销售容量，使组织能够以达到规模的方式建立结构。

（2）产品差异化。这种战略的目的在于努力达到在行业范围内确认提供的产品和服务与其他的供应商相区别。这可以通过特殊品牌形象的设计、技术特征、顾客服务或更高的质量来实现。进行产品差异化可确保顾客的忠诚而使自己与竞争对手相区分。

（3）集中专业化。在这种战略的情况下，企业往往只集中于特定的市场，如特定的产品市场或地理区域市场。

4.1.2.4 企业变革内容各层次特征的比较研究

如果从变革的范围及方式或手段上来对其进行比较可能会有助于我们更好地对变革的层次性进行理解。

表4－1 企业变革的层次性

变革的层次	变革的范围	变革的手段或方式
技术层次	企业的生产流程，涉及产品或服务的生产技术	工作方式、工作装备或工作流程
产品或服务层次	独立业务层面，提供新产品或服务	经常是自下而上的变革方式
战略与组织结构层次	组织结构、战略管理、企业政策、报酬系统等具有系统性的特点	经常是自上而下的变革方式
人员与文化层次	员工价值观、态度、信仰、能力、行为等	经常是自下而上和自上而下的变革方式

有关企业变革在公司层次、业务层次和功能层次的范围、手段或方式及战略选择等方面的差异性如表4－2所示：

表4-2　企业变革各层次的差异性

变革的层次	变革的范围	变革的手段或方式	变革的战略选择
公司或企业层次	组织结构、业务组合与选择及公司战略调整，具有全局性特点	综合性和制度性	稳定战略、成长战略（企业内部增长）、投资组合战略（企业外部长期增长）、减缩战略、收获战略、联合战略
业务层次	独立业务层次，具有局部性特点	单一性市场定位与竞争方法的选择	成本领先战略、产品差异化战略、集中专业化战略
功能层次	营销、财务、研发等涉及企业某一专业化功能的变革	通过企业独立的组织功能和过程来实现，并与其他业务功能整合为一体	功能与业务的具体组合

从企业对变革管理所采取的对策来看，变革管理意味着对变革做出相应的反应。例如，针对竞争对手推出新产品或服务，企业则相应地推出更好的产品或服务。

4.1.2.5　实践的检验——关于企业变革内容层次的统计分析

在企业的实践过程中，许多企业在其不同的发展阶段进行各种不同类型的变革，为了便于比较在企业的实践活动过程中在其不同的发展阶段变革内容层次上的差异性，我们随机抽取了中外40家制造业企业为样本来进行比较，这40家企业如表4-3所示：

表4-3　企业变革内容层次抽样样本

企业名称	企业的增长速度	企业变革的应对层次	时间跨度（年）
联想	增长衰退	被动式应对	2001—2009
健力宝	增长衰退	被动式应对	2002—2008

（续上表）

企业名称	企业的增长速度	企业变革的应对层次	时间跨度（年）
熊猫电子	增长衰退	预测式应对	1996—2000
万和燃气	增长衰退	被动式应对	2002—2008
美的电器	高速增长	预测式应对	2001—2003
中兴通信	增长衰退	被动式应对	2002—2008
海尔	稳定增长	预测式应对	2001—2008
太太	增长衰退	被动式应对	1996—1999
小鸭电器	增长衰退	被动式应对	2002—2003
乐华	稳定增长	被动式应对	2002—2003
创维电器	负增长	被动式应对	2002—2003
科龙	负增长	被动式应对	2001—2003
哈药	增长衰退	被动式应对	2001—2002
长虹	增长衰退	被动式与预测式应对	2001—2003
东风汽车	增长衰退	被动式应对	2001—2003
美菱电器	增长衰退	被动式应对	2002—2003
太阳神	高速增长	被动式应对	1993—1995
正泰集团	高速增长	预测式应对	2002—2008
咸阳偏转	增长衰退	被动式应对	2002—2003
实达	高速增长	被动式应对	1996—2003
全兴	增长衰退	被动式应对	2002—2003
联合利华	稳定增长	预测式应对	1980—1997
康柏	增长衰退	被动式应对	1991—1993
惠普	增长衰退	被动式应对	1996—1999
可口可乐	稳定增长	预测式应对	1999—2002
摩托罗拉	增长衰退	被动式应对	2000—2003

（续上表）

企业名称	企业的增长速度	企业变革的应对层次	时间跨度（年）
伊莱克斯（中国）	负增长	被动式应对	1996—2002
微软	稳定增长	预测式应对	2002—2003
通用电气	稳定增长	预测式应对	1984—2008
柯达	稳定增长	预测式应对	2001—2008
太阳微电子	增长衰退	被动式应对	2001—2003
戴尔	高速增长	被动式应对	1992—1993
索尼	增长衰退	预测式应对	2001—2003
富士通	增长衰退	被动式应对	2001—2003
日立	增长衰退	被动式应对	2002—2003
日产	负增长	被动式应对	1999—2003
松下	负增长	被动式应对	2001—2003
三星电子	增长衰退	预测式应对	1999—2008
现代汽车	增长衰退	被动式应对	1999—2008
ACTION 公司（丹麦）	高速增长	领导变革	1988—1992

从表 4－3 提供的信息中我们可以得出如下统计信息：

表 4－4　绝对数字统计结果

企业增长速度	数量	公司层次	功能层次	业务层次	多种层次
负增长	5	5	3	5	5
稳定增长	7	3	1	6	3
增长衰退	23	14	9	22	16
高速增长	5	4	1	3	1

表 4－5 相对数字统计结果 单位:%

企业增长速度	数量	公司层次	功能层次	业务层次	多种层次
负增长	0	100	60	100	100
稳定增长	57	43	14	86	43
增长衰退	22	61	39	96	70
高速增长	40	80	20	60	20

从表 4－4、表 4－5 的数据中我们可以得出如下结论：

（1）在企业变革的实践过程中，企业的变革内容是分层次的，虽然很多企业的变革是多种变革层次的组合，但也不能排除一部分企业在变革的活动过程中仅仅采用单一的变革层次。从表中的统计结果来看，负增长的企业全部采用组合式变革内容层次。而在稳定增长企业中，57% 的企业采用的是单一的变革内容层次，在增长衰退和高速增长企业中这一比例分别为 22% 和 40%。

（2）面临经营困境的企业，如表中的负增长企业和增长衰退企业在其变革的实践中，多采用三种变革层次的组合，这说明当企业面临困境时，企业的经营战略、业务组合、功能层次（如生产和营销）和业务的竞争定位及战略的选择都会发生相应的变化。

（3）高速增长的企业变革的重点集中在公司层次和业务层次，其比例分别为 80% 和 60%，这是因为高速增长的企业需要进行制度的规范与完善，同时在业务的专业化与多元化之间作出选择，而在实践过程中，大部分企业曾经涉足过多元化经营。

（4）从时间跨度上来看，如果变革的时间越长，变革内容层次的组合性就越强。在较短的时间内企业变革可以只有一个层次，但如果变革的时间超过 1 年，企业变革的内容层次进行组合的可能性就越大。

（5）笔者的观点：企业在实施变革之前，一定要先对企业所处的境况进行必要的分析，在对企业所要解决的问题进行研究时应判断其需要变革的内容属于哪些层次，在变革的过程中需采用何种变革内容层次的组合。

4.2 企业变革应对层次上的比较研究

4.2.1 企业变革应对层次上的界定

在竞争日趋激烈的环境中，一个企业要想立于不败之地就必须适应日新月异的技术和市场的变化，企业的变革能力至关重要。在现实的经济活动过程中，企业变革的应对层次有三种，如果按照美国学者普拉哈拉德和哈默尔在其著作《竞争大未来》中的说法，可以将现有的企业分为三类：第一类企业是把顾客引向他们未发现之处的企业，这种企业潜心于满足顾客未发现的需求；第二类企业是聆听顾客的意见后，对顾客明确表达出来的需求做出反应，这种企业多是那些致力于满足顾客表面需求的企业；第三类企业是引导顾客走向想去之处但尚不知去何方的企业，这类企业是那些满足顾客潜在需求并创造顾客价值的企业。与此相适应的是企业有三种应对战略：①竞争现有产品市场份额。这种战略多以产品和服务去满足已有的顾客的表面需求，是一种被动的应对层次，为了竞争市场份额，企业之间往往不惜以激烈的价格战和低利润为代价。②竞争核心产品，实际上是一种核心专长的竞争。这种竞争可以被视为预测式应对层次。它是以未来有发展前途的产业做赌注的。③竞争知识上的领先地位。企业可以通过丰富顾客价值来整合顾客的价值链，以扩大自身在顾客价值链上的份额，为最终赢得顾客打下坚实的基础。这种应对竞争环境的方式可以被看做是领导变革的方式，就像英特尔公司通过不断推出高速度的微型中央处理器来进行竞争一样。

从企业对变革管理所采取的对策来看，变革管理意味着对变革做出相应的反应。例如，针对竞争对手推出新的产品或服务，企业则相应地推出更好的产品或服务。另外，肖纳·L. 布朗（Shona L. Brown）和凯瑟琳·M. 艾森哈特（Kanthleen M. Eisenhard）在其合著的《边缘竞争》一书中也提出了企业应对变革的三个层次，

如图4－9所示：①

	变革的层次	事件		战略
高	领导变革	·创造新技术及新产品 ·开发新市场 ·提高行业的服务水平 ·重新定位顾客的期望值 ·加快整个行业的产品生命周期	→	迫使市场上其他企业采取跟随战略
↑	预测变革	·产品市场的全球化 ·开发新的细分市场 ·全新概念的新技术的出现	→	提前准备好各种资源（例如，确定投资合作伙伴，雇用合适的具有跨文化知识的员工及熟练掌握金融贸易技巧等）
低	对变革做出被动反应	·竞争对手推出新产品 ·政府的新政策 ·顾客的潜在需求	→	·推出更好的新产品 ·利用变革时机，推出新的服务项目 ·重新包装现有产品

图4－9　企业应对环境变革的层次分析

从图4－9中我们可以看出，在应对环境的变化中有三种变革层次，第一种是仅仅对环境的变化做出被动的反应，这是一种防守型战略，一般来说，它不太可能创造出新的市场机会，却是一般企业对付环境变革的有力武器，如企业之间的价格战。变革的第二个层次是对变革的预测，通过预测，我们能够更好地了解未来可能发生的情况，并为企业未来的定位做好充分的准备。与对变革做出被动的反应类似，预测变革仍然是一种防守型战略，它仍然来源于外部因素的驱动。变革的第三个层次也是最高的层次，是领导变革。

① ［美］肖纳·L. 布朗（Shona L. Brown），凯瑟琳·M. 艾森哈特（Kanthleen M. Eisenhard）. 边缘竞争［M］. 北京：机械工业出版社，2001.5

企业通过领导变革来迫使市场上的其他企业做出被动的反应。领导变革的具体措施有许多种，例如开发新市场、提高整个行业的服务水平、重新定位顾客的期望值等等。领导变革意味着走在变革的前面，甚至是改变竞争游戏的规则。在 IT 市场上，如像英特尔公司这样的企业，总是不停地领导行业的变革，主宰着整个行业的变革频率和幅度。

从变革的方法上看，美国企业发展集团的丽莎·佛里德曼（Lisa Friedman）和赫尔曼·基尔（Herman Gyr）在其合著的《企业活力》一书中提出了企业变革的三层次论：整修、持续改进、转变或突破（见图 4-10）。①

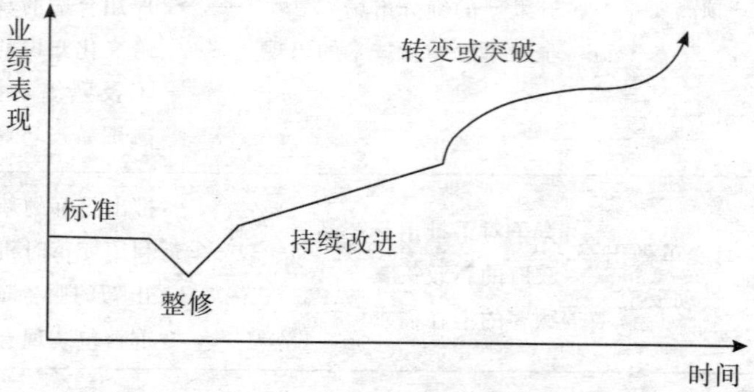

图 4-10　三个层次上的变革必要性

整修是对企业的某一方面进行必要的转变来使企业回到其理想的状态；持续改进是在增值和跨职能的基础上达成改良的共识，其范围比较系统和广泛；转变或突破对于企业来说是一种引发企业整体发生变化的变革，如企业组织和文化等。

4.2.2　企业应对层次内容的具体分析

尽管不同的学者对企业应对变革的层次做了不同的分析，但笔者认为企业应对变革的层次有三种：被动式变革、预测式变革和领

① ［美］丽莎·佛里德曼（Lisa Friedman），赫尔曼·基尔（Herman Gyr）. 企业活力［M］. 北京：北京工业大学出版社，2000. 135

导式变革。下面将对这三种不同变革的应对层次内容进行具体的分析。

1. 被动式变革

一个企业在激烈竞争的市场上会有许多因素左右其行动，按照迈克尔·波特的观点，供应商、竞争对手、潜在的竞争对手、顾客需求和替代品等因素会威胁到企业的生存。许多企业只看到顾客的表面需求，而对于顾客潜在的需求没有做仔细的分析和研究，或者对于竞争对手采取的竞争政策缺乏应对措施，当竞争对手采取诸如价格战之类的竞争策略时，就不得不被动迎战，在市场上处于极度被动的状态。企业采取被动式变革的另一种情形是由于企业的过度扩张导致企业处于衰退期，企业为了走出困境而不得不变革。以浙江企业为例，在2008年以来的次贷金融危机中，破产的一些浙江龙头企业，无论是飞跃、华联、三鑫还是江龙控股，都是在经济上升期，依靠廉价的土地、资金和劳动力资源大肆扩张、过度借贷，这些企业缺乏相应的产业预见力，因而当经济环境一旦恶化时就难以应付。相反，一些财务稳健、对形势发展有预见性的企业，则能安全渡过这次危机。

2. 预测式变革

一些企业在市场竞争中事先对未来的产业发展方向做出预测，并随之对自己在未来的产业价值链中所处的位置进行事先规划，决定企业的主攻方向。前面我们所分析的通过竞争核心产品来应对未来的竞争便是如此。例如，发动机是打印机的心脏，迄今为止佳能公司是世界上生产这种发动机最多的公司，佳能公司把激光打印发动机销售给苹果、惠普和其他激光打印机制造公司，从而使其核心产品的市场份额远大于其产品品牌的市场份额。再如，当众多的公司生产便携式电脑时，两家日本企业——夏普和东芝公司预见到了平面屏幕的需求量而决定主攻液晶显示器，其结果是1993年夏普公司在液晶平面显示器上的市场份额（接近40%）显著高于其他任何一家电脑制造商的品牌所占有的市场份额。这些都说明了预测式变革要有敏锐和准确的产业发展能力，而这种能力并不是每个企业的领导者都具有的。

3. 领导式变革

领导式变革是那些通过开发新技术、新产品或新服务来改变市场上的竞争游戏规则，并且迫使其他企业不得不采取跟随的被动策略来应对市场的竞争。领导式变革的典型例子是美国的英特尔公司在 CPU 上所采取的变革方法，通过对有名的“摩尔定律”（指每 18 个月 CPU 的运算速度提高一倍，同时生产成本降低 50%）的充分运用，英特尔公司如今成为 CPU 市场上的变革领导者，CPU 的技术壁垒和资本壁垒使得迄今为止只有少数的几家公司涉足这一行业。企业要想成为变革领导者，最好的方法是开发新技术来改变市场竞争的游戏规则，就像微软公司执意要推出 WINTEL 平板电脑来进入手机操作软件领域与诺基亚一决高低那样。如果微软公司推出的 WINTEL 平板电脑能够获得成功，那对手机软件开发商和电脑软件开发商而言又将会是一次严峻的考验，微软也将会因此而成为这一领域的变革领导企业。领导变革的最大不足之处是过分追求新技术与新产品或服务，而当竞争对手绕开既有的技术与产品发展轨迹而另辟新路时，领导变革者将会受到严峻的挑战。例如，在化学成像领域，柯达是传统照相市场上的老大，但当基于打印成像的数码照相技术出现时，柯达并无任何优势可言。

4.2.3 不同应对层次特征的比较分析

不同应对层次的变革具有的变革内容和特点是各不相同的，而对这三种不同的变革应对层次进行比较有助于企业采取相应的适合其自身特点的变革模式。表 4 – 6 是对企业应对变革三种层次的比较分析。

表 4 – 6 企业应对变革三种层次的比较分析

应对层次	变革内容	变革战略	变革性质	优缺点
被动式变革	随竞争对手变化而变化	无明确的变革战略	消极应对	没有预见性

（续上表）

应对层次	变革内容	变革战略	变革性质	优缺点
预测式变革	基于核心专长的变革	有明确的变革战略	主动应对	有预见性，但对领导的判断能力要求较高
领导式变革	基于知识领先的变革	有明确的变革战略	积极应对	能领导产业变革，但当技术飞跃进展时领导变革易因保守而导致失败

4.2.4 实践的检验——关于企业应对变革的统计分析

为了便于对实践中企业的应对层次进行比较分析，我们随机选择了40家制造业企业进行比较研究，相关的资料及统计结果如表4－7、表4－8所示：

表4－7　绝对统计数字结果

应对层次	中国企业	外国企业	稳定增长	高速增长	增长衰退	负增长
被动应对	17	11	1	3	17	5
预测应对	5	7	6	1	4	0
领导变革	0	1	0	1	0	0
总样本数	21	19	7	4	22	5

注：由于一些企业具有两种以上的应对层次，故出现了与总样本数不一致的情况。

表4－8　相对统计数字结果　　单位:%

应对层次	中国企业	外国企业	稳定增长	高速增长	增长衰退	负增长
被动应对	81	58	18	75	77	100
预测应对	19	37	86	25	23	0
领导变革	19	5	0	0	0	0

从表4－7、表4－8中的统计信息我们能够得出如下结论：

（1）从中外企业的横向比较来看，中国企业采取被动式变革的数量和比例明显高于外国企业（其比例分别为81%和58%），而在管理水平较高的预测变革和领导变革上，中国企业与外国企业的差异较大，这也反映了中外企业在企业管理上存在某些差异性。

（2）从企业的发展速度来看，稳定增长的企业由于受市场的压力较小，有充足的时间来对未来的产业发展方向进行思考，因而采用预测的方式来应对变革的比例高达 86%，而增长衰退的企业由于来自市场的压力较大，多采用被动的变革应对方式，其比例为 77%，高速增长的企业其应对层次在比例上与增长衰退企业的相当接近，这说明在企业快速的扩张过程中只有少部分企业充分意识到了未来的产业发展趋势，这反映了不同发展阶段的企业在管理思想上存在一些差异性，负增长的企业全部采用被动式变革应对层次，这表明处于严重困境中的企业其生存已成为其管理者优先关注的焦点所在。

（3）企业应对变革的三种层次并不是孤立和分割的，正如表4－8 中的资料所表明的那样，一些企业在某个变革时段内所采用的应对层次可以是三种变革应对层次的组合，长虹公司最初的应对层次是被动式的，因为严重的亏损迫使其不得不采取降价清除库存的做法，但当其领导者意识到彩电业未来发展方向后，其经营的重点开始转向背投彩电和液晶彩电的发展思路上来，这种重归核心竞争能力的做法表明了其应对层次已经从被动式变革转变为预测式变革。

（4）在现实的经济实践活动过程中，大部分企业采用的是被动的变革应对方式，比例高达 70% 以上，只有少部分企业采取的是预测和领导式应对层次，这也说明了许多企业还没有意识到如何选择应对层次来加强企业的竞争力。

4.2.5 企业预见力与企业变革

4.2.5.1 企业预见力与企业变革的关系

企业预见力是指企业领导者根据客观事物的已知因素以及发展变化规律，凭借个人或者集体的学识与逻辑思维能力，去预见或推断企业或者产业未来发展的才能。例如，2008 年以来的经济危机从表面上来看，是美国次贷危机的波及造成了全球经济发展的放缓、人民币升值、原材料上涨、银根紧缩以及出口退税政策的调整，导致我国制造加工企业陷入了困局。但事实上，其主要原因还是由企业家缺乏预见力造成的，中国企业家缺少国际战略眼光。早在2004年经济最为火暴的时候，就有学者（王曙光，2004）提到未来几年中国经济将面临阶段性的拐点，高能耗、低成本的粗放型增长方式将遭遇能源和原材料涨价的瓶颈制约，民营企业要提前做好转身的准备。现在很多企业认为自己最缺乏的是资金，其实最缺乏的是在市场发生微妙变化的情况下，企业家对经济走向的预见。这种预见是指关注全球信息，找到本企业、本产品与市场之间的共通点。企业家的预见力直接决定企业的寿命有多长。企业的生存环境时时刻刻处于不断变化之中，能与变化的环境共存的往往是那些最佳适应者，所谓适者生存，就是要以变应变，从容应对。而应对变化的动力来自生存者对环境变化趋势的科学预见力，通权达变的前提是，企业必须把事情看透、看得更远。有预见力的企业才能处事灵活自如。所以，企业应先有预见力后有应变力，预见力永远领先于应变力。

40多年前，美国集成电路研发者戈登·摩尔在《电子学》杂志上撰文指出："集成电子是电子学的未来之所在。集成的优势将带来电子学的繁荣，令这门科学渗透到很多新领域。集成电路将带来很多奇迹……"事实证明，他的这一重要的科学预见，设定了芯片行业的未来与发展，最终造就了硅谷乃至推动了信息产业和信息时代的创生。以科技企业预见力为例，当今世界，以科技创新为主导的竞争日趋激烈，推动着全球性科技革命蓬勃发展，科技创新能力已经成为提高国家综合国力和新军事变革的决定性因素和重要基础。世界上许多国家都把科技竞争的前沿推到科技创新领域，从竞争的发展趋势和作用结果上看，科学预见不仅能预测未来世界科技发展前景，而且是科技创新符合时代发展规律、避免"决策失准"的重要前提。试想，如果科学发展和技术创新迷失了正确的方向或偏离了正确"轨道"，就会"差之毫厘，谬以千里"。例如，日本在世界上最早举起高清晰度电视大旗，可在辛勤耕耘20年之后却被美国超越，皆因美国看准了"数字革命"的大方向，几年工夫就以全数字式淘汰了日本的模拟—数字混合式。

4.2.5.2 企业预见力指标体系构建及其模糊定量测度

根据中外学者已有的研究成果，综合理论界学者专家和业界内从业人士的意见，笔者选取了以下五大影响因素来对企业预见力进行模糊综合评价：①技术前景预见力；②产品市场预见力；③经济环境预见力；④消费者价值预见力；⑤产业生态预见力。在权重的确定上，笔者主要采用了频率统计方法，即随机抽样与专家意见结合的方法进行各个影响因素的权重确定。基于企业预见力的模糊不确定性，可运用模糊数学的相关理论对其进行定量描述。

1. 模糊测度模型

因素集 $U=\{u_1, u_2, \cdots, u_n\}$；评判集 $V=\{v_1, v_2, \cdots, v_m\}$；单因素决断 $\tilde{f}: U \rightarrow \varphi(V), u_i \mapsto \tilde{f}(u_i)=(r_{i1}, r_{i2}, \cdots, r_{im})$，由 $\tilde{f}$ 可诱导模糊关系 $\underset{\sim}{R} \in \varphi(U \times V)$，可用一个模糊矩阵 $\underset{\approx}{R}=(r_{ij})_{n \times m}$ 来表示，所以 $\underset{\sim}{R}$ 又可以看成是 $U \rightarrow V$ 的一个模糊变换。故（U, V, $\underset{\sim}{R}$）就构成了一个模糊测度模型。给定 $\underset{\sim}{A} \in \varphi(U)$，在实际应用中即为因素的权重，$\underset{\sim}{A}=(a_1, a_2, \cdots, a_m)$，满足 $\sum_{i=1}^{n} a_i=1$，由 $\underset{\sim}{B}=\underset{\sim}{A} \cdot \underset{\approx}{R}$ 得 V 上的模糊子集 $\underset{\sim}{B}=(b_1, b_2, \cdots, b_m) \in \varphi(V)$。$\underset{\sim}{R}$ 为“模糊变换器”。

2. 实证研究

本研究以某企业为例，组织有关产业专家和资深经济专家，采用德尔菲法对影响该企业预见力状态的五个因素（指标）进行评分并确定权重，如表 4－9 所示。

表 4－9 某企业预见力指标权重与分值表

因素（指标）	技术前景预见力（X_1）	产品市场预见力（X_2）	经济环境预见力（X_3）	消费者价值预见力（X_4）	产业生态预见力（X_5）
权重	0.24	0.05	0.20	0.36	0.15
分值	71	83	67	77	67

因素集（指标集），权重向量 $U=\{u_1, u_2, \cdots, u_5\}$。产业损害状态的影响因素 $A=\{a_1, a_2, \cdots, a_5\}$，对于企业预见力状态等级的隶属度可由下列隶属函数得到：

"优秀状态"，$u_1(x)=\begin{cases}1, & x\geqslant 90\\ (x-80)/10, & 80<x<90\\ 0, & x\leqslant 80\end{cases}$

"较好状态"，$u_2(x)=\begin{cases}(90-x)/10, & 80\leqslant x<90\\ (x-70)/10, & 70<x<80\\ 0, & x\geqslant 90 \text{ 或 } x\leqslant 70\end{cases}$

"一般状态"，$u_3(x)=\begin{cases}(80-x)/10, & 70\leqslant x<80\\ (x-60)/10, & 60<x<70\\ 0, & x\geqslant 80 \text{ 或 } x\leqslant 60\end{cases}$

"较差状态"，$u_4(x)=\begin{cases}(70-x)/10, & 60\leqslant x<70\\ 0, & 0\leqslant x<60\end{cases}$

"非常差状态"，$u_5(x)=1$，$0\leqslant x<60$

对五个影响因素（指标）在企业运行中的重要程度给出相应的权重值，记为权数集：$\underset{\sim}{A}=(a_1, a_2, \cdots, a_5)=(0.24, 0.05, 0.20, 0.36, 0.15)$。基于该问题的实际意义，选用 $M(\cdot, +)$ 算子，即"加权平均型"算子，于是得到模糊子集 $\underset{\sim}{B}$：

$$\underset{\sim}{B}=(b_1, b_2, \cdots, b_5)=\underset{\sim}{A}\cdot\underset{\sim}{R}=(a_1, a_2, \cdots, a_5)\cdot(r_{ij})_{5\times 5}$$

$$=(0.24\quad 0.05\quad 0.20\quad 0.36\quad 0.15)\cdot$$

$$\begin{bmatrix}0 & 0.1 & 0.9 & 0 & 0\\ 0.3 & 0.7 & 0 & 0 & 0\\ 0 & 0.3 & 0.7 & 0 & 0\\ 0 & 0 & 0.7 & 0.3 & 0\end{bmatrix}$$

$$=(0.015\quad 0.167\quad 0.713\quad 0.105\quad 0)$$

由最大隶属度原则可知，$\max(b_1, b_2, \cdots, b_5)=\max(0.015\quad 0.167\quad 0.713\quad 0.105\quad 0)=b_3=0.713$，表明该企业预见力处于"一般"状态。这表明如果企业不采取相应的对策措施，其适应未来的能力将会降低。

有了上述企业预见力模糊预警模型，一方面，企业能用这五种状态数值，对企业预见力状态进行纵向比较，及时制定相应的应对政策与措施；另一方面，该模型还能对各企业间所属预见力状态进行横向比较。

4.3 关于企业变革层次性的简要评价

(1) 对企业变革的内容层次和应对层次分别进行比较分析有助于我们对企业变革活动中的某些观点作出澄清。例如，企业变革并不像西方一些学者所宣称的那样是一种大破大立式的剧烈式变革，迈克尔·哈默和詹姆斯·钱皮在其管理学名著《改革公司——企业革命的宣言书》中就曾极力反对那种对现有的事物进行修修补补而不触动基本结构的渐进式变革。他们认为变革不是搞拼拼凑凑和大杂烩，也不是给现有的制度配备应急装置使它们运营得更好些，变革的真正含义是要抛弃企业长时间以来所运用的工作程序，重新探索为使公司推出新产品、新服务，向顾客提供价值所必需的那种经营活动。通过对企业变革内容层次的比较分析，我们发现许多企业并没有进行公司层次的变革，笔者认为，这些差异可能与时间跨度有关，如果我们从长时期来看企业的变革，其变革的内容将会涉及企业变革的公司层次、功能层次和业务层次，如果我们选择特定的较短的时间段来分析，企业变革的内容也可以只集中在某一个层次上。应该指出的是，企业变革的三个层次很多时候是相互混合，很难区分的，例如，企业在处于危机状态下的变革往往三者皆有，科龙公司的变革便是如此，其变革既涉及企业产权制度方面的变革，如国有股的全部退出，又涉及产品、服务、营销、国际化经营和管理、人力资源和成本等方面的变革。从企业长期发展的角度来看，多会在发展的过程中引发企业三个层次的变革，但在某一特定的短时期内其变革只会涉及某一层次的变革，如联想的变革从 1994 年的职工持股实现企业产权的变革到 2000 年分拆为联想集团和神州数码有限公司，这期间联想的业务从 PC 电脑到投资 FM365 网站，再到后来的大举进军房地产，并向 IT 服务业转型和与AOL合资建立风险投资公司，2002年联想集团受国际IT业萧条的影响，宣布实行末位淘汰制和人员优化，每年按5%的比例裁员。从中我们不难看出，其变革涉及企业变革的多个层次。而企业处于正常时期和短时期的变革，则往往只涉及企业变革中的一个层次，如上海回力公司在上市后的业务多元化的拓展便是如此。

（2）对企业应对变革的层次进行比较分析对于企业的实践活动是大有裨益的。实践的检验数据告诉我们，很多企业根本不知道如何去应对环境的变化，当竞争的环境发生变化时，企业只有消极应对，如减缩开支、降低成本、裁减员工等，如果企业能事先预测到未来产业的发展趋势，采取防患于未然的方式在基于企业核心竞争能力基础上发展自己，或者企业在知识领先的竞争上获取竞争优势来领导变革，那么无论企业所面临的环境如何变化，企业都能够以一种超然的眼光对待每一次变革。

（3）从企业的不同性质来看，国有企业的变革往往是全面的，涉及企业的三个层面，这其中又以产权的变革最为艰难，许多国有或国有控股的企业最初的变革仅仅局限在业务层次和功能层次，但当体制的潜力逐步发挥出来的时候，产权的变革则成为企业变革的最终落脚点，如科龙公司的变革在这方面最为典型。联想集团的变革则由于在产权方面的变革动手较早，因而为以后的发展奠定了一个良好的基础。现在四川长虹的变革也开始回归于产权，为媒体所渲染的MBO便是一例。由此可见，国有企业或国有控股企业在变革层次上有两种变革模式：科龙模式和联想模式。民营企业的变革由于其产权清晰，很少涉及产权的问题，但由于企业在发展壮大的过程中会更多地和资本市场联系在一起，其资本结构会发生变化，新战略投资者的介入会对公司的决策和管理制度化、科学化产生重大影响，如用友软件的上市便是如此。

反观国外跨国公司的变革，涉及产权方面的变革较少，其公司层次的变革主要涉及企业发展战略的调整和组织结构的重新设计，业务层次的变革多为业务的增加与削减，功能层次的变革则集中于营销与人力资源方面。

从公司的发展速度上看，快速发展的企业其变革多集中于业务层次与功能层次，发展速度慢甚至负增长的企业变革多集中于公司层次和业务层次。从企业的规模来看，规模大的企业在公司层次上的变革比较稳定，有一定的周期性，而在业务层次和功能层次的变革则比较常见。规模小的企业的变革极不稳定，多会涉及企业的多个层次的变革。

5 企业变革方法、时机与工具的比较研究

唯物辩证法告诉我们，任何事物在其发展的过程中总是会遵循一定的客观规律（事物发展的特殊规律和一般规律）。企业在其不断发展与壮大的过程中也不例外，唯物辩证法的三大发展规律对于企业的变革活动同样具有重要的指导意义，本书旨在通过对唯物辩证法的三大规律进行分析来比较分析企业变革的两种主要方法——渐变方法和突变方法，接着对企业变革中常用的工具进行比较研究。

5.1 唯物辩证法与企业变革

唯物辩证法认为世界发展的普遍规律是对立统一规律，对立统一规律是唯物辩证法的核心内容。另外，对立统一规律还有一些具体的表现形式，如量变质变规律、肯定否定规律和一系列成对的范畴。唯物辩证法的规律是自然和人类社会发展的普遍规律，也是认识的规律。正如恩格斯所说的那样：“所谓的主观辩证法，即辩证

的思维，不过是自然界中到处盛行的对立中的运动的反映而已。”① 尽管事物认识的规律在表现形式上不同于物质世界本身的规律，但是这“两个系列的规律在本质上是一致的”。② 因此唯物辩证法的规律是自然、社会和思维发展的普遍规律，企业的变革活动也不例外。但是唯物辩证法只是指明了事物发展的普遍规律，它并不是包治百病的现成药方，因为事物的发展不仅受普遍规律的影响，更受到其自身发展的特殊规律的支配，正如研究企业变革活动一样，我们既要研究企业在其变革活动中普遍存在的规律性，同时更要通过比较来找出那些支配不同类型企业发展与变革的特殊规律性。

5.1.1 对立统一规律与企业变革

唯物辩证法告诉我们，任何事物无时无刻不在运动，而事物运动的根本原因就是事物内部的矛盾。事物内部的矛盾时时刻刻存在于事物的发展过程中。正如毛泽东所说的那样：“矛盾的普遍性或绝对性这个问题有两方面的意义，其一是说，矛盾存在于一切事物的发展过程中；其二是说，每一个事物的发展过程中存在着自始至终的矛盾运动。”因此从这个意义上而言，矛盾的普遍性原理也告诉我们，在任何一个企业的发展过程中，矛盾自始至终贯穿于企业的一切活动之中，如企业发展速度与管理适应的矛盾、企业战略与组织结构之间的矛盾、技术研发与市场变化的矛盾、企业文化与环境变迁的矛盾等等。矛盾的普遍性原理也提醒企业在任何时候都要对矛盾的存在进行必要的分析，并制定出相应的变革措施。

矛盾的普遍性原理是观察问题和处理问题的总的向导，违反了它就要陷入困境，但是只懂得矛盾的普遍性是不够的。为了正确观察和处理问题，还需要懂得矛盾的特殊性。这是因为在各种具体事物、过程或阶段中包含着矛盾的具体特点，其具体表现在以下几个方面：首先，物质的各种运动形式中所包含的矛盾都具有特殊性，

---

① 恩格斯：自然辩证法［M］. 北京：人民出版社，1975. 189

② 恩格斯. 费尔巴哈和德国古典哲学的终结［M］. 见：马克思恩格斯选集（第4卷），北京：人民出版社，1972. 239

它们彼此各不相同。其次，同一物质运动形式的同一发展过程中，还包含着不同的发展阶段，各个发展阶段的矛盾也各具特点。例如，在一个企业的不同发展阶段上，其矛盾的具体体现也有很大的差别，如在企业的发展初期，企业生存的需要是主要矛盾，此时企业很少会有规范化管理需要，而当企业规模日趋扩大时，专业化管理的重要性将会日益明显。

矛盾的普遍性和矛盾的特殊性是相互联系的。它们的关系是一般与个别、共性与个性的关系。普遍性不能离开特殊性而存在，同样，特殊性也不能脱离普遍性而存在。由于事物范围的极其广大和事物发展过程的无限性，普遍性和特殊性的区别是相对的。在一定场合下是普遍性的东西，在另一种场合下又会变成特殊性的东西；反过来也是如此。就像一个成功企业的企业文化一样，在一定历史条件下会促进企业的发展，当这段时间过去之后，成功的企业文化将会成为企业发展的桎梏，日本企业的成功在外国商人看来是因为其优秀的企业文化，而现在日本制造企业正在实施的变革却恰恰是给日本企业带来成功的企业文化。人们对于事物的认识总是首先认识事物的矛盾的特殊性，然后才能进一步进行概括，从而认识事物的诸多矛盾的普遍性。当人们认识了诸多事物的矛盾的普遍性之后，又以此为指导去研究那些还没有研究过的或还没有深入地研究过的具体事物，找出它们的矛盾的特殊性。人们对事物的认识总是通过由特殊到一般、由一般到特殊这样两个过程的循环往复而实现的。企业的变革活动同样如此，人们对企业变革活动的规律性的研究总是由单个的企业开始的，通过对个别企业变革活动的研究来认识企业在变革活动中的特殊矛盾，随着研究的企业数量的逐渐增加，人们将会从中总结出企业变革活动中的一些具有普遍规律性的东西，这就是人们对企业变革活动的一般认识，许多企业变革的理论来源于此。企业文化学派的兴起便是一些美国学者对于日本企业的研究所得出的结果，企业业务流程再造是哈默尔和钱皮通过对一些美国企业和日本企业的研究所归纳出的理论。这些关于企业变革的一般性的认识反过来又会指导那些急于通过变革而获得竞争优势的企业的实践活动。然而由于企业之间存在差异性，一些变革理论在某些企业的变革活动中取得了成效，但并不能够保证它在所有企业的实践中都能取得成功，企业流程再造的实践已经证明了这一点。这是因为促使企业变革的矛盾的特殊性存在的缘故。因此对任何一种企业变革理论，从辩证唯物主义的角度来看，并不一定适用于每一个企业的变革活动过程，这需要人们对企业变革的规律性和特殊性进行必要的研究。

唯物辩证法告诉我们，任何事物的内部包含着矛盾，复杂的事物包含着复杂的矛盾。这些矛盾在事物的发展过程中的地位和作用是不平衡的，其中必有一种矛盾起着领导、决定作用，规定或影响着其他矛盾的存在。这种矛盾便是主要矛盾，而其他矛盾则是非主要矛盾。主要矛盾和非主要矛盾在一定的条件下是可以相互转化的。既然主要矛盾在事物的发展过程中对其他矛盾起着领导、决定作用，那么在观察和处理任何客观事件的时候，“就要用全力找出它的主要矛盾，捉住了这个主要矛盾，一切问题就迎刃而解了”。[①]在企业的发展过程中经常会有许多因素使企业陷入困境，如市场、产品或服务、资源、经营系统、管理系统和企业文化等，在企业的不同时期这些因素对企业的影响是各不相同的。企业无论是在困境还是逆境中，都需要对这些因素的影响进行仔细的分析以区分出不同阶段的主要影响因素和非主要影响因素。例如，在企业刚成立时，市场和资源的获取对于小企业来说是主要的影响因素，完备的经营系统和规范的管理系统对于企业而言是非主要因素。当企业规模扩大，生存已经不是主要问题时，完备的经营系统和规范的管理系统将会成为企业必须予以关注的主要因素。当企业处于成熟和稳定时期时，企业文化可能会成为影响企业发展的主要因素。企业的变革目标经常是想要恢复企业刚建立时所具有的那种创业精神和企业活力。这也印证了对立统一规律的循环变动规律，即矛盾的双方在一定条件下是能够相互转化的。

① 毛泽东．矛盾论［M］．见：毛泽东选集（第1卷）．北京：人民出版社，1975. 296

5.1.2 量变质变规律与企业变革

量变质变规律是对立统一规律的具体表现形态之一。这个规律表明事物的发展是在由量变到质变，又由质变到量变的无限交替过程中实现的。量变和质变是由事物内部的矛盾斗争所引起的两种运动状态。当事物内部的矛盾双方的斗争还没有达到主次易位的程度时，当事物的度还没有被突破，因而还保持着质的相对稳定性时，这时候的变化就称为量变；当事物内部的矛盾双方的斗争已经使双方的主次地位发生变换时，这时候的变化就叫做质变。事物的发展过程，就是由量变到质变再由质变到量变的循环往复而又由低到高的无限的过程。

无论在什么样的领域中，事物总要经历由量变到质变的过程。这种经历过程所表现出来的形式是多种多样的，大体说来可以分成由于数量的增减引起的质变和由于场所的变更引起的质变两种形式。首先，单纯的数量增减达到一定程度后就会引起质变。例如，元素原子核电荷数的增减会使一种元素变成另一种元素。在企业的变革过程中，有一种模型被称为变革的渐进模型。这种观点的提倡者认为企业的变革是一个过程，通过这个变革过程，企业的组成部分在某一时间里以一种渐进的和分离的方式应付一个问题或者达到一个目标，如果管理者长期以这种方式对企业内在和外在的环境压力做出反应，他们的企业就会慢慢地被变革。哈梅尔和普拉哈拉德就认为实施这种模型的典型代表是日本企业，日本企业通过实施这种渐进的变革模型获得了非常明显的竞争优势。①很显然，这种所谓的变革渐进模型实质上是一种使企业的变革过程从量变向质变演化的模型，它主要防止企业因为快速转变而产生的失控问题。其次，事物在发生根本质变之前，总的说来是处于量变过程之中，但是在总的量变过程中，却可以有部分质变，如阶段性部分质变和局部性部分质变。对于企业来说，其发展过程本身就是一个不断变革

① ［英］Bernard Burnes. 变革时代的管理［M］. 昆明：云南大学出版社，2001. 335～375

的过程，阶段性和局部性质变是一个经常发生的过程。例如，企业为了适应市场的不断变化所做的许多临时改进措施，在某种程度上是一种阶段性和局部性变化，如果企业的管理系统和经营系统没有大的变革，也就是说，矛盾的主要方面和非主要方面没有互易位置，那么总的来说，企业还处于量变的过程之中。

5.1.3 肯定否定规律与企业变革

肯定否定规律表明事物的发展总趋势是前进的，而前进的道路是曲折的。事物的内部包含着两种对立的因素：肯定因素和否定因素。肯定因素是决定事物性质的因素，是保持事物存在的因素，是事物的正面；否定因素则是事物的性质相反的因素，是促使事物灭亡的因素，是事物的反面。

事物的肯定因素在事物刚刚产生的一段时间内是促进事物发展的新生力量。在整个事物处于上升的时期，它的存在是合理的和必要的。但是经过一定时间之后，事物的肯定因素就会逐渐变成阻碍事物发展和前进的衰朽力量，这时候整个事物就要进入没落时期，它的存在就会变成不合理和不必要的因素，最后将会被新事物所取代。

唯物辩证法所理解的否定，是一种变革和继承的统一。唯物辩证法认为否定不是改良，不是旧事物在新形式下的继续，而是质变，是革命，是旧事物的死亡和新事物的产生。另外，唯物辩证法又认为否定并不是指对旧事物的一笔勾销，而是包含着继承的因素。那些旧事物中经过改造以后可以成为新事物的促进因素的东西，应该予以保留。列宁曾经说过：辩证法的否定是“保持肯定的东西”的否定。[①] 事物的发展总是经历着从肯定到否定，又由否定到肯定的一般过程，表现为波浪式前进运动。

唯物辩证法的肯定否定规律对于企业变革活动同样是适用的。以企业文化为例，20 世纪 70 年代末 80 年代初日本制造企业在国际竞争中节节胜利时，西方管理学界和企业界兴起了一股对日本企

① 列宁．哲学笔记．见：列宁全集（第38卷）．北京：人民出版社，1986．244

业进行考察和研究的热潮，经过一番比较研究之后，西方管理学家和企业家认为日本企业之所以能够战胜以美国为首的西方企业得益于其优秀的企业文化，正如威廉·大内在《Z理论——美国企业界怎样迎接日本的挑战》、理查德·帕斯卡尔和安东尼·阿索斯在《日本的管理艺术》中所总结的那样，日本的企业文化具有的终身雇佣制、年功序列和集体决策是日本企业战胜其竞争对手的法宝。可以看出，在20世纪70年代至80年代，日本企业文化是促进日本企业不断发展的肯定因素。然而进入21世纪，这些曾经促使日本企业成功的因素却变成了严重阻碍其发展的否定因素，例如，在2001年大型日本家电企业相继出现巨额亏损，日立制作所净亏4 828亿日元，松下公司的亏损高达4 310亿日元，为该企业48年来首次巨额亏损，NEC亏损3 120亿日元，富士通创业以来首次亏损3 825亿日元，东芝亏损2 540亿日元，三菱电机亏损额为779亿日元。[①] 从日产和索尼的变革措施中，我们发现曾经是日本企业文化核心作用的终身雇佣制、年功序列等制度正在被逐步变革。例如，日产的“复兴计划”中包含2002年裁员2.1万人和关闭5家工厂，索尼公司在业务重组的过程中取消了11 000个工作机会。[②] 但是日本企业裁员的实施与欧美企业相比之下又有很大的不同，日本企业一般不直接公开宣布公司今后将取消某一块业务和裁掉这块业务的员工，而是通过业务外包和剥离的方式达到裁员的目的，而不是简单地抛弃了事。因此有人将日本企业的裁员方式称为“内部减法的艺术”，这也从另一个侧面说明了日本企业的变革并不是对阻碍企业发展的曾经是肯定因素的东西简单地予以否定，而是一种在继承基础上的否定。这个事例也告诉我们唯物辩证法同样适用于企业变革活动之中，对于企业经营和管理来说，今天能够带来竞争优势的思想和理论并不能够说明到了明天也同样能够促进企业的发展。企业应该以辩证的眼光看待那些促进企业发展的肯定因素和阻碍企业进步的否定因素。

---

① 中国经营报，2002－05－13（22）

② 中国经营报，2002－04－15（31）

5.2 企业变革常用的方法

5.2.1 企业变革的渐变法和激变法

前面对于唯物辩证法的分析有助于我们更好地理解企业变革的两种方法——渐变方法和激变方法，这是因为在唯物辩证法中的对立统一规律、量变质变规律和肯定否定规律在这两种变革方法中都能得到体现。例如，渐变的变革方法可以被认为是一种量变过程，当量变延续相当的时间后，量变就转变成了质变，企业的变革目标也得以实现。而激变式变革从其变革的范围和规模及所采用的方式来看很显然具有质变的特征。

变革的渐变方法又可称为变革的计划方法。在过去的 200 年里，企业的变革特征是连续的无规则的变革，许多学者对企业经历的变革的本质和速度存在不同的观点，这其中变革的渐进方法和剧变方法最为突出。有时我们也用渐变式变革和激变式变革这两个词来取代。美国学者理查德 · L. 达夫特认为，渐变式变革代表了一系列持续的改进，这些改进维持着组织的一般平衡，并且只影响着组织的一部分。与之相反，激变式变革打破了组织的原有框架，通常产生一个新的平衡，因为整个组织都进行了变革。例如，一个渐变式变革是市场部的销售团队完成任务，而一个激变式变革则是指对组织进行再造以在一年而不是四年内开发新产品，并作为新的平衡维持一年。一般而言，渐变式变革发生在已经建立的结构和管理流程之中，它可能包括新技术，如计算机一体化制造技术和产品改造。激变式变革包括创建新的组织和管理流程，技术上很可能有突破，由此产生的新产品将形成新市场。①

---

① ［美］理查德 . L. 达夫特（Richard L. Daft），组织理论与设计精要［M］. 北京：机械工业出版社，1999. 113 ~ 114

5.2.2 变革的渐变方法

1. 变革的渐变方法的界定

变革的渐变方法把变革看做是一个过程，通过这个变革过程，企业的组成部分在某一时间里以一种渐进和分离的方式应付一个问题或者达到一个目标，如果管理者长期以这种方式对他们内在的和外在的环境压力做出反应，他们的组织就会慢慢地被变革。奎因认为，企业的战略变革最好被看做是使用一种连续的、发展的和一致认同的方法，其目的是企业发展。而哈梅尔和普拉哈拉德则认为实施渐变变革的模范是日本企业，日本企业通过实施这种渐进的变革方法，获得的竞争优势是非常显著的。变革的计划方法在宠菲和史杜斯看来，是一种既防止强调过分协调而产生的停滞又防止企业的快速转变而引起的失控的方式。John Macdonald 在其《不可盲目变革》一文中也认为：经理人在考虑实行变革时，应该追求渐进式而不是革命性变革。企业成功经营的路在于培养渐进式变革而不是大破大立。从许多平稳度过变革风暴洗礼的企业身上，我们可以学习到渐进式变革，这种变革方式可以分为目的、中心、交流和员工四个方面。[①] 由此可见，变革的渐变方法是指那些长时期内实施的由点到面的循序渐进的变革方法，这种方法所引起的变革幅度和频率都比较小，变革的规模也不太大。

2. 变革的渐变方法的内容

从组织行为学的角度来看，渐变式变革最先是由库尔特·卢因提出来的，其目的是把事先计划详细的变革和因突发事件的发生而强迫企业采取激烈变革措施的变革区分开来。渐变的变革方法总是和企业发展的实践密切相关。卢因从组织行为学的角度分析了组织的变革，这种研究首先是从动作与行为之间的研究开始的，其内容包含两个方面：第一，他强调变革需要行动，行动是能够被用来引导并且导致变革的；第二，成功的行动源自正确的环境分析，辨别

---

① ［英］Bernard Burnes. 变革时代的管理［M］. 昆明：云南大学出版社，2001. 368～369

所有可能的解决方案和选择一个最为恰当的方案，变革只有帮助个人对他们的环境进行反省并达到一定的程度才能够成功。在此基础上，卢因提出了组织变革的三步模型。

（1）解冻现在的水平，通常是指减少维持组织现有行为水平的力量，Ribbon 认为激励经常要求变革所涉及的人开展面对面的讨论或者对他们进行再教育，而这可以通过团队建设和其他的管理技巧来实现。这样组织需要解决的问题将会被分析，从而显示出组织中存在的严重问题，使所有相关的人员都有一种变革的需求。

（2）达到新的水平，是指分析现在的形式，辨明解决方案，在挑选一个最为恰当的方案之后，为了达到所期望的水平，所要采取的必要的行动。这要求在组织结构和过程中通过变革发展新的行为、价值和态度。这一过程最为重要的是保证组织达到一个新的水平之后，那些变革所涉及的人在短期内不会重新回到原来的水平上来。

（3）重新冻结新的水平。这一阶段主要是指把组织稳定在一个新的均衡状态，目的是保证新的工作方式不会轻易改变，这主要通过强化新的工作方式的机制来实现。

卢因的三步模型为我们了解组织变革的过程提供了一个一般的框架。但是这个框架过于宽泛，为了使这个变革的模型更具有使用价值，许多学者对卢因的三步模型进行了进一步的发展，其中比较有代表性的是布洛克和巴腾（1985），他们在分析和综合了关于渐变式变革的 30 多个模型的基础上，建立了一个整合的四阶段模型。这是组织在进行渐变式变革时所经历的有差别的阶段以及变革的过程，它是把组织从一种状态改变成另一种状态的方法。这四个阶段分别是：第一阶段：探索阶段。在这个阶段一个组织必须探索并决定它是否要在组织中进行特定的变革以及如何变革，如果进行变革，是否为规划变革而调拨资源。这个阶段的内容包括了解变革的需要，寻找外部（通常是顾问）的支持来帮助规划和实施这些变革，并且和顾问签订合同来明确双方的责任。第二阶段：规划阶段。组织和顾问签订合同之后，就需要了解组织的问题和关注点。如为正确地诊断组织而收集的信息，建立变革的目标并设计适当的步骤来达到这些目标，规劝主要的决策制定者同意和支持所计划的变革。第三阶段：行动阶段。在这个阶段，组织从原先制订的计划出发来实施变革。如建立恰当的安排来管理变革的过程，以及为了采取行动而寻求支持，评价实施的行动和反馈的结果，并作出必要的调整。第四阶段：整合阶段。这个阶段的内容包括：巩固和加强变革的结果并使之成为组织正常的、每天运营中的一个部分，并且不需要特别的安排和激励来维持变革的结果。通过奖励和反馈系统强化新的行为，逐渐减少对顾问的依赖，把变革的成功方面融入组织中，培训管理者和员工，使他们监督这些变革并且改进这些变革。①

与卢因提出的组织变革三步模型相似的是我国著名的 IT 企业华为公司所提出的管理进步三部曲：先僵化，后优化，再固化。华为公司提出，在学习西方先进管理方面的方针是先僵化，后优化，再固化。僵化就是学习初级阶段的“削足适履”。华为公司认为引入 Hay 公司的薪酬和绩效管理，是因为华为公司已经看到，继续沿用过去的土办法尽管眼前还能活着，但不能保证公司今后继续生存下去。华为公司的优化对象分为两块，一是国外引进的先进管理思想与理念，二是自己创造的良好经验。优化就是改进，优化就是创新。持续的管理进步需要持续的改进创新。固化就是例行化（制度化、程序化）、规范化（模板化、标准化），固化阶段是管理进步的重要一环。其内容主要包括：第一，例行化。管理就是不断把例外事项变为例行事项的过程。华为公司强调建立以流程型和时效型为主导的体系，就是要将已经有规定，或者已经成为惯例的东西，尽快在流程上高速通过，并使还没有规定和没有成为惯例的东西有效地成为规定和惯例。第二，规范化。重视管理的规范化将是公司长期努力的目标和任务。规范化的具体手段之一是模板化、标准化。

变革是一个重复性、周期性的过程，包括诊断、行动和评价。渐变式变革的方法认为变革一旦发生，就必须是自我持续的。渐变

---

① ［英］Bernard Burnes. 变革时代的管理［M］. 昆明：云南大学出版社，2001. 353～359

式变革的目的是改进组织中和人相关的活动的效率。渐变式变革的中心是对变革努力的合作和强调：组织中的管理者、变革的接受者和顾问联合起来诊断组织的问题并共同计划和设计特定的变革。即便如此，许多人不仅对变革的渐变方法，而且对这种方法在整体上的效力和适用性提出疑问。这主要体现在以下四个方面：①"渐变的变革方法主要是针对那种在可预测和可控制的环境中运营的自上而下、官僚主义、刚性和基于规则的组织"（伍腾和怀特，1999）。②一些学者批评渐变的变革方法，是因为它把重点放在不连续的和孤立的变化上，并且它不能包含剧烈的、转型的变革。③渐变的变革方法假设忽略了组织冲突和组织结构，或者至少是假设问题能够很容易地识别和解决。因为变革的情形比较广泛，从微调到公司的变革，从合作到强制，虽然渐变的变革方法可能对其中某一些情形适合，但对更多需要命令的情形是不适合的。例如，当危机出现时，需要快速和重大的转变，并没有广泛参与和建议的余地。④渐变变革假定一种方法能适用所有的情形、所有的组织和所有的时间，这显然是不合实际的。竞争激烈的时期需要对环境变化做出不同的反应。这样管理者和顾问需要一个变革的模型，这个变革的模型必须是情景型或权变型的，这个模型必须显示怎样改变变革战略和变动的环境形成最佳的匹配。亨利·明茨伯格（Henry Mintzberg）对组织的几十年的研究表明，那种急剧的全局性的或转型的变革确实发生过，但并不经常发生，更典型的变革是渐进性变革。①

3. 变革的渐变方法的特征

变革的渐变方法有如下一些主要特征：

（1）从企业变革的规模和范围看，渐变式变革所涉及的规模和范围从短期来看并不太大，这是因为渐变式变革最初往往是从某个点开始的，从长期来看，渐变式变革最终的变革范围必将会涉及企业的整个层面。

---

① ［英］Gerry Johnson kevan Scholes. 公司战略教程［M］. 北京：华夏出版社，1998. 248～249

（2）从变革的频率和幅度来看，渐变式变革因为强调事先的计划并依照计划来循序渐进地进行，希望以一种连续的、有限的和渐进的方式来完成企业的转变，因而变革的频率和幅度并不大，这是一种既可以防止由于过分强调组织协调而产生停滞，同时又可以防止由组织快速转变而引起企业失控的变革方式。

（3）从变革的实行方式来看，变革的渐变方法多采用自下而上的方式，渐变式变革的杰出性代表日本企业多采用这种方法，并取得了良好的变革效果。

（4）从变革的具体内容来看，授权、沟通、合作和连续性学习是渐变式变革经常采用的方法。

（5）渐变式变革的优点在于变革是循序渐进的，是一个从量变到质变的过程，其间没有经过跳跃式变革，这种变革对个人和组织所造成的冲击比较小，在执行的过程中所遇到的阻力也最小，如果企业是在一个市场和技术相对稳定的环境中进行的，那么这种变革方法无疑具有很大的优势。渐进式变革的最大弱点是当企业所处的行业环境急剧变化时，渐进式变革应对缓慢的缺点将暴露无遗。

5.2.3 变革的激变方法

1. 企业变革的激变方法的界定

变革的渐变方法在过去和现在一直是很有影响力的。从20世纪40年代末到80年代早期，它是变革的主要方法，在美国尤其如此。从20世纪80年代末开始，日本企业竞争力的增强、西方国家工业的明显衰退，导致了对现在组织、机构和管理进行变革方法的质疑。文化学派的支持者对现状的批评最为强烈，他们认为西方组织是官僚性的、不灵活的，而且阻碍了创新，应当取代卢因的“极不恰当的”变革模型，他们号召组织采用更加灵活的文化，这种文化能激励创新和事业心，并且鼓励从下到上、灵活的、连续而又合作的变革，同时他们也认识到从上到下的快速变革，对创造这种方法能够适用的环境是必要的。除此之外，政治和权力开始出现在变革管理理论中，因为变革方案目标是由组织中的权力争斗而不是由任何一致的意见或理性的决策制定而决定的。这为变革的方法铺平了道路，这种方法高度评价那种连续的、不可预测的和政治本质的变革，从上面的论述中我们可以看出，所谓的激变式变革是指那些无法事先计划的、不可确定的剧烈式变革。

从20世纪80年代早期开始，对变革的渐变方法形成了强烈的一致反对的意见。第一，反对的学者们并非把变革看做能被事先计划并有一个明确终点的现象，而是把变革看做“突发”的、组织转型的、不断进行的过程。第二，他们采取了一个开放系统的观点，把个别组织看成是互相关联的部分或是更大环境中的一部分，环境影响并冲击组织的决策和行动。紧急方法支持者把变革看成是从组织成员的日常决策和行动中出现的，变革来自组织成员为组织和环境相适应而作出的努力，或者是组织中不同团队互相为支配权而斗争的结果。

变革的激变方法原理来自这样一个观点：变革不应该被看成是僵化的，或者看成是在固定时间内一系列线性的事件，它应该被看成是连续的过程。许多学者都挑战了在一个越来越动态和不确定的商业环境中渐进变革的适用性。他们认为，相信组织变革能够通过一个事先的计划和一个“解冻→运动→重新解冻”的过程而取得成功的学者忽视了现在环境和变革过程的复杂性和动态的本质。变革需要在不同的分析层次和不同的时间段上来研究。这是因为组织变革涉及多个职能部门，跨越多个等级层次，并且没有明确的起点和终点；相反，它是一个“挑战和改变公司核心信念、挑战和改变公司结构和战略的复杂分析、挑战和改变公司政治和文化的过程”（Pettigrew，1987）。迈克尔·哈默和詹姆斯·钱皮在《改革公司——企业革命的宣言书》中也极力反对那种对现有的事物进行修修补补而不触动基本结构的渐进式变革。他认为，变革不是搞拼拼凑凑和大杂烩，也不是给现有的制度配备应急装置，使它们运营得更好些，变革的真正含义是要抛弃企业长时间以来所运用的工作程序，重新探索为使公司推出新产品、新服务，向顾客提供价值所必需的那种经营活动。

变革的激变方法的支持者还认为，权力和政治在组织变革的过程中起了中心作用，这是他们和渐变式变革支持者的区别。因为变革的迅速发展和多变，控制变革的挑战不是由一个专家所驱动和利用的活动，而是每个管理者角色逐渐重要的活动部分。为了在创造持久的变革时更有效，管理者需要对他们的组织环境有深入和系统的了解，这样可以识别对变革的压力，并确保通过调动组织内部的必要资源使他们的组织以一种适时而又适当的方式发生反应。变革必须与市场、工作结构、管理控制系统的发展以及组织边界和关系变动的本质联系起来。他强调在当今的商业环境中，一维的变革干预可能导致短期的结果并进一步加深不确定性。如果组织在更加稳定和可预测的环境中经营，那么对变革的需求将是较少的并且可以把变革看成是从一个相对稳定的状态移动到另一个状态的过程，是环境的不确定性使得渐进式变革不确切而使激变式变革更加恰当。

组织和环境的相互关系对组织怎样分析和管理变革有深远的影响，它有助于强调组织的一个关键竞争力是扫描外部环境来识别和评价趋势及不连续性冲击的能力，它包含组织外在变量的全部范围，如市场和顾客、股东、法律规则、经济、供应商、技术和社会趋势。这个活动由于组织边界的变动而变得更加困难。因为顾客可能也是竞争者，供应商可能变为伙伴，而员工可能变为顾客，供应商甚至成为稀缺资源的竞争者。激变式变革的一个重大发展是从采取“自上而下”到采取“自下而上”的方法来引发和实施变革。因为环境变化的步伐是如此快速和复杂以至于不可能由少数上层管理者来有效地识别、计划和实施必要的组织反应。组织变革的职责必然需要被转移。因此一个从下到上的变革方法需要高层管理者角色发生重大转变。他们不得不对员工进行授权而不是控制员工。他们需要确保组织的成员接受变革，并有一定的技巧和动力来管理变革的过程，而不是支配和控制变革。高层管理者不仅要改变他们观察和解释世界的方法，而且要和组织中的其他成员一样经历同样的转变。

2. 企业变革的激变方法的内容

虽然变革激变方法的支持者拒绝任何对变革的一般使用的原则，但他们还是提供了引导原则：他们认为组织的五个特征会促进或者阻碍变革，这五个方面是组织结构、组织文化、组织学习、管理行为以及权力和政治。

（1）组织结构。组织结构被看做是决定权力在组织的什么地方存在，如何联系并影响变革的力量的关键因素。一个合适的组织结构对变革是一个激发因素，但它的有效性被认为是依赖于对它正式和非正式方面的设计。发展更恰当的组织结构来进行变革是由文化卓越学派开始提出的，他们认为动态和杂乱的环境要求组织采取更加灵活和更少官僚化的结构。那些支持变革的激变方法的学者指出了在20世纪90年代经历的一次运动：创造更加扁平化的组织结构，为了增加组织的反应能力而授权。一个有平坦层次的组织结构比一个有臃肿结构的组织处于更有利的竞争地位。组织扁平化结构的一个例子是建立以客户为中心的组织，其结构是针对不同的市场而不是不同的职能。对顾客的反应予以极大的重视有效地表明了这样一个概念："创造一种变革的文化意味着变革是我们处理事情方式中的一个常见部分，而不是一种例外。"

通过克服内在和外在障碍，努力对变动的环境做出反应，提高组织中人员的知识水平，在不同职能部门之间发展协同效应的结果便是网络结构组织的创造，或者称之为"联邦式"组织（Handy，1989）。斯诺等人（1993）认为，网络组织每一个部分的半自由特性降低了对集权式官僚的需求，并减少了这种管理的力量，这又导致了自下而上而不是自上而下的变化和适应。为了应付全球化、激烈竞争和技术快速变革而要求的专业化和灵活性，这只能通过放松中央集权和控制来获得，而这种中央集权和控制正是过去组织的特点（Genus，1998；Kanter，1997；Kotter，1996）。[①]

在企业实施激变式变革的过程中，由于企业经营战略的重大调整，企业的组织结构经常会被重新设计来谋求获得组织的活力，从企业的发展史来看，从最早的来源于军队的直线制组织结构到现代企业普遍使用的分权式多分支机构的事业部组织形式，从矩阵式组织形式到基于战略联盟虚拟组织形式的使用，无不说明了组织的重构成为企业的激变过程中经常采用的手段之一。

---

① ［英］Bernard Burnes. 变革时代的管理［M］. 昆明：云南大学出版社，2001. 335～375

（2）组织文化。变革的战略管理在本质上是一种文化和认知的现象，而不是一个分析性和理性的操作过程。持续变革的本质是对要变革的组织文化的理解。如果要进行的变革和组织文化及传统相抵触，则变革很难在组织中推行。成功的变革往往根植于组织的文化中。道森（Dawson，1994）的著作也论述了组织文化与变革的关系。他认为使组织内在的行为和外在的环境相适应需要变革战略是具有文化敏感性的。组织必须清楚变革的过程是漫长的、具有潜在的危险性，并且需要大量的强化使文化变革持续，从而防止旧的行为的重新出现。克拉克（Charke，1994）也认为，变革是很缓慢的，特别是当旧的机制没有受到挑战的时候，如招聘和升迁制度。如果这些强化机制是由回避风险和害怕失败的管理行为实施的，那么不可能创造一种人们都很愿意进行和接受变革的气氛。因此，克拉克认为“创造一种变革的文化意味着变革是我们处理事情方式中的一个常见部分，而不是一种例外”。

许多学者对组织文化持有不同的观点，例如，比尔等人（Bill，1993）认为促进变革的最有效方法不是直接影响组织的行为或文化，而是对组织结构进行重组，把人们放在一个新的组织环境中，这种环境会为人们安排新的角色和关系及职责。他们相信这会导致人们新的态度和行为的产生。这种观点也得到汤姆·彼得斯（Tom Peters）的赞同，他认为快速而又彻底地对现存官僚组织结构进行破坏可以导致人们行为的改变。

（3）组织学习。激变方法的支持者认为，学习在人们准备应付变革方面起了一个关键的作用。通过使组织中的每个人意识到危机即将来临或者使人们对现存的系统和程序不满意，可以加速变革。当管理者为了使人们认识到变革的压力，创造一种可使员工对市场、消费者、竞争者、法律等因素熟悉的机制，变革就能最有效地实现。个人和组织学习来自有效的从上而下的交流和自信的促进，从而又可以激励员工对组织远景以及决策和措施的认同，这些决策和措施在对外部环境做出反应方面是必要的，并且能够利用环境提供的机会。克拉克还相信在变革管理的决策中参与进来的员工可以创造批评和开放辩论的习惯，这使得他们能对现有的规则进行挑战并且对已建立的操作程序提出疑问，这又创造了革新和剧烈变革的机会。为了产生变革的需求和气氛，组织中的人们需要参与到问题的诊断和解决的方案中来，只有通过变革的经验来学习才能获得并保持组织的有效性。

（4）管理行为。管理者被期望成为领导者、协调者和教练，他们能够通过扩大层级、职能和组织边界的能力，组成和激励团队去识别变革的需求并完成变革。组织的传统观点是把管理者的职能看成是指挥和控制员工、资源和信息。然而，管理组织的变革的激变方法需要管理行为发生一个重大的转变。管理者为了使自己在变革过程中的角色变得有效，他将需要关于战略的形成、人力资源的管理、市场营销和谈判/冲突解决的能力。如果管理者要获得他人对变革的认同，他们必须准备挑战自己的假设、态度和意识。

从激变式变革的支持者的观点来看，组织收集、分析和讨论信息的能力对成功的变革是关键的。为了成功地影响变革，组织必须有目的地、先行地向前逐渐发展。组织在动态和不确定的环境中运营时，大规模的变革和更加正式、整合的变革方法（如全面质量管理）对组织来说就会失去意义。然而如果组织向它的战略远景发展是通过许多小规模和局部的逐渐变革的方式，那么管理者就必须确保那些变革所涉及的人能够获得和作用于任何可用的信息。另外，除了保证信息的自由流动外，管理者也必须认识到并能够应付变革所遇到的阻力和政治干预。他们需要获得和发展相关的人际技能，以使他们能够应付那些为了自己的利益而阻碍变革或操纵变革的任何团队。

（5）权力和政治。激变式变革的支持者认识到权力和政治在组织变革中的重要性。并且认为如果组织要有效，权力和政治就必须被管理。如道森（Dawson，1994）断定“最重要的是努力获得高层管理者、监督人员、工会和员工的支持”。佩蒂格鲁等人（Pettigrew，1992）认为“在变革的过程中政治语言需要被强调。例如，变革的失败被贴上重新发展的标签，问题被称为机会，而宽泛的乐观远景则被表述为建立早期的联盟……”坎特等人（Kanter，1992）认为实施变革的第一个步骤是建立联盟，使那些很重要的人参与到变革中来，特别是从两个地方寻求支持：权力源泉和股东。纳德勒（1993）也表达了相同的观点，他认为有必要建立政治系统，这样形成的权力中心会支持变革而不是妨碍变革。西尔尼（1997）通过吸纳纳德勒著作中的内容，提出了组织用来管理变革的政治动态系统的四个步骤：首先确保或发展关键权力团队的支持；其次用领导者的行为来产生对所提议变革的支持；再次用象征性符号和语言鼓励变革并且显示出对变革的支持；最后通过权力保证一些事情不会改变，建立稳定性。对变革过程中的政治的强调有助于使那些管理变革的人理解和控制变革过程中的政治。为此卡纳尔（1995）提出了一个可以在管理变革时利用的关于政治技巧的模型（见表5－1）。①

表5－1 政治技巧和变革的管理

来源	过程	形式
正式的权威 对资源的控制 对信息的控制 对日程的控制 对象征性事项的控制	谈判 影响 动员支持 动员偏见 情感的运用 仪式和典礼 专家神秘感	预算 职业 职位的继承 信息 组织结构 审计

卡纳尔的观点为，不是一个人可以掌握所有的技巧，而是管理变革的人必须得到那些具有政治技巧的人们的支持。

3. 企业变革的激变方法的特征

激变式变革的支持者是一个相对分散的学派，他们被归为一个学派不是因为他们有共同承认的可选方案，而是因为他们都对渐进式变革表示了怀疑。激变式变革具有如下特征：

（1）如同渐变式变革一样，企业的激变式变革是一个连续的

① ［英］Bernard Burnes. 变革时代的管理［M］. 昆明：云南大学出版社，2001. 335～375

实验和适应的过程，它的目的是把企业组织的能力与动态和不确定的环境对组织的要求匹配起来。

（2）激变式变革是一个涉及各种层次的、跨组织的过程，从长期来看，它是一个重复和杂乱的过程，它由一系列相互联系的方案所组成。从企业变革的内容层次上来看，激变式变革涉及企业的公司层次、功能层次和业务层次，更多的情况是企业的公司层次与业务层次的不同组合。

（3）激变式变革是一个政治的、社会的过程，而不是分析的、理性的过程。这从另一种角度说明了激变式变革在很多情况下对社会的影响意义是非常重大的。

（4）管理者的角色不是计划和实施变革，而是创造并强加一种组织结构和气氛，从而激励和维持变革的实验、激励学习和承担风险，并使员工为识别变革的需要以及实施变革承担风险。

（5）管理者被期望成为协调者而不是实施者，他们的责任是发展一个共同的远景或共同的目标引导他们的组织，并且在这种目标和远景下可以判断任何所提议的变革适当性。

（6）使得变革在各个方面能成功进行的关键性组织活动包括：信息收集——对外在环境和内在目标及能力的收集；沟通——信息的传递、分析和讨论；学习——发展新的技巧，识别什么是适当的反应，并从自己和其他组织的过去和现在的行动中获得知识。

（7）从变革的规模和范围来看，激变式变革涉及企业变革所有的内容层次，如企业的经营战略的调整、组织结构的重构、企业文化的重塑、业务组合的调整等等。

（8）从变革的频率和幅度来看，激变式变革往往是在企业处于一种比较紧急的情况下进行的，因而变革的幅度和影响面较大，再加上现代企业由于市场竞争激烈和技术飞速发展的缘故，实施激变式变革的频率也越来越频繁。

（9）许多学者认为激变式变革采用的是自下而上的方式进行的，然而这只是一种理想状态，由于激变式变革多在紧急的情况下进行，采用自下而上的讨论与沟通的方式在时间上并无可行性，更多的情况是采用美国式的自上而下的变革方式。

（10）激变式变革的最大优点在于对市场或技术的变化应对非常及时，特别是当企业处于不利的境地时，激变式变革有助于企业在最短的时间内走出困境，激变式变革的不利之处在于对组织和个人的冲击非常大，除非企业处于破产之机，否则其受到的变革阻力将非常巨大。

5.2.3 企业变革的组合模型

1. 企业变革的组合方法的界定

前面我们分析了变革的两种方法——渐变方法与激变方法的内容及主要特征，但是在企业实践活动过程中，这两种变革方法并不是绝对对立和分割的，我们往往在一些企业的变革活动过程中看到这两种变革的组合方式，即在一段时间内企业变革采用的是渐进的变革方法，而在变革的另一段时间内，企业采用的变革方法明显具有激变式变革方法的特征。这是因为无论是变革的渐变方法还是激变方法，都存在其优点与不足之处，而组合方法的运用则可以取两者之长而避其之短，使企业的变革取得更好的效果。

2. 企业变革的组合方法的内容

企业变革的组合方法的内容比较简单，主要是如何对两种变革方法进行合理的组合与安排的问题，如果企业处于稳定的增长时期，而且市场、技术、制度、政治和权力行为又处于一个相对稳定的状态下，那么采用渐进式变革比较合适，如果企业想要改变自己的市场地位，并通过改变市场竞争的游戏规则来进行变革，就应该选择激变式变革。

5.3 两种企业变革方法的比较研究

5.3.1 有关学者研究成果的简要分析

变革的激变方法的合理性或者实用性，在很大程度上依赖于人们是否承认这样一个观点：所有的组织都在一个动态的和不可预测的环境中运作并且不得不快速地适应环境。但并不是所有的组织都面对相同程度的环境无序性，而且操纵和改变环境的约束也是可能的。在特定的情况下，一些组织会发现渐进式变革是适合且有效的。因此变革的激变方法有其自身的局限性。另外，William J. Rothwell 博士（2000）指出，一般而言，在紧急的情况下更适合采取强制的手段。并且他将组织变革的方法划分为五种：强制执行、说服方式、法律与政策约束、更换领导者、辩论实行。[①] K. E. Weick（1992）对变革的渐变和激变方法作了比较并形成了一个有关变革实施的基本分析框架，[②] 如表 5－2 所示：

表 5－2　变革的两种方法的比较

	渐变	激变
组织的隐喻	组织依惯性变化，变化不频繁、不连续并且是有目的的	组织具有突发性和自组织性，变化是经常的、演变的和累积的
分析的框架	变化是一种偶然的中断，或对平衡点的偏离，它往往充满冲突，并为外力所驱动。它常常由组织深层结构对变化的环境适应不良所致。观点：宏观性、远程性和整体性。强调点：短期适应性。关键概念：惯性或惰性、相互作用的各部分之间的深层结构、激发性、取代或置换、非连续性、革命性	变化是一种在工作过程中和社会实践中不断修正或改进的模式。它由组织不稳定性和对日常偶然事件的警示反应所驱动，是大量小适应的累积和扩展。观点：微观性、近期性和局部性。强调点：长期适应力。关键概念：周期性的相互作用、调整任务权威、反应指令系统、突发模式、即发性、转变、学习

① ［美］William J. Rothwell. 开启变革的新路［EB/OL］. 世界经理人网站，2000－06

② 张鼎昆．改善与革命——企业变革理论综述［J］．中国软科学，2000（10）：123

（续上表）

	渐变	激变
理想组织	理想的组织具有不断的适应力	理想的组织具有不断的适应力
干预理论	有目的地创造出必要的变革，目标寻找，由不平衡而驱动。解冻：调整预期、学习焦虑、提供心理安全感。改变：认知重构、组织语义的重新定义、概念扩展、新的判断标准。再改变：创新支持社会规范、使变革与个性相一致	变化是循环的、序列的和无终点的，是对平衡的不断寻找、是永久性的。冻结：使结果可见，并通过示图、纲要和故事展示出来。再平衡：重新解释、重新标定和确定模式继续改进、转变和学习
变革代理人的角色	角色：变革的主要推动者。过程：注意的中心是惯性和寻找中心水平点。变革意义：以不同的方式讲话、宣传替代性方案重新解释革命倡导者、建立合作与承诺	角色：调整变化方向的理性运作者。过程：认识、重新设计现有程序和模式。变革意义：显示怎样在界限内进行有目的的变革。用新的语言和新的身份改变原有的意义。扫清改进、转变和学习的障碍

美国学者理查德·L. 达夫特在其著作《组织理论与设计精要》中也对渐进式变革和剧烈式变革作了一个简单的比较（见表5－3）：①

① 理查德·L. 达夫特（Richard L. Daft），组织理论与设计精要［M］. 北京：机械工业出版社，1999. 145

表 5-3 两种变革方法的比较

渐进式变革	剧烈式变革
持续进步	突破框架
维持平衡	达到新的平衡
影响组织局部	转变整个组织
贯穿于正常的结构与管理过程	创立新的结构和管理
新技术	突破性技术
产品改进/生产新产品	创造新市场

当然，变革的渐变方法和激变方法不是绝对对立的；相反，它们有明显的相似性。如它们都把变革看成是学习的过程。

前面主要论述了管理变革的两种方法及其适用的环境。显然变革的类型是多种多样的，不同的学者有不同的说法。如从变革的组合上看，可以用图 5-1 表示：①

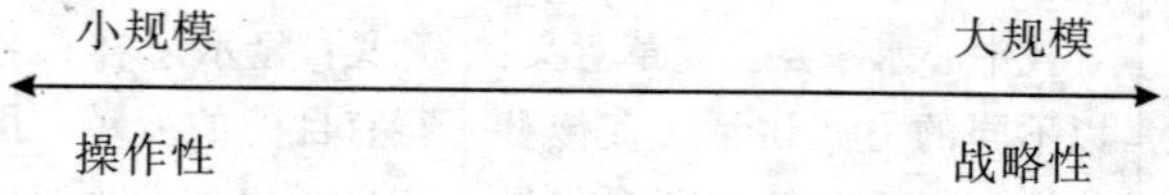

图 5-1 变革的组合

从变革的方法上看，可以用图 5-2 表示：②

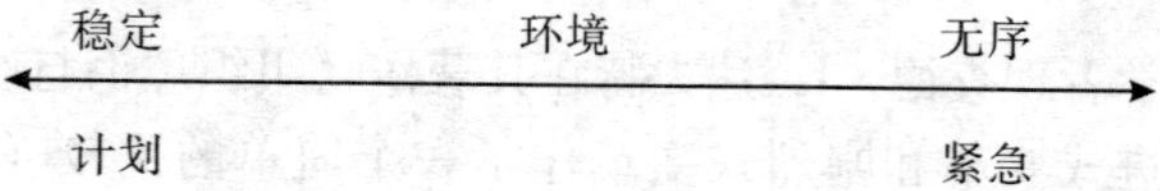

图 5-2 变革的方法

在变革的连续组合中，一端是缓慢的变革，其焦点是行为和文化的变化；另一端是快速的变革，其焦点是结构和过程的重大变革。Bernard Burnes 把变革的组合和变革的方法结合起来，得到了

---

① ② [英] Bernard Burnes. 变革时代的管理 [M]. 昆明：云南大学出版社，2001. 412

关于变革的一般框架图，如图 5－3 所示：[①]

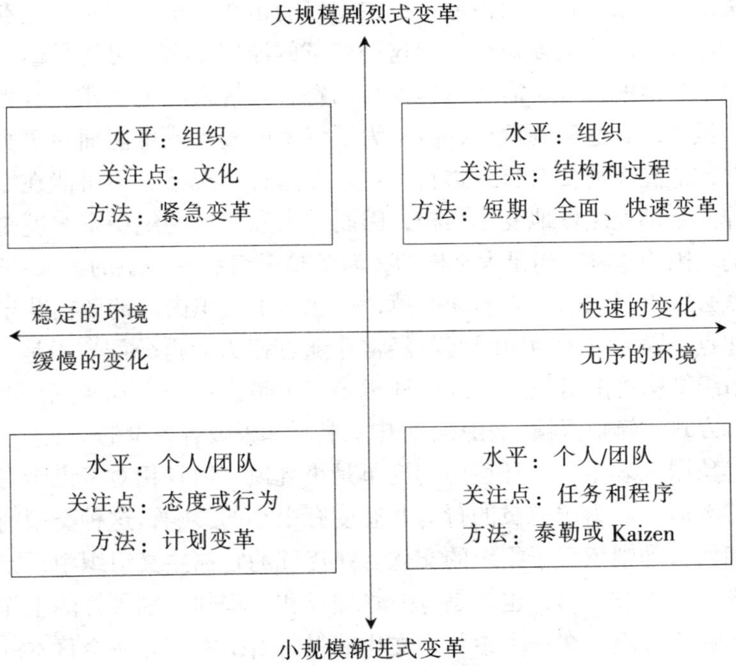

图 5－3 变革的框架图

在这个框架图中，有四个象限，每个象限都代表不同的变革关注点，在图的左边是象限一和四，表示其主要关注点是文化/态度和行为的变革，这最好采用缓慢的参与型方法来获得，而不是采用快速和强迫型方法。对规模相对而言较小的变革方案，其主要目的是通过个人和团队的态度和行为的改变而取得业绩的改进，由于计划方法的特点是合作和参与，在这种情况下，可能是最为合适的方法。而对那种相当大的规模的变革方案，其主要目的是整个组织或者是组织的绝大部分文化的变革，而紧急方法，由于它强调合作与政治技巧，因此是最合适的。

① ［英］Bernard Burnes. 变革时代的管理［M］. 昆明：云南大学出版社，2001. 415～418

在图的右边，表示主要目的是结构、过程、任务和程序的变革的情形。象限二相关的情形是：主要目的是在整个组织水平上获得结构和过程的重大变革。引起这种变革的原因很多，可能是组织发现自己严重的困境，需要迅速使自己符合环境发展的要求。或者是因为虽然没有遭遇到危机，但它为了将来的发展或可能面对清算和吞并的危险而需要对自己进行重组。在这种情况下，不可能在零零碎碎的基础上缓慢地变革结构，因而重大和快速的组织重组就是必要的。因为这种重组是大规模的，涉及整个组织或组织的绝大部分，这就必须由组织的中心驱动变革，也就成了组织内部的政治斗争的关注点，因为重大的组织变革经常伴随着权力的再分配。于是，新的组织结构将由组织上层以一种指导甚至是强迫的方式实施，而以什么方式实施则依赖于组织斗争中胜利者和失败者力量的平衡。

象限三表示的是环境中的变革是小规模，而且相对来说带有技术的本质，对组织成员的行为和态度有很小的影响，这种类型的变革如何管理则依赖于组织的文化。在传统的官僚主义组织中，泰勒式方法可能被采用，也就是专业管理者和工程师识别最好的工作方法并强制实施，在一个参与型文化较强的组织里，如一个日本的公司里，一种更加合作的方法可能被采用，比如 Kaizen 式方案，组成一个由工人和专家组成的团队。

科特（Kotter）则从以下四个方面描述了一个有效的选择方法：需要的时间、计划的程度、有关问题的类型、权力的运用。这些反映了变革管理的四个战略选择，如表 5－4 所示：①

表 5－4　变革管理的战略选择

革命性变革	渐进性变革
迅速变革	缓慢变革
计划清晰	最初计划不清晰
与其他部分相关性较少	与其他部分相关性较多
克服阻力	化解阻力

① ［美］Vic Gilgeous. 运营与变革管理［M］. 昆明：云南大学出版社，2002. 13

5.3.2 关于两种变革方法特征的比较

表5-5 两种变革方法特征的比较

变革方法	规模与范围	频率与幅度	变革方式	优点	缺点
渐变式	功能层次 业务层次 较小范围	较小	自下而上	阻力小 冲击力小	应对缓慢
激变式	公司层次组合式 较大范围	较大	自下而上 更多是自上而下	应对迅速	阻力大 冲击大

5.3.3 来自企业实践的统计结果分析

为了便于比较在企业变革的实践活动过程中如何应用变革的渐变方法与激变方法，我们随机抽样分析研究了中外40家制造企业的变革情况（见表5-6）。相应的统计数据如表5-7、表5-8所示：

表5-6 40家公司的变革情况

	企业的发展速度	企业的变革方法	变革结果	时间跨度（年）
联想	增长衰退	被动式应对	成功	2001—2009
健力宝	增长衰退	被动式应对	未定	2002—2008
熊猫电子	增长衰退	预测式应对	成功	1996—2000
万和燃气	增长衰退	被动式应对	未定	2002—2008
美的电器	高速增长	预测式应对	成功	2001—2003
中兴通信	增长衰退	被动式应对	未定	2002—2008
海尔	稳定增长	预测式应对	成功	2001—2008
太太	增长衰退	被动式应对	未定	1996—1999
小鸭电器	增长衰退	被动式应对	未定	2002—2003
乐华	稳定增长	被动式应对	成功	2002—2003

（续上表）

	企业的发展速度	企业的变革方法	变革结果	时间跨度（年）
创维电脑	负增长	被动式应对	失败	2002—2003
科龙	负增长	被动式应对	成功	2001—2003
哈药	增长衰退	被动式应对	未定	2001—2002
长虹	增长衰退	被动式与预测式应对	成功	2001—2003
东风汽车	增长衰退	被动式应对	未定	2001—2003
美菱电器	增长衰退	被动式应对	未定	2002—2003
太阳神	高速增长	被动式应对	失败	1993—1995
正泰集团	高速增长	预测式应对	成功	2002—2008
咸阳偏转	增长衰退	被动式应对	未定	2002—2003
实达	高速增长	被动式应对	失败	1996—2003
全兴	增长衰退	被动式应对	未定	2002—2003
联合利华	稳定增长	预测式应对	成功	1980—1997
康柏	增长衰退	被动式应对	成功	1991—1993
惠普	增长衰退	被动式应对	成功	1996—1999
可口可乐	稳定增长	预测式应对	失败	1999—2002
摩托罗拉	增长衰退	被动式应对	未定	2000—2003
伊莱克斯（中国）	负增长	被动式应对	成功	1996—2002
微软	稳定增长	预测式应对	未定	2002—2003
通用电气	稳定增长	预测式应对	成功	1984—2008
柯达	稳定增长	预测式应对	未定	2001—2008
太阳微电子	增长衰退	被动式应对	失败	2001—2003
戴尔	高速增长	被动式应对	成功	1992—1993
索尼	增长衰退	预测式应对	成功	2001—2003

（续上表）

	企业的发展速度	企业的变革方法	变革结果	时间跨度（年）
富士通	增长衰退	被动式应对	未定	2001—2003
日立	增长衰退	被动式应对	成功	2002—2003
日产	负增长	被动式应对	成功	1999—2003
松下	负增长	被动式应对	成功	2001—2003
三星电子	增长衰退	预测式应对	成功	1999—2008
现代汽车	增长衰退	被动式应对	成功	1999—2008
ACTION 公司（丹麦）	高速增长	领导变革	成功	1988—1992

表 5－7　绝对统计数字

变革层次	中国企业	外国企业	稳定增长	高速增长	增长衰退	负增长	变革结果		
							成功	失败	未定
渐变	2	3	3	0	2	0	0	1	5
激变	18	15	3	4	19	5	20	3	9
组合式	1	1	1	1	0	0	2	0	0
样本数	21	19	7	5	22	5	22	4	14

表 5－8　相对统计数字

变革层次	中国企业	外国企业	稳定增长	高速增长	增长衰退	负增长	变革结果		
							成功	失败	未定
渐变（%）	9.5	15.8	42.9	0	13.6	0	0	25	36
激变（%）	85.7	78.9	42.9	80	86.4	100	91	75	64
组合式（%）	4.8	5.3	14.2	20	0	0	9	0	0
比例（%）	52.5	47.5	17.5	20	55	25	55	10	35

根据表5－7、表5－8中的统计数据，我们可以得出如下结论：

（1）从中外企业实施变革的方法来看，激变式变革方法最为普遍，比例分别为85.7%和78.9%，其次是渐变式变革方法，比例分别为9.5%和15.8%，最后是组合式变革方法。从表面上看，中外企业在变革方法使用上的差异性并不是很明显。

（2）从企业的发展速度来看，无论是高速增长企业，还是增长衰退企业和负增长企业，运用最多的变革方法是激变方法，其中处于负增长中的企业完全采用激变式变革方法，这三类企业运用激变方法的比例分别为80%、86.4%和100%。除此之外，高速增长企业和增长衰退企业在渐变式方法和组合式方法的运用上稍有差异，高速增长的企业没有采用渐变式变革方法，而增长衰退的企业也没有采用组合式变革方法。

（3）从变革的结果来看，激变式变革方法的成功率和失败率都比较高，其比例分别为91%和75%，而渐变式变革的结果由于时间跨度的原因，在短时间内难以看出其变革的效果。例如，从绝对数字上看，5家企业中有一家变革失败，4家变革结果未定。从绝对数字和相对数字上看，组合式变革方法的成功率都比较高，仅有的实施激变变革方法的两家企业其变革结果都是取得了成功。这或许说明了未来企业在变革方法的选择上应加以改进的一个趋势。

（4）激变式变革方法的大量使用也说明了当今企业所面临的竞争环境的激烈程度，为了应对来自于技术和市场的严峻考验，现代企业不得不以一种剧烈变革的方式来应对挑战。

5.4　关于企业变革两种方法的评价和思考

企业变革的渐变方法与激变方法在某种程度上揭示了企业变革中常用的两种方法，但是很明显这种分析将企业变革的两种方法完全对立起来了。实际上企业变革除了企业遭受重大的生存危机外，更多的情况是企业在变革的过程中交替使用两种方法。正如组织变革的动态均衡模型的提出者艾德加·施恩（Edgar Schein）所认为的那样，组织在长期内（均衡时期）是稳定和发展的，这种发展基于组织基本模式的活动，大多数组织确实在一段时间里符合渐变模型，但也不排除在某一个特定的时间里，这些组织会经历一个快速和彻底的变革时期。因此从这个角度来看，变革的渐变方法与激变方法不存在谁优谁劣的问题。问题在于如何根据各自企业的具体情况对这两种方法加以灵活的运用。因为企业变革的目的不是为了贯彻某一种模式，成功的企业变革往往是在原有的理论或别人成功的基础上进行创新，变革的唯一目的是提高企业的运营效率。

从企业发展的历史过程来看，日本式企业变革从本质上看可以被认为是一种有计划的渐进式变革，如日语里的 Kaizen 即改善，曾被西方的企业界和学术界普遍认为是理解日本管理和西方管理方法之间差异的关键，西方人认为日本的改善文化演化成了 TQM（全面质量管理）和 ISO9000，日本管理学家和作家今井正秋认为日本企业的管理方法是一种改善型、过程导向型思维方式，而西方企业的管理方法则是一种革新型和结果导向型思维方式，在日本企业里“改善”的概念在管理人员和工人的心中是如此根深蒂固，以至于他们都意识不到这一概念在头脑中的存在。① 许多工业时代的企业典范都具有这种特征，当环境比较稳定时，渐变式变革能够对现有的技术和产品进行优化而不是创新，相对稳定的环境也给了这些企业足够的时间来改善其经营和管理，因而这些企业并不善于创新和打破陈规陋习并改变游戏规则，渐进主义已经融进了这些企业的管理过程当中。在许多方面渐进式变革有很大的意义，如果一个组织经常改变其战略，那么这个组织将难以有效地达到目标，并且在大部分情况下，环境变化也不可能快到需要经常实施激变式变革。因此在不断变化的环境中渐变式变革是比较适合的。但是，环境的变化也不可能总是渐进的，如果渐进式变革不能与环境的变化同步，那么组织也将可能与环境不协调，这时候可能需要急剧式变革。

---

① ［美］詹姆斯·迈天（James Martin）. 大转变——企业构建工程的七项原则［M］. 北京：清华大学出版社，1999. 171

美国的企业变革方式自20世纪80年代以来一直给人一种急剧的暴风式变革的印象，例如，大规模的人员裁减、频繁的而规模又越来越大的企业兼并活动，业务的快速整合与剥离、组织结构的重新设计、公司CEO的经常调整和追求创新等无不体现了迅速的变革类型，也正因为如此，美国企业对于在环境跃进式变化的时代里，对于环境的适应能力要比渐进式变革强。这是因为环境剧烈的变化会加快企业的进化进程，也要求加快企业变革的速度。

企业变革的速度与企业面临的环境有关，尤其是日新月异的技术变革和市场演变的进程。日本企业式管理的成功与美国企业在20世纪90年代的辉煌也证明了这一点。现在由互联网信息技术带来的新经济的快速增长已成明日黄花，经济的低迷似乎使技术革新的步伐慢了下来，企业也需要对优化和革新、进化和革命进行一次很好的平衡。

5.5 企业变革时机的比较研究

企业存在的最终目的不过是想在市场中获胜，通过吸引赢取并保有顾客以及超越竞争者。为了达到这个目的，企业组织除了必须不断地改良产品、不断创新之外，其组织内部结构在面对竞争激烈、诡谲多变的环境时也要拥有迅速应变的能力，使企业能增强竞争力，以创造或适应环境的改变。企业实行组织上的变革，以求企业能在竞争激烈、变化多端的大环境之中立于不败之地，生存于产业之中，然而企业组织的变革往往牵一发而动全身，其影响甚巨且远，攸关企业现在及未来的营运成败，故当企业施行企业变革时，其变革时机及方式策略皆须考虑诸多外在及内在相关因素。从目前的企业实践过程来看，企业变革的时机类型主要有以下几种：

5.5.1 企业内部经营危机型

很多企业的变革是被迫的，其原因是企业内部出现了经营危机，若不果断进行企业变革则难逃破产的命运。企业内部出现经营危机在某种程度上与外部环境有关，但外部环境并不是决定性因素，而是企业内部的经营管理出现了问题，利润下滑甚至为负。例如，台湾著名的电脑企业宏碁公司曾经历过三次较大的经营危机。第一次是在1991年，宏碁面临成立以来首度亏损，甚至外商银行也采取抽银根动作，宏碁立即认识到因为过去的成功，导致团队丧失危机意识，因此重新调整组织架构，并定下营业额倍增目标，公司由服务业转型为制造业，并由国内市场进军国际市场，此次变革管理使得宏碁的营业额自1992年的300亿元新台币，于1996年一举冲上2 000亿元新台币。第二次经营危机则是因为第一次变革管理后，宏碁赢取了丰厚的利润，在企业经营战略上开始大举扩张，公司买下德基公司，却因为DRAM并非宏碁核心事业，加上外在环境因素，造成德基面临经营危机，也使得宏碁连带受累，宏碁当下痛定思痛邀请台积电入股。而德基也由DRAM业走上代工业，反而成为能在本地投资DRAM事业者中获利的少数公司之一。第三次经营危机是由于当时宏碁服务与制造都已有相当分量，却因此产生内部资源分配不均，业务与管理文化频生冲突，宏碁毅然决定让公司分拆成两家企业——宏碁电脑与经纬代工，两家公司各走自己的路，如今负责品牌业务的宏碁已跻身为全球性品牌，并在欧洲笔记本电脑市场坐上龙头宝座，这是当时当机立断决定让品牌与代工业务分家的好处。

宏碁电脑的每次变革都是企业内部出现了经营与管理上的问题，因此不得不进行变革，否则企业有破产倒闭的危险，当这一危机来临的时候任何变革措施都将会得到大多数管理层与员工的理解，变革的速度快、幅度大、执行力强。

5.5.2　外部环境危机型

2008年下半年，世界经济因为美国金融危机而急转直下。从CPI持续高涨到负增长、从原材料涨价到暴跌、从次贷危机风波及金融海啸风暴突袭导致出口订单急降、房地产市场萎缩等，各行各业走过了大起大落、异常惨烈的一年。许多企业在这场激变的外部环境危机中破产倒闭，大到百年企业如美国的雷曼兄弟、通用汽车等知名企业，小到珠三角不计其数的玩具、家具、纺织服装、电子等企业，一些尚未倒闭的企业则在大刀阔斧地进行企业变革，企业变革措施一如既往：大规模裁员、收缩业务规模、缩减经营管理费用开支、出售部分资产业务、无薪休假、开发新的产品与业务等。

外部环境的变化所引发的变革往往是非常剧烈的，不论是经济环境的变化还是产业环境的变化，企业变革所调整的幅度都相当惊人。

5.5.3 先进的生产技术和管理思想、理念出现型

任何一种新的生产技术或管理思想、理念的出现且在企业的管理实践中得到检验并初见成效后，往往会有大批的企业纷纷采用这些新的生产技术或管理思想、理念。一个典型的例子是流程再造理论，流程化管理模式源于业务流程再造（Business Process Reengineering，BPR），BPR一词最早源于计算机领域，是软件维护过程中的反向工程（reverse engineering）的概念。1990年管理大师Michael Hammer首次将reengineering引入企业管理界，提出了业务流程再造的概念，从此reengineering一词便以全新的面貌和新的内涵为管理界所认识和重视。BPR就是以流程为导向，从企业战略和顾客需求的角度出发，通过创造更大的价值和更多的顾客满意度为最终目标的改造流程，以提高企业竞争力为目的的变革。换言之，流程化管理模式是一种基于业务流程进行管理、控制的管理模式，代表着一种对新的企业组织工作模式的追求。

企业流程再造的重点在于流程。因此任何策略远景的实现、信息系统的导入、企业文化价值观的具体呈现，终将落实到流程，所有流程再造的核心均是以流程为改善企业经营业绩的对象，以流程导向式的扁平化组织取代金字塔形阶层组织。

企业流程再造理论所引发的企业变革往往涉及企业的技术重构、组织重构、企业文化重构，因而很多企业在采用这一理论的实践中不可避免地会对企业的整体进行变革。自企业流程再造理论在企业中推行以来，其结果并不理想，只有不到10%的企业在推广和实施企业流程再造理论之后获得较好的绩效，其他企业不是失败就是无疾而终。

新技术的出现往往也能引发企业的变革，例如，通信技术的飞速发展和互联网的出现使得很多企业的组织结构出现扁平化变革的趋势。

5.5.4 领导者更换型

企业最高领导者的更换往往也是企业实施变革的良好时机。美国通用电气公司在20世纪80年代初杰克·韦尔奇接任总裁后，当时该公司有40多万员工，其中有经理头衔的就达2.5万人，高层经理500多人，副总裁130人。管理层次有12层，工资级别多达29级。从担任总裁开始，杰克·韦尔奇就着手大刀阔斧地改造通用电气的组织结构，迅速地砍掉大量的中间管理层次，并裁减管理层职位，甚至连副总也难以在这场“扁平化的风暴”里幸免于难，最终通用电气公司从原来的12层管理层次变成了今天的4~5层。杰克·韦尔奇始终认为，官僚体制是热情、创造和反应的障碍，这些管理等级制内在的战略性计划、控制和形式只不过是在扼杀通用迫切需要的企业家精神，所以“任何等级都是坏的等级”。这一例子说明企业在需要变革时更换其领导者往往是一个不错的选择。

从企业变革的四种时机类型来看，在影响范围、幅度、速度方面内部危机型所引发的企业变革是最为剧烈的，企业往往无从选择，只有背水一战，而其他企业变革的类型则有很多的回旋余地。

5.6 常用企业变革工具的比较研究

企业管理者可以利用各种工具来促使员工合作，参与变革。哈佛大学商学院的克莱顿·克里斯滕森（Clayton M. Christensen）、马特·马克思（Matt Marx）、霍华德·史蒂文森（Howard H. Stevenson）认为，虽然很多著名公司的优秀CEO怀着领导员工共赴新目标的理想，结果却在变革过程中折戟沉沙。如宝洁公司的迪克·雅格、惠普公司的卡莉·菲奥里纳等等。这些人之所以失败，是因为他们未能让组织内的成员齐心合作，而这是所有变革行动的必要条件。在现实中我们可以看到，管理者为了争取员工的合作，会借助各种各样的工具与手段，如物质奖励、动员性演说、培训项目、警告等等。不过，虽然多数的管理者谈起这些工具时头头是道，但他们对于应该在什么时候使用什么工具并无太大把握。而同一种工具，因为公司的实际情况不同，其效果也会不一样。这些管理工具主要有四种类型：

（1）权力型工具。

如果组织成员在共同目标统一程度及其因果关系认同程度的管理共识维度上均未达成共识，那么企业变革需要采用的唯一手段就是“权力型工具”，如命令、武力、施压或威胁等等。如果组织成员在共同目标统一程度及其因果关系认同程度的管理共识维度有一些共识时，所采用的变革工具有协商、战略规划和物质奖励。对于缺乏共识的组织，权力型工具可以收到极佳的效果。其关键在于，使用者必须大权在握，能够使用这些工具。

（2）管理型工具。

这是一类能促进变革合作的工具，它们以协调和流程为重，其中包括培训、标准化操作程序和考核体系。若想让此类工具发挥作用，团队成员必须在因果关系上取得共识，但工作目的可以有所不同。

（3）领导力型工具。

这类工具往往是以结果为导向的，而非以过程为导向。使用这类工具促进合作，员工必须已达成高度共识，认为变革与自己的工作目的相吻合——哪怕在如何完成变革的问题上，大家存有巨大分歧。

（4）文化型工具。

在这种条件下，员工基本上能自觉合作、不断朝着同一个方向努力。他们在共同目标统一程度及其因果关系认同程度上都有着强烈的共识，并以此为中心建立起一种强势企业文化。拥有强势文化的公司可以通过多种方法实现自我管理。但也正因为这一优点，此类公司可能会非常抗拒变革。所谓的文化型工具——如各种仪式和传统故事——只会促使人们加强合作以巩固现状，而不会去推动变革。所以在强势企业文化中，这类工具最多也只能促使员工展开合作，在工作上稍作改进而已。

本研究将管理变革的工具分为以下三大类：

（1）技术操作类工具。

这类工具经常会带来企业局部的变革，例如，对于食品生产企业来说，HACCP（Hazard Analysis and Critical Control Point）认证的引进仅仅是一个技术操作类的变革工具。HACCP 的含义是表示危害分析的临界控制点。HACCP 认证能确保食品在消费的生产、加工、制造、准备和食用等过程中的安全，在危害识别、评价和控制方面是一种科学、合理和系统的方法，但不代表健康方面一种不可接受的威胁。HACCP 认证能识别食品生产过程中可能发生的环节并采取适当的控制措施防止危害的发生。通过对加工过程的每一步进行监视和控制，从而降低危害发生的概率。HACCP 并不是新标准，它是 20 世纪 60 年代由皮尔斯伯公司联合美国国家航空航天局（NASA）和美国一家军方实验室（Natick 地区）共同制定的，体系建立的初衷是为太空作业的宇航员提供食品安全方面的保障。

近年来，随着全世界人们对食品安全卫生的日益关注，食品工业和其消费者已经成为企业申请 HACCP 体系认证的主要推动力。很显然，HACCP 认证对于企业来说其影响仅仅局限于企业的生产和质量环节，这是一种典型的纯技术操作类的管理变革工具。同样的 ISO9000 质量管理认证体系的引进也可以作为此类的变革工具。

（2）思想理论型工具。

这类工具包括先进的管理思想和理念，其引进通常会给企业带来思想观念和操作层面的变革，是一种能对企业整体带来巨大影响的变革工具。例如，企业要建立学习型组织，学习型组织这一思想通过“五种修炼技术”体现出来，即所谓的自我超越、改善心智模式、建立共同愿景、团队学习和系统思考。其提出者美国管理学者彼得·圣吉认为，通过不断学习，企业可以重新认识自我，重新认识这个世界，系统认识各种相互关系，看清事物全新的全景，从而为未来发展不断创造机遇，并采取具有前瞻性的行动。这一理论着重强调了管理活动中的系统思考或系统管理思想。人类系统中的结构是微妙且错综复杂的，人们需要不断学习和了解系统结构中的各种变数和相互关系，即需要不断反思自己，扩大思考范围，洞察层次结构，建立共同愿景，才能找出一条解决问题的新路径。建立学习型组织显然不是企业一个部门的任务，也不是企业某一个层次的管理者所能应付的事情，它需要企业上下各个不同的部门通力合作转变观念才能实现，因此对企业而言思想理论性变革工具所带来的影响是全方位的。

(3) 混合型工具。

现代企业的发展实践显示，单纯的技术变革对企业带来的影响已不再仅仅局限于企业的某一个部门或层次，其影响经常会迅速扩散到企业的整个层面。例如，ERP 软件的推广运行，从表面上来看只是一个管理软件的使用，但是其影响却往往涉及企业的所有员工、组织架构、企业的文化及整个企业的管理模式，因此这种变革工具既有企业的技术层面的性质，也有企业的思想理论层面的内容，是一种混合型管理变革工具。

6 企业生命周期不同阶段变革比较研究

企业在其从小到大的发展过程中可以分成许多不同的阶段，每个阶段面临的问题各不相同，在企业从一个阶段向另一个阶段转化时，企业都要进行相应的变革以适应企业的发展。

6.1 企业生命周期的界定

如同市场营销中的产品有其生命周期一样，市场中的企业也存在着生命周期的问题，在实际的经济生活中时常可以看到许多企业破产倒闭了，同时一些新的企业出现在市场上，一些企业处于高速的增长状态之中，其规模不断壮大，同时另一部分企业则由于业务萎缩而面临生存的压力，所有这些都说明了企业在市场上的活动因时间和发展阶段不同而存在着差异性。研究企业的生命周期及其不同的发展阶段有助于我们对不同阶段的企业变革进行更好的理解和把握。

6.1.1 国外学者关于企业生命周期的界定

许多西方学者在企业生命周期及其不同的发展阶段方面进行了

卓有成效的研究，下面简要介绍这方面的研究成果。

1. 企业生命周期阶段论

美国爱迪思研究所的伊查克·爱迪思（Ichak Adizes）博士在其著作《企业生命周期》中将生物体中的生命周期概念用于描绘企业组织，他认为，在企业生命周期的每一个阶段，进行必要的变革是正常的事情，特别是当企业从生命周期的一个阶段向另一个阶段发展时，企业将面临重大的管理上的变革。爱迪思从企业的灵活性和可控性两个方面出发将企业的生命周期分为三个大的阶段和十个小的阶段。三个大的阶段是成长阶段、再生与成熟阶段、老化阶段。其中企业的成长阶段包括孕育期、婴儿期、学步期三个小的阶段，再生与成熟阶段包括青春期、盛年期两个小的阶段，而老化阶段则包括稳定期、贵族期、官僚化早期、官僚期和死亡期五个小的阶段，每一个阶段的特征如表6-1所示：[①]

表6-1　企业生命周期的阶段及其特征

企业所处生命周期阶段	企业在每个阶段的特征
孕育期	此时企业尚未诞生，仅仅是一种创业意向
婴儿期	由于行动导向和机会驱动的原因使企业缺乏规章制度和经营方针，表现不稳定，易于受挫折，管理工作受危机所左右，不存在授权创业者所承受的义务。缺乏管理深度，缺乏授权
学步期	被动的销售导向，快速成长，管理缺乏连续性和重点。企业往往是因人设事
青春期	合伙人或决策制定者之间，管理型与开拓型人之间发生冲突，暂时丧失远见，创业者控制了企业，授权摇摆不定，制定的政策没有坚持，董事会对管理人员加强了控制

① ［美］伊查克·麦迪思（Ichak Adizes）．企业生命周期［M］．北京：中国社会科学出版社，1997.29~119

（续上表）

企业所处生命周期阶段	企业在每个阶段的特征
盛年期	企业的制度和组织结构能够充分发挥作用，视野的开拓与创造力的发挥已制度化，注重成果；企业能够满足顾客的需求；能够制订并贯彻落实计划；无论从销售还是从赢利能力来讲，企业都能承受增长所带来的压力；企业分化出新的婴儿期企业，衍生出新的事业
稳定期	对成长的期望值不高；对占领新市场、获取新技术的期望值也越来越少；企业开始沉醉于昔日的辉煌，而对构筑发展远景失去了兴趣，对变革产生了疑虑；工作中肯听话的人受到表扬，对人际关系的兴趣超过了对冒险创新的兴趣
贵族期	钱被花在控制系统、福利设施和一般设备上；企业强调的是做事的方式，而不问所做的内容和原因；在衣着和称谓方面越来越注重形式，并拘泥于传统；“别兴风作浪，少惹麻烦”成了企业中司空见惯的现象；企业内部缺乏创新；企业资金充裕，成为潜在的被购并的对象
官僚化早期	强调是谁造成了问题，而不去关注该采取什么补救措施；各种冲突、背后中伤和内讧层出不穷；偏执狂束缚了企业，每个人都撂挑子不干了；注意力都集中在内部的地盘之争上，外部的顾问反倒成了令人生厌的多余的东西
官僚期与死亡期	制度繁多，行之无效；与世隔绝，只关心自己；没有把握的意识；要想与企业行之有效地打交道，顾客必须绕过或打通层层关卡

2. 企业组织发展金字塔

美国加州大学洛杉矶分校安德森管理研究生院的管理学教授厄威克·G. 弗莱姆兹教授（E. G. Flamliolt）将一个公司生命周期划分为七个阶段：新建企业、扩张、专业化、巩固、多元化、一体化、衰落和复兴阶段。他认为前四个阶段是从新兴企业到组织上成熟的企业所经历的阶段。后三个阶段则是企业在组织上进入衰退期的阶段。① 企业在其发展过程中多会由一个阶段向另一个阶段发展，由于企业每个阶段的特征不同，因而进行组织和管理上的变革是一件必然的事情。在企业进行阶段转型的过程中组织发展对企业变革成功与否具有特别重要的意义，组织发展是一个企业为了提高它的经营效率和利润水平，对总体的变革进行计划和实施的过程，适当的组织发展可以使公司成功地从一个增长阶段进入另一个阶段。他认为有六个关键因素左右着企业的变革，这六个因素构成一个组织发展金字塔（见图6-1）：

图6-1　组织发展金字塔

3. 企业的不同发展阶段及其变革

L. 克拉克在其著作《改革》中提供了一个关于企业年龄的格雷纳（Greiner）模型②，这个模型（见图6-2）认为人们同样可以预测企业的增长阶段。随着组织规模的不断扩大，企业的年龄也不断增长，因此只要划分五个发展阶段，就可以具体地揭示企业的进化和变革的过程。

① ［美］厄威克·G. 弗莱姆兹（E. G. Flamliolt）. 增长的痛苦［M］. 北京：中国经济出版社，1998. 96~97

② ［美］L. 克拉克（L. Charke）. 改革［M］. 北京：中信出版社，1999. 13~14

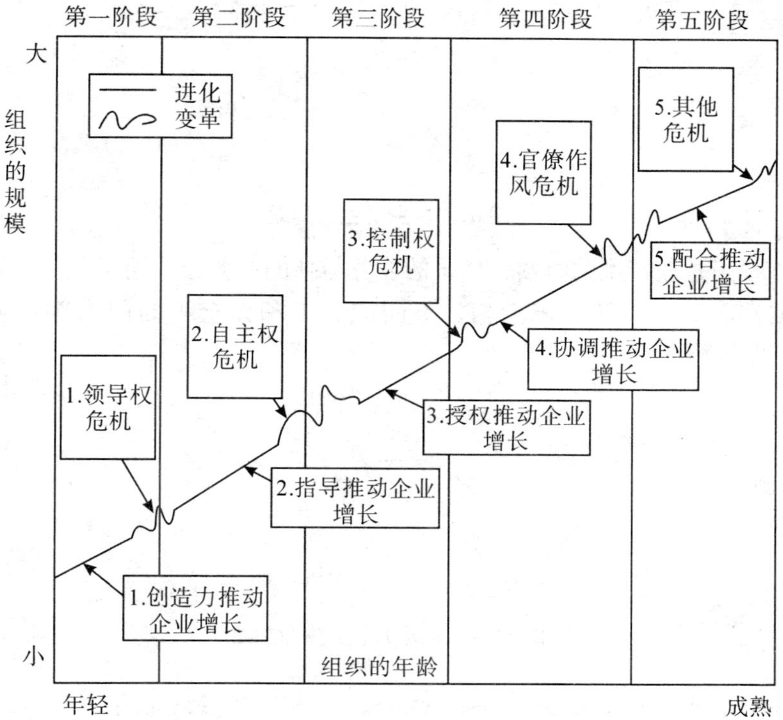

图 6－2　企业的不同发展阶段及其变革

4. 业务生命周期、组织生命周期与企业变革

S 形曲线经常被用来描述企业的业务生命周期（见图 6－3），在初始阶段企业的增长缓慢，甚至处于负增长状态，当企业成熟时，增长率会逐渐趋缓，逐渐达到一个无增长的稳定水平，最后转向衰退，进入潜在的死亡期。①

① ［美］丽莎·佛里德曼（Lisa Friedman），赫尔曼·基尔（Herman Gyr）. 企业活力［M］. 北京：北京工业大学出版社，2000. 181

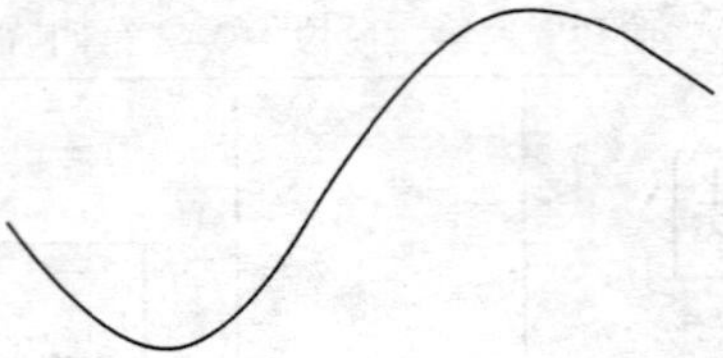

图 6-3　业务生命周期

当企业转型的时候，传统的业务与新的业务会共同存在，它们通常需要不同的组织结构、不同的员工和完全不同的内部环境（见图 6-4）。

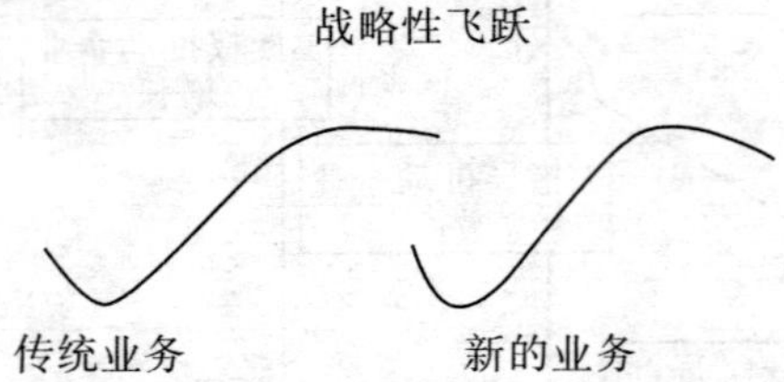

图 6-4　重叠的业务生命周期

丽莎·弗里德曼（Lisa Friedman）和赫尔曼·基尔（Herman Gyr）提出了一个组织生命模型，他们将组织的发展过程分为四个阶段，如图 6-5 所示：①

① ［美］丽莎·佛里德曼（Lisa Friedman），赫尔曼·基尔（Herman Gyr）. 企业活力［M］. 北京：北京工业大学出版社，2000. 201

组织的探索阶段

在组织的探索阶段，从组织的市民到所需的具体工作、关系和任务，组织的每一项事项都需要清晰的定义；组织期望和设置必须是松弛和流动的。此时组织的类型多为反应型和混乱型。

组织的系统阶段

在组织的系统化阶段，秩序开拓逐步显现，工作惯例与企业调控得以建立，组织的生命发展变得可以被预见，组织的表现形式为操作型和僵化型。

组织的风险阶段

在组织的风险阶段，权力与权威在清楚定义的参数和监控的责任范围内被下放，释放员工让他们以更大的自主权去实践他们日益增长的才干。组织的表现形式为授权型和鲁莽型。

组织的整合阶段

在组织的整合阶段，一个有力的共同远期目标为组织所从事的多元努力整合以提供优先事项的序列。组织的表现形式为联合型和亢奋型。

图 6－5　组织的发展过程

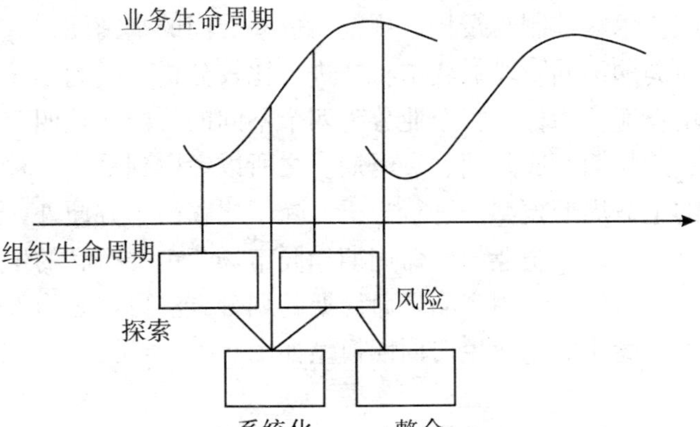

图 6－6　业务生命周期与组织生命周期之间的关系

任何一个企业是由企业业务与组织共同构成的，组织中存在的相同阶段也可以在企业的生命周期中一一对应起来，如图 6 - 6 所示。

图 6 - 6 说明了这样一个道理：当企业的业务与组织的结构为了企业的发展而很好地结合在一起时，企业将处于效率最高的状态，而如果企业组织没有进行充分的调适来迎接企业在其生命周期的特定阶段中所面临的挑战，那么企业将遇到极大的困难，企业的变革将在所难免①。在日常的企业经营活动过程中，我们也可以找出实例，例如，高速增长的企业中，业务的高速增长往往会超出企业所处生命周期时的组织能力，因而组织结构的调整势在必行；而在增长衰退的企业中，企业的组织能力又超出了企业的业务增长速度，因而需要对企业的业务进行进一步的开拓或转型来与之匹配。对于大企业来说，系统化的管理比较完善，但企业缺乏创新的活力；而小企业处于探索阶段，创新意识与活力较强，但管理上又存在着混乱和无章可循。因此企业的变革从业务生命周期和企业生命周期的角度来说，是一个如何将这两者进行搭配的问题。

6.1.2 简化的企业生命周期模型

通过西方学者对企业生命周期的划分研究，我们不难发现其对企业不同发展阶段的划分非常细，其实企业的发展在管理学上是一个科学与艺术、控制与授权、规范与创新之间的平衡问题，为了对企业生命周期不同阶段的变革特征进行比较分析，我们不妨以企业的业务增长速度为标准将企业分为四个不同的阶段，这四个阶段是生存期、成长期、成熟期、衰退期。之所以考虑到采用一种简化的四阶段的生命周期模型来进行分析，除了比较简单方便外，还有一个原因是笔者认为企业的生命周期如同市场营销中产品的生命周期一样具有相似性，采用产品生命周期的划分方法更容易为人们所接受和理解。简化的企业生命周期模型如图 6 - 7 所示：

---

① ［美］丽莎·佛里德曼（Lisa Friedman），赫尔曼·基尔（Herman Gyr）. 企业活力［M］. 北京：北京工业大学出版社，2000. 221

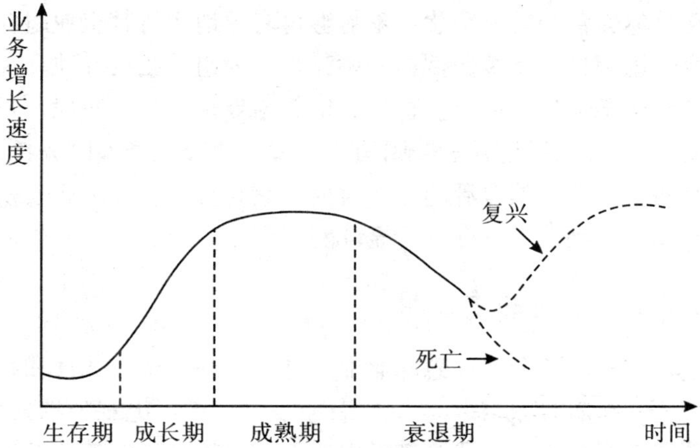

图6－7 简化的企业生命周期模型

需要说明的是，并不是每一个企业的发展轨迹都如同图6－7所示的那样，许多企业可能在进入衰退期后因为变革的成功而重新进入成长期，而有些企业可能在成熟期停留的时间非常长，还有些企业可能在成长期因为变革失败而提前退出市场等，这里关于业务增长速度的企业生命周期只是表明了企业发展阶段的一般情形。

6.2 企业生命周期各阶段的特征分析

6.2.1 企业的生存期

这个阶段是企业刚刚创办而处于生存的压力之下的时期，企业为了生存往往是机会驱动着企业去做每一笔可以带来利润的业务，企业主或创始人的素质或风格直接决定着企业的成败。这一时期企业缺乏规范化管理，例如，没有明确的规章制度和经营方针，企业的经营管理非常不稳定，经常受到意想不到的危机所左右，没有明确的战略和成型的企业文化。总体来看，企业的经营和管理处于一种不断的摸索状态之中。但此时企业的创新性也最强。因为企业主要是依靠创新成长，企业的创始人是一切的核心，随着企业的成长，具有创造性思想但管理不正规的企业创始人被过多的细小行政事务和具体经营问题所困扰，不能够再有效地运行其企业时，需要对企业的管理进行变革，例如，调整企业的组织结构并建立一个正规的领导班子，从而使企业过渡到依靠指导来成长的阶段。根据小艾尔弗雷德·D. 钱德勒对美国历史上大企业成长经验的分析表明，这个时期是企业积累资源的重要时期，它直接为企业的成长阶段奠定了坚实的基础。①

6.2.2 企业的成长期

企业进入成长期往往意味着企业进入了一个高速增长的时期，企业不再像生存期那样为了生存而处于一种杂乱无章的情形之中。企业的管理开始由生存式管理转向对企业的增长进行管理。在一个快速增长的公司中经常会发现，当公司的产品和服务日益增长时，企业资源的利用也达到了极限，企业经常会出现以下现象：员工觉得时间不够用而花费太多的时间去“救火”；员工不知道其他人在做什么；员工缺乏对企业发展方向的理解；缺少称职的管理人员，大多数员工认为开会浪费时间；制订了计划后很少有人去执行；人们对自己在公司中的位置没有安全感；公司在销售额上持续增长但利润却没有起色，等等。因此，这一阶段企业应着手为其日常业务提供有效的、高效运行的经营系统基础，从而使企业的发展规模与企业的经营系统的发展程度相适应。例如，建立企业的预算制度、完善企业的组织结构甚至改变企业的组织形式等。公司可能会发现它需要更多的物资资源、资金和人力资源。而且企业在忙于开发其有利市场位置和产品时，容易忽视经营系统的建立和发展，但随着一个企业在规模上扩大，公司规模超过了组织管理的运作能力时，公司需要开始合理地管理其基本的日常经营活动，包括会计、制表、采购、做广告、招聘员工、培训、销售、生产、运输和相关系统。企业开始建立其长期成长和发展所必需的管理系统，包括计划、组织、管理开发和控制等。从业务上来看，企业将会面临业务

① ［美］小艾尔弗雷德·D. 钱德勒（Alfred D. Chandler）. 战略与结构——美国工商企业成长的若干篇章［M］. 昆明：云南人民出版社，2002. 413

多元化发展还是专业化发展的选择；从企业文化上看，企业的老员工和新员工面临着如何融合的问题，这是因为新进的职业经理人多倾向于制定一整套的劳动报酬规定和重新确定各种角色和责任，并通过使一系列的规章和政策制度化来管理企业，而这首先对创业者的领导风格提出了挑战，因为创业者经常会率先破坏规章制度。另外，新经理制定各种规章制度的种种努力会被视为对德高望重员工的直接挑战，因而新老员工的冲突不可避免。如果创业者带头违反规定则企业的转型将无法进行。因此此时的领导风格的转变显得尤为重要。此外，这一时期企业的经营目标也发生了转换。生存期的企业倾向于增加销售额，而不是增加利润及建立和形成一套责任清晰、职权分明、信息通畅的制度体系以规范个人在企业中的行为。而在成长期的企业加快企业组织化的进程却显得十分迫切。

从企业的管理来看，开始引进的职业经理人带来了职业化专业管理与企业家族式管理的矛盾，如授权与控制之间的矛盾。因为授权下属使其获得强烈的参与感的同时也会使企业出现失控的问题，这种失控主要表现在组织变得越来越散碎和缺乏协调，其后果是利润下滑、出现计划外项目和缺乏人人认可的企业总体战略等等。企业的创始人必须逐步将其思路和想法正式化和形式化，企业的相关政策需要制定，管理班子需要建立，关键人员需要任命并明确其职责。企业的组织形式开始真正发挥作用。

6.2.3 企业的成熟期

企业进入成熟期时其增长速度开始步入一个稳定增长时期。这个时期企业的经营系统和管理系统已经建立起来并开始稳定发挥作用，由于企业的规模进一步扩大，企业的很多操作和程序都必须高度规范化，例如，要求更加规范的计划、定期安排的会议、对企业各部门的作用和责任进行界定以及考核系统和管理控制系统。企业的管理人员也应改变他们的技巧和能力，从“实干家”的角色转变为专业的管理人员。在这个阶段，企业的快速增长需要其管理人员进行规范化的管理、计划、组织、激励、领导和控制，以便形成良好的计划、组织、管理开发和控制系统。一个企业一旦完成了向专业化管理企业的过渡，这个企业也就从以企业家精神为主导的阶段转向了以专业化管理为主导的阶段。一个以企业家精神为主导的企业和一个以专业化管理为主导的企业之间有着质的区别。前者倾向于以不规范、缺乏系统和一种自由化的精神为标志，而后者则一般更为正规、有完善的系统。这两者之间的区别如表6-2所示：

表6-2　专业化管理与以企业家精神为主导的管理之间的区别

关键的领域	专业化管理	以企业家精神为主导的管理
利润	以利润为目标，利润是一个明确的目标	利润被看做是一个副产品
计划	正式的、系统的计划，战略计划，经营计划，应变计划	不正式的混乱的计划
组织	对各部门的任务有规范、明确、详尽的规定，分工明确，但相互合作	不规范的重叠的组织并且没有各部门之间对责任的规定
控制	正规的、有计划的组织控制系统，包括明确的目标、衡量标准、评价和奖励	不公正的、混乱的控制，很少用正规的衡量标准
管理开发	有计划地管理开发，确定需求，设计方案	无计划地开发，主要是通过岗位培训进行
预算变革	根据标准和变动状况进行管理，倾向于可以带来增长的变革，愿意承担可计算的风险	预算不明确，没有对变动的应变措施，倾向于大的变革，愿意承担大的风险
领导文化	协商与参与的风格，完善的文化	从非常直接到放任主义之间的各种风格，无明确定义的“家庭式”文化

专业化管理所带来的好处是管理的规范化和可执行性，但是专业化管理也带来了管理上的僵化，企业的创新受到了极大的限制，这是因为各种极具约束力的规章制度往往会使企业丧失活力并导致管理上官僚主义的盛行，“大企业病”将会出现。“大企业病”的说

法是日本立石电机株式会社石一真会长首次提出的。他认为，企业如同人，年岁大了，身体胖了，锻炼少了，活力差了，就得病了。所谓“大企业病”，是指企业发展到一定规模之后，在企业管理机制和管理职能等方面，不知不觉地滋生出阻滞企业继续发展的种种危机，使企业逐步走向倒退甚至衰败的一种慢性综合病症。“大企业病”曾经病倒了许多企业，如胜家、王安、铱星、大宇等。企业之所以会患“大企业病”，最根本的原因是企业的经营和管理思想没有随企业规模的增长而进步。在企业从小到大的发展过程中，管理上应该由“权威管理”的思想转化为“科学管理”继而转至“创新管理”的思想。企业最初的家族式自由发展模式不能满足发展要求的时候，企业管理工作的重点是加强管理的规范化；在企业管理强度达到一定水平之后，就需要对管理手段进行优化，消除管理过程中导致僵化的部分，通过梳理管理程序达到提高管理效率的目的。患“大企业病”的企业正是由于没有及时调整管理思想，过度追求管理的规范化而忽略了管理创新，而降低了企业运营的效率。

6.2.4 企业的衰退期

企业生命周期中的最后一个阶段是衰退阶段。任何企业，不论其规模多么庞大、业绩如何辉煌，最后都会经历衰退的问题。企业衰退的原因主要有：①由于市场竞争的加剧而导致的市场饱和问题；②企业的领导方式和管理技能的退化；③日益高涨的自满情绪的影响，也即成功文化的束缚所导致的抵制变革的自满心态的作用。当企业步入衰退期后，企业的业务增长速度出现持续的下降，整个企业开始丧失创造力、创新精神和鼓励变革的氛围。这一阶段的变化主要有：①企业开始过分关注短期赢利能力；②企业中的权力更迭。投资回报成为衡量业绩最重要的标准，但这种衡量却常常使企业忽视了对一些基本问题的思考。此时的企业已经不再去冒险。企业进入成熟期后所要变革的是如何打破这种沉闷的少有创新精神的气氛。

6.3 企业生命周期不同发展阶段变革特征分析

在企业生命周期的不同发展阶段中，企业经营和管理的重点各不相同，因此在企业从一个阶段发展到另一阶段时，其变革的重点和特征也各不相同。下面具体分析企业在从一个阶段向另一个阶段转变时所具有的一些基本特征。

6.3.1 企业从生存阶段向成长阶段的转变

在企业的生存阶段，企业的管理风格是企业家式管理，企业管理的艺术性风格明显。企业的经营权和所有权没有发生分离，企业经营的业务比较零散，企业的经营系统和管理系统没有建立，相应的规章制度和经营战略也没有明确。因此在企业由生存阶段向成长阶段转变时，其变革的内容和特征主要有以下几点：

（1）企业的经营权和所有权开始发生分离，企业的领导风格发生重大的改变，对企业的文化开始进行变革。企业分工的细化往往需要从外面引进新的员工，职业经理人更多地在这个时候进入企业里。在企业处于生存期的时候，企业所需要的领导多是那些敢于冒险又富有成效的人，这种人是非常注重成效的行动者，这种领导多富于创造性并且惯于以成败论英雄。此时，企业的规章制度、政策或管理显得并不是那么重要，而到了成长期后，新进的职业经理人多倾向于制定一整套劳动报酬规定和重新确定各种角色和责任，并通过使一系列的规章和政策制度化来管理企业，而这首先对创业者的领导风格提出了挑战，因为创业者经常会率先破坏规章制度。另外，新经理制定的各种规章制度的种种努力会被视为是对那些德高望重员工的直接挑战，因而新老员工的冲突不可避免。如果创业者带头违反规定则企业的转型将无法进行。因此此时的领导风格的转变显得尤为重要。

（2）企业目标的转换。生存期的企业倾向于增加销售额，而不是增加利润及建立和形成一套责任清晰、职权分明、信息通畅的制度体系以规范个人在企业中的行为。而在成长期的企业加快企业组织化的进程却显得十分迫切。相应的关于经营和管理方面的规章制度开始建立起来并发挥初步的作用，企业的管理开始面向专业化管理的阶段。

(3) 职位的授权。这主要是因为企业在生存时期创业者没有授权，也不应该授权，因为此时企业里面的劳动分工并不细化，而到了成长期后，企业的业务活动变得复杂起来，企业的规模也随之扩大，创业者已经开始无法面面俱到地管理企业，因而授权是一件必然的事情。

(4) 明确的企业经营战略的建立。例如，从业务上来看，专业化和多元化的发展战略是企业在进入成长阶段后所面临的选择，而这关系到企业建立怎样的经营战略的问题。

(5) 从变革的制约因素来看，市场的因素是主要的，因为是业务的高速增长带来了企业管理和经营资源系统的不适应。从企业变革的内容来看，企业层次和业务层次的变革最为普遍。从企业的变革应对层次来看，其变革的层次还停留在被动式变革应对层次上。从变革的方法上看，激变式变革采用较多。

6.3.2 企业从成长阶段向成熟阶段的转变

在这一转变过程中，其主要内容和特征有以下几点：

(1) 企业的经营权与所有权的正式分离，企业家退居幕后关注企业的长期发展战略，职业经理人具体负责企业的日常经营和管理活动。企业的管理进入职业经理人的时期。

(2) 职位的授权与控制。在授权的过程中经常会引发企业的失控问题，因此在企业的成熟阶段企业加强对授权的控制，如完善相关的企业规章制度等。

(3) 企业完成向专业化管理企业的过渡，这时企业也就从以企业家精神为主导的阶段转向了以专业化管理为主导的阶段。一个以企业家精神为主导的企业和一个以专业化管理为主导的企业之间有着质的区别。前者倾向于以不规范、缺乏系统和一种自由化的精神为标志，而后者则一般更为正规、有完善的系统。

(4) 企业的管理重点需要转移到一个无形的却真实而重要的财

富——企业文化上。这主要是由于企业经过阶段性发展，随着企业规模的扩大不断有新的员工加入进来，企业的文化（价值观、信念和规范）已无法像以前那样通过非正式的社交系统来传播，企业此时必须建立一个更加有意识的和正规的在企业中传播企业文化的方式。从而把那种创业者的“家庭”文化转变为一种在整个企业加以管理和传播的可变物，使其成为企业持续竞争优势的源泉。

（5）企业需要寻找新的业务增长点和利润支撑点。企业现有的产品或服务不能推动企业未来的充分发展以维持企业目前的增长率，因而对于许多企业来说，企业经营的多元化就成为其必然的选择。无论是相关还是非相关的业务多元化，企业需要寻找新的业务增长点和利润支撑点。在企业实行了经营多样化之后，企业从一个只有单一生产线的企业转变成为一个生产多种产品的企业，这些企业往往拥有一系列相关的业务，一些业务是企业从内部发展起来的，一些企业是通过对其他企业的兼并而形成的，多样化经营的企业中一般含有许多业务单位，许多单位还是独立的实体。因此这一阶段企业变革的重点是如何将企业的运作和业务结合起来，使企业成为一个统一的整体。企业对各个业务单位在一定程度上要实行集中统一控制，同时也要给各个单位的管理者充分的自由以管理他们的业务。

（6）从企业变革的制约因素来看，这一阶段的变革源自企业权力—政治行为的影响较大，主要原因在于企业在从企业家式管理正式转变为基于职业经理人的专业化管理的过程中，存在着权力博弈的倾向。从变革的内容层次上看，这一阶段的变革以公司层次为主，例如，经营战略的重新建立、公司规章制度的高度完善等。从变革的应对层次上来看，预测式变革开始使用。从企业变革的方法上看，主要运用激变的变革方法。

6.3.3 企业成熟阶段为了避免衰退而进行的变革

在企业的成熟阶段，企业面临的变革主要是企业的自满问题，许多成功的企业在其衰退之前都经历过这样一个问题。成功的企业往往有着成功的企业文化，而到了成熟期后企业过去的成功思维会束缚企业的手脚，加上在这一阶段企业的规章制度已经规范和完善，因而官僚化的管理和僵化的行为开始出现，整个企业开始丧失创造力、创新精神和鼓励变革的氛围。这一阶段的变化主要有：①企业开始过分关注短期赢利能力。②企业中的权力更迭。投资回报成为衡量业绩最为重要的标准，但这种衡量却常常使企业忽视了对一些基本问题的思考。此时的企业已经不再去冒险。企业进入成熟期后所要变革的是如何打破这种沉闷的少有创新精神的气氛。从而避免企业的创新活力逐步下降而导致企业的增长率停止并开始进入衰退期。这一时期的企业变革的主要特征主要有以下几点：

（1）重新树立企业的创新精神。其主要措施有改变公司的CEO或者对一家富有活力和创新精神的小公司进行兼并。另外一个重大的行为是对企业的组织结构进行重构，加强团队式的小组管理以增强企业的创新能力。

（2）强化企业管理的协调工作。在企业实行了经营多样化之后，企业从一个只有单一生产线的企业转变成为一个生产多种产品的企业，这些企业往往拥有一系列相关的业务，一些业务是企业从内部发展起来的，一些企业是通过对其他企业的兼并而形成的，多样化经营的企业中多含有许多业务单位，许多单位还是独立的实体。因此这一阶段的企业变革的重点是如何将企业的运作和业务都结合起来，使企业成为一个统一的整体。企业对各个业务单位在一定程度上要实行集中统一控制，同时也要给各个单位的管理者充分的自由来管理他们的业务。

（3）企业文化成为企业变革最大的制约因素，成熟期的企业其企业文化将成为企业变革的巨大阻力，越是成功的企业其企业文化的影响就越大，如日本的企业文化便是如此，因此这一阶段的企业变革企业文化将会成为重点。而引进外来的CEO或战略投资者成为经常性做法。从企业变革的内容层次上来看，公司层次的变革最为突出。从应对层次上来看，多采用预测式变革。从变革的方法来看，多运用激变式变革方法。

（4）完善企业治理结构。通过明确出资者、董事会、监事会、经理层和一般职工的职责，在企业内部形成各负其责、协调运转、有效制衡的关系。成立大企业的智囊团，用总经理办公室、董事长办公室、管理委员会等集团领导班子代替董事长或总经理一两个人负责决策的传统经营管理方式，赋予企业治理结构崭新的内容。

（5）精简机构，裁减冗员。在欧美，企业中层管理都曾有过过分臃肿现象，削减机构，裁减冗员，是有效防治“大企业病”的首要选择。

6.3.4 企业衰退阶段的变革特征

如何复苏企业将成为这一阶段变革的焦点所在。企业必须彻底地重新组建，包括业务重组、更换高层管理者和组织的重新设计等。这一时期企业变革的主要做法有：

（1）更换高层领导者，引进外来的战略投资者，例如，日产汽车公司在经历了连续 7 年的衰退后，终于引进了法国雷诺公司这样的战略合作者，首次让一个外国人担任公司的 CEO，使企业在文化方面遇到的阻力最小。

（2）业务上的重大重组。衰退期企业的经常做法是卖掉那些没有希望的和与公司的核心竞争力没有关系的业务与资产，同时购进那些能发挥公司核心竞争优势的业务与资产。

（3）从变革的制约因素来看，市场和技术是企业变革的主要影响因素。从企业变革的内容层次来看，公司层次和业务层次的变革最为普遍。从变革的方法上看，激变式变革方法被广泛使用。

6.4 企业生命周期不同发展阶段变革特征比较分析

上面我们分析了一个企业在其生命周期的不同阶段变革的主要特征，下面以表格的形式对企业不同发展阶段变革的特征进行比较分析。

表 6 – 3 企业不同发展阶段变革的特征比较分析

阶段	变革的焦点	制约因素	变革的层次	变革方法
从生存到成长阶段	管理风格，所有权与经营权分离，企业目标变化等	市场	企业层次和业务层次，被动式变革	激变式
从成长到成熟阶段	授权与控制，企业文化，职业经理人，专业化管理	权力—政治行为	公司层次，预测式变革	激变式
从成熟到衰退阶段	企业的自满与创新，协调，企业文化	企业文化	公司层次和业务层次，预测式变革	激变式
衰退期	复苏企业	市场与技术	公司层次和业务层次，被动式变革与预测式变革	激变式

6.5 来自企业实践的统计数据分析

在这里我们随机抽样调查了 40 家中外企业在不同的生命周期阶段所采取的一些变革措施，其资料和统计数据如表 6 – 4、表 6 – 5、表 6 – 6 所示：

表 6 – 4 关于企业生命周期随机抽样样本资料

企业	生命周期	变革方法	变革制约因素	变革内容层次	时间跨度（年）
联想	衰退期	激变	市场	业务层次	2001—2009
健力宝	衰退期	激变	市场	公司、功能、业务	2002—2008
熊猫电子	衰退期	激变	市场与制度	功能、业务	1996—2000
万和燃气	衰退期	激变	市场	业务层次	2002—2008
美的电器	成长期	激变	文化	公司、业务	2001—2003

（续上表）

企业	生命周期	变革方法	变革制约因素	变革内容层次	时间跨度（年）
中兴通信	成长期	渐变	市场	功能、业务	2002—2008
海尔	成长期	渐变	市场与文化	公司、业务	2001—2008
太太	成长期	激变	市场	功能、业务	1996—1999
小鸭电器	衰退期	激变	市场与制度	公司、业务	2002—2003
乐华	成熟期	激变	市场	功能	2002—2003
创维电器	衰退期	激变	市场	公司、功能、业务	2002—2003
科龙	衰退期	激变	制度、技术、市场	公司、功能、业务	2001—2003
哈药	衰退期	激变	市场与制度	公司、业务	2001—2002
长虹	衰退期	激变	制度、技术、市场	公司、功能、业务	2001—2003
东风汽车	衰退期	渐变	市场	功能、业务	2001—2003
美菱电器	衰退期	激变	市场	公司、业务	2002—2003
太阳神	成长期	激变	市场与制度	公司、业务	1993—1995
正泰集团	成长期	激变	制度	公司	2002—2008
咸阳偏转	衰退期	激变	市场	业务	2002—2003
实达	成长期	激变	市场	公司、功能、业务	1996—2003
全兴	衰退期	激变	市场与制度	公司、业务	2002—2003
联合利华	成长期	组合式	市场	公司、业务	1980—1997

（续上表）

企业	生命周期	变革方法	变革制约因素	变革内容层次	时间跨度（年）
康柏	衰退期	激变	市场	公司、功能、业务	1991—1993
惠普	衰退期	激变	市场	公司、业务	1996—1999
可口可乐	成熟期	激变	市场	业务	1999—2002
摩托罗拉	衰退期	激变	技术、市场	公司、业务	2000—2003
伊莱克斯（中国）	衰退期	激变	市场	公司、功能、业务	1996—2002
微软	成熟期	渐变	技术、市场	业务	2002—2003
通用电气	成熟期	激变	权力—政治行为、市场	公司、业务	1984—2008
柯达	成熟期	激变	技术、市场	公司、功能、业务	2001—2008
太阳微电子	衰退期	激变	技术、市场	业务	2001—2003
戴尔	成长期	激变	市场	公司	1992—1993
索尼	成熟期	激变	技术、市场、文化	公司、业务	2001—2003
富士通	衰退期	渐变	技术、市场、文化	业务	2001—2003
日立	衰退期	激变	市场、文化	公司、业务	2002—2003
日产	衰退期	激变	市场、文化	公司、业务	1999—2003
松下	衰退期	激变	市场、文化	公司、业务	2001—2003
三星电子	衰退期	激变	技术、市场	公司、业务	1999—2008

（续上表）

企业	生命周期	变革方法	变革制约因素	变革内容层次	时间跨度（年）
现代汽车	衰退期	激变	市场	公司、功能、业务	1999—2008
ACTION 公司（丹麦）	衰退期	激变	市场	公司、功能、业务	1988—1992

表 6-5　绝对统计数据

企业生命周期	变革方法			变革制约因素					变革层次		样本数
	激变	渐变	组合式	技术	市场	文化	制度	权力—政治行为	组合式	单一式	
成长期	5	2	2	0	6	5	2	0	7	2	9
成熟期	4	2	0	3	5	2	0	1	2	4	6
衰退期	22	2	1	6	22	4	6	0	5	20	25

表 6-6　相对统计数据

企业生命周期	变革方法			变革制约因素					变革层次		样本数
	激变	渐变	组合式	技术	市场	文化	制度	权力—政治行为	组合式	单一式	
成长期	56%	17%	17%	0%	68%	16%	16%	0%	78%	22%	9
成熟期	67%	33%	0%	50%	83%	33%	0%	17%	33%	67%	6
衰退期	88%	8%	14%	24%	88%	20%	24%	0%	20%	80%	25

从上面表格中的数据，我们可以得出如下结果：

（1）从变革的方法上来看，无论是在企业的成长期，还是在企业的成熟期和衰退期，激变式变革方法的使用最为普遍，其比例分别为 56%、67% 和 88%。在企业成长期，另外两种方法是渐变式和组合式变革方法。在企业的成熟期，也经常使用渐进式变革方法。

（2）从变革制约因素来看，市场是企业变革的主要制约因素，其比例分别为 68%、83% 和 88%，在企业的成长阶段来自制度和文化方面的影响因素不可忽视，在企业的成熟阶段技术和权力—政治行为也容易引发企业的变革。在企业的衰退阶段制度性的影响因素在某些企业也会发生作用，但企业文化的影响作用也比较明显。这说明企业的衰退期的变革内容既涉及企业制度的变革，又涉及企业文化的改造。

（3）从变革的层次上来看，在企业的成长阶段，采用组合式变革内容层次的较多，其比例高达78%，其原因在于在这一时期企业既面临着公司层次的诸如制度化管理的压力，又面临着在企业资本积累不断增加的情况下如何合理运用这些资源的压力。在企业的成熟时期，则主要采用单一式变革内容层次，其比例为67%，究其原因是因为企业的规章制度已经高度完善，企业变革的重点多放在业务层次和功能层次上。在企业的衰退时期，大部分企业采用单一式变革内容层次，例如，业务层次的变革，其比例为80%，只有20%的企业采用组合式变革内容层次。这说明在市场份额衰退的压力下，大部分企业的变革重点仍然放在业务上，而不是公司的组织、战略和制度、文化等层面的变革。

6.6 关于企业生命周期和企业变革的评价和思考

无可置疑，一个正常发展的企业都存在着一个生命周期的问题，几位美国学者的分析为我们展示了一个正常企业发展的全部过程及企业在从其生命周期的一个阶段向另一个阶段转变时所要进行的变革，这从某种程度上揭示了企业在其从小到大的发展过程中所进行变革的一般规律性：在企业处于生命周期的初始阶段，企业的快速增长使企业的业务扩张迅速，企业的管理和组织能力往往跟不上发展的速度，因而需要进行管理和组织结构上的变革，变革的结果是企业管理规范化和组织能力的加强，但变革产生了一个弊端，那就是企业开始缺乏创新意识和活力，随着企业的发展壮大和企业所面临竞争环境的改变，这一弊端变得日益突出，因此，企业的变革开始关注如何打破官僚主义，于是必要的授权开始了，授权又产生类似企业发展初期的混乱状况，需要企业对此进行协调以保证企业的正常发展。由此可见，企业的变革在管理规范与不规范、组织结构的层级制与非层级制方面来回摆动。这种现象也符合唯物辩证法中的肯定否定规律。从企业的发展历史来看，这种规律性是与企业发展史上企业变革过程相吻合的。这个变革的过程我们可以从企业的组织形式和结构、企业的运作模式、企业的管理指导思想和理论、企业的战略规划等方面进行详细的分析。因此企业生命周期理论对于企业来说具有相当的借鉴意义。

7 横向比较——中外企业变革比较研究

在前面我们就企业的变革影响因素、企业的变革层次、企业的变革方法和企业在其生命周期的不同阶段的变革进行了比较分析研究，下面对企业的变革作一个横向的比较，其目的在于通过对中国企业、美国企业和日本企业在其变革过程中的实际做法进行比较来找出它们之间的差异性和共同点，并以此为企业的决策提供参考。虽然从现阶段来看，中、日、美三国企业处于不同的发展阶段和层次上，这里面有历史的原因，但由于中国已经加入 WTO，企业变革的能力同样应引起企业的高度重视。在现阶段中国企业既面临着制度、产权等因素的影响，又要面对市场、技术、企业文化等因素的挑战，而且前者的影响更为关键。反观美国和日本企业则主要受技术、市场和企业文化的影响。这在本书的理论和实证数据统计分析中都有所体现。本书研究的对象是三国企业中的大型股份制制造业企业。本部分的研究方法主要采用归纳分析法和实证统计数据分析法。对各国大型股份制制造业企业的变革内容上的特征分析主要采用归纳分析方法，而在对三国企业进行变革比较分析时则运用实证的统计数据分析方法。

7.1 美国企业变革特征分析

在20世纪50年代，全世界将近一半的工业产品由美国企业制造，数十年来，美国制造业一直处于不断的衰退之中，诸如服装和纺织等行业正在慢慢地消亡，甚至连化工、钢铁和制造铝等高度自动化的美国工业也处于不可逆转的衰退之中。例如，1960年制造业占美国国内生产总值的28.7%；如今尽管高新技术制造业的兴起，这一比率仍降到了17%以下。[①] 数十年来美国制造业一直在采取措施改善其经营和管理，特别是20世纪80年代。如果我们回顾20世纪80年代美国企业为了追赶和超过日本企业所采取的变革措施并对最近的美国企业为了应付经济不景气而采取的应对措施进行一次归纳和总结的话，我们不难从中发现美国企业变革所具有的一些基本特征（见表7-1）。

表7-1　部分抽样样本的美国企业变革内容

企业名称	生命周期	变革内容	时间跨度（年）
英特尔	成长期	核心主业专业化发展等	1997—2001
康柏	衰退期	核心主业专业化发展，裁员等	1991—1993
惠普	衰退期	发展新业务，授权，开发新产品，采用新的激励机制、业务相关多元化发展，裁员等	1996—1999
可口可乐	成熟期	进军果汁饮料市场、业务相关多元化发展等	1999—2002
摩托罗拉	衰退期	非主业剥离、裁员、开发新技术，如软件与服务技术等	2000—2003
伊莱克斯	衰退期	更换管理层、重组销售渠道、开发新产品、裁员等	1996—2002

① 参考消息，2001-04-15（4）

（续上表）

企业名称	生命周期	变革内容	时间跨度（年）
微软	成熟期	主攻平板电脑以进入手机与网络软件领域等	2002—2003
通用电气	成熟期	业务非相关多元化发展、六西格玛、重构组织、拓展服务业、重视人、大规模裁员等	1984—2001
太阳微电子	衰退期	兼并与收购、新产品、价格战、战略联盟、裁员等	2001—2002
戴尔	成长期	引进职业经理人进行科学管理、退出零售渠道、集中于目标顾客	1992—1993

1. 大规模的裁员

在经济不景气的环境中，紧缩成本是每个企业应付产品市场和资本市场压力的重要手段。虽然每个国家的企业在经济衰退的竞争环境中都会采取这样的措施，但美国企业的裁员计划却往往要比其他国家企业的裁员计划规模更大，而且在速度上也要迅速得多。例如，2001 年美国经济的不景气使美国和其他国家裁员之风盛行，仅 2001 年第一季度的裁员数字就很惊人，其中美国的企业共裁员 40 万人，拉美国家的企业裁员超过 10 万，欧洲经济共同体的企业裁员则为 7.5 万，日本企业的裁员人数为 3 万。从中我们不难发现，美国企业的裁员规模是最大的，如果我们看另外一组数字也许更能说明问题，在 2001 年的第一季度美国经济刚刚开始陷入衰退时，许多公司就已经迫不及待地宣布了它们的裁员计划以此来应付这场经济萧条，戴姆勒—克莱斯勒公司宣布裁员 26 000 人，朗讯科技公司宣布的数字为 16 000 人，摩托罗拉的裁员规模为 9 370 人，并且在随后的几个月里增加了裁减人员的数字，韦里孙通信公司宣布的数字为 10 000 人，萨拉·李公司的数字为 7 000 人，等等。[①]以大规模的裁员来减少企业的支出并应付不景气的经济环境，

① 参考消息，2001-02-11（4）

是美国企业适应环境的一种本能反应。这种反应多少也受到了来自华尔街资本市场压力的影响。

2. 频繁的企业兼并活动和企业战略联盟以获取企业的外部资源

正如我们在前面对美国企业的管理特征所分析的那样，美国企业更关注的是如何在企业的外部寻求对于企业有用的竞争资源，如技术、人员等，美国企业也注重在企业的内部积累资源，但是在市场的压力下，特别是在美国华尔街资本市场的影响下，美国企业迫于业务重组的需要往往更多地把眼光放在了企业外部，一个产权清晰和资本规范的市场能够帮助美国企业寻找到他们所想要的资源，正因为如此，美国企业兼并活动的次数与频率要远远高出其他国家。例如，在美国企业发展的历史进程中迄今为止已经出现了五次比较大的兼并活动，自1919年美国成为世界上最大的债权国以来，美国一直是世界上最大的资本输出国，也是最大的跨国并购国。下面的一组数字（见表7－2）也许能帮助我们理解美国企业在全球性并购市场中的重要性。

表7－2　一组全球企业并购数据

年份	全球跨国并购交易额（亿美元）	发生在美国的跨国并购及美国对外的跨国并购额（亿美元）	美国企业参与的跨国并购所占比例（%）
1989	1 310	1 017	77.6
1991	544	459	84.4
1992	726	302	41.6
1993	1 200	405	33.8
1995	2 290	901	39.3
1996	2 750	1 303	47.4

这些数字也说明了美国企业是如何通过寻求外部资源来适应竞争日益激烈的市场环境的。自20世纪90年代以来，美国企业追求从企业外部来获取资源的做法已经不再仅仅局限于企业的兼并活

动，企业业务外包和企业间的战略联盟被美国企业越来越频繁地使用，美国企业界越来越强调弹性、活力、灵活、变革能力，因此纷纷选择以虚拟组织（virtual organization）、战略联盟（strategy alliance）和外包协议（outsourcing）等方式建立竞争优势，超越一体化的、自给自足的、垂直或横向的战略。如 2001 年 2 月，可口可乐公司因为在销售非碳酸饮料方面的业绩不佳，被迫将公司的大多数非碳酸饮料的业务并入与宝洁公司合办的一家新企业，而宝洁公司之所以与可口可乐公司结成联盟，是因为宝洁公司意识到自身快餐和饮料方面的业绩也不够好，于是两家企业联合起来利用各自的优势想在非碳酸饮料市场上有所作为。据美国汤姆逊金融公司的数据显示，1996 年美国公司共组成了5 200家新的战略联盟，而到了 2000 年，这一数字几乎增加了一倍。虽然兼并和收购依然在美国企业界中占据主导地位，但战略联盟也同样数不胜数，这也正如美国 Accenture 公司的合伙人多米尼克·帕尔默认为的那样："企业兼并和收购是一场流血的运动，但战略联盟对公司发展更为重要。"① 因为创办合资公司能使企业拥有一种有价值的资产。如 2001 年 5 月急于获取现金的美国施乐公司将其长达 39 年历史的富士复印机公司中 50% 的股份的一半转让给了日本富士摄影胶片公司，从而获得了 13 亿美元的流动资金。另外，全球化也是公司结成战略联盟以应付环境变化的原因，例如，美国沃尔玛公司为了在墨西哥扩大市场，和墨西哥的西佛拉公司组建了一个合资公司，该公司为沃尔玛公司提供了一个牢固的基础，大大缩短了其对墨西哥市场的了解过程。网络技术也为战略联盟提供了便利，像 IBM 公司、思科系统公司、微软公司、美国在线公司和英特尔公司率先组建战略联盟并非偶然。因特网使公司跨越政治和公司界限并组成战略联盟来应付日益激烈的市场竞争变得更加容易。

业务外包对于企业来说并不是一个全新的概念。早在现代的工商企业产生之前，业务外包活动在当时的企业之中就已经存在。例如，在小艾尔弗雷德·D. 钱德勒的《看得见的手——美国企业的

① 参考消息，2001－06－17（4）

管理革命》一书中有过这样的描述："在扩大制造业或加工业产量的三种方式——在现有的工场中增加传统的劳力，采用外包加工制度以及使用机器或其他的资本设备中，主要是采用第一种方式以满足本地市场的需求。""当手工业者、造船业者和建筑业的承包商通过使用更多的学徒和工匠来扩大他们的生产以满足当地日益增长的需求时，供应远地市场的生产者则利用在欧洲业已广泛使用的方法将他们的工作外包给工人，让工人在家里进行加工。"① 人们熟悉的 IBM、HP、DELL、戴姆勒—克莱斯勒、耐克等都是通过外包加工而成长起来的国际著名品牌。在企业的变革过程中，许多企业发现业务外包能够帮助它们节省成本，特别是在经济建设低迷的非常时期，因而许多企业开始将业务中更加完整的部分外包出去。例如，许多公司把发薪水和大楼管理的工作外包给其他公司，保险公司把理赔工作外包出去。美国得克萨斯州的 EDS 公司经营信息技术和服务业务已有数年历史，信息技术相关业务的外包自 20 世纪 90 年代初兴起，主要归功于 EDS 公司和 IBM 公司，当埃森哲公司还叫做安盛公司的时候就已经接管了英国石油公司的部分财务和会计工作。像耐克这样的企业已经变成了"品牌运营商"，只做设计、营销工作，生产完全外包；美国思科公司也很少有自己的工厂，IBM 公司向 DELL 转让电脑的生产与销售。竞争与合作并存的竞合关系大量出现，联盟合作可以让企业获得比过去更多的资源。

3. 企业的创新意识强

美国企业注重通过企业创新来应付变化的企业竞争环境。无论是通过对企业组织结构的重新设计，还是在企业经营和管理的有关制度上，美国企业都会给人耳目一新的感觉，如股票期权制度在美国的出现和在硅谷高科技企业中的广泛应用对美国 IT 企业和电信企业的飞速发展起到了重要的作用。美国企业专注于产品与市场，希望通过产品创新来占领市场与竞争对手进行竞争，因而美国企业无论是在经济的高涨时期还是在经济的低迷时期，对研究、产品开

① ［美］小艾尔弗雷德·D. 钱德勒（Alfred D. Chandler）. 看得见的手——美国企业的管理革命［M］. 北京：商务印书馆，1987. 60 ~ 61

发、新技术和广告等支出一直比较重视。虽然为了应付经济的不景气，许多企业的典型反应是确定成本降低的幅度和速度，大力压缩诸如办公室和生产场所以及员工工资和补贴等成本，但明智的企业经营者会认为他们不能在经济放慢的过程中停止创新，他们认为如果砍掉研究经费，将会阻碍公司的长期发展，因此尽管经济面临极大的不确定性，许多企业的经营者仍准备将大量的资金投入到新产品和新市场的开发计划中去。英特尔公司在2001年的几个月时间里也在遵循着这样一种投资—增长战略，当市场对该公司的产品——从处理器到快闪存储芯片和联网芯片的需求一直处于疲软状态时，英特尔公司已经决定将研究和开发经费从2000年的38亿美元提高到2001年的42亿美元。英特尔公司这样做其实在遵循该公司的一贯传统：自英特尔公司成立以来，英特尔公司每年都在增加研发预算，不论是经济萧条时期，还是经济繁荣时期。其目的正如该公司的首席财务官布莱恩特所说的那样："经济放慢并不意味着技术发展的速度也会放慢——新产品才能帮助你摆脱经济衰退。"美国默克公司最近一直在避免大型的收购和合并行动，同时正在依靠自己的实验室推出重要的新药以求通过创新来赢得市场，渡过难关。六年来这家公司的实验室研制出了15种新药，这些新药促使公司的销售额上升到了404亿美元，使股东们三年来的收益达到了32%，公司现在每年花在研究与开发方面的开支达到28亿美元。①

美国企业以创新的未来观来应付激烈的市场竞争，这一点与日本企业的改善观有着明显的差异。以彩电为例，日本在20世纪80年代主导世界家电市场，为了在90年代继续领先市场，由日本通产省和诸多大企业联合开发高清晰度电视（HDTV），总投入达200亿美元，日本走的是一条在原有硬件的基础上提高电视清晰度的道路，这种道路是努力使电视接收信号的带宽比现有的模拟电视的带宽增加几倍。但是这种发明意味着要更换所有的电视，显然市场不会接受这种现实。而在90年代，美国硅谷的一个小企业在软件上取得了突破，这就是著名的MPGE－2版本。当电视台原信号摄录

① 参考消息，2001－04－15（4）

下来后，经过软件解压缩方式进行数字无线传播，解决了信号干扰、传输和兼容性的问题。美国以 MPGE 软件为主导，确定了 HDTV 电视的新标准，即电视信号的发射、传输和接收均以软件为主体，成为一个全新的系统，既兼顾现代模拟电视又能够实现高清晰度的目标。这种新标准出现后，等于是宣布日本标准的完全失败。从半导体到数字电话和互联网的出现，美国企业在 80 年代至 90 年代的创新，成就了美国企业在世界市场上的主导地位，也成就了美国经济在世界范围内的领导地位。创新也许可以被理解为企业以速度超越质量来进行的竞争，同时也是改变游戏规则的竞争。例如，用网络技术来改造价值链、使生产链变成需求链、用速度实现成本的有效性的 DELL 公司之所以成功，就在于抛弃大规模生产、代理商分销的模式而采用消费者定制的直销模式，通过 IT 和网络技术，以对消费者需求的快速反应建立新的行业标准，消除了从厂商到顾客过程中的低效性，大大减少了时间成本从而得以以低价销售产品。

4. “能力人”与能本管理的出现

在西方企业的第一代管理理论中，是以“经济人”假设为基础和前提的物本管理。当时的管理理论学家和企业家在其具体的管理实践中一直认为亚当·斯密的假设是正确无疑的，即人是经济人，是经济动物，人主要是为了金钱而工作，为物质生活享受而生存，只要满足人对于金钱和物质的需求，就能调动其积极性。基于这种认识，西方企业界注重实行物本管理。这种管理的特点是见物不见人，重物轻人，把人当做工具和物来管理，人被当做机器的附属物，人被迫去适应机器，对人主要实行物质激励和金钱刺激，即便是被称为“科学管理之父”的泰勒，也只是把人当做物和工具来管理，而并没有严格区分对物的管理和对人的管理。在西方企业的实践过程中，人始终是机器的附属而已。

西方管理理论的第二代是以“社会人”为基础和前提的人本管理，随着科学技术的迅猛发展和应用，生产的日益社会化和生产效率的大幅提高，出现了各种各样的管理理论，人们开始在不同程度上对物本管理相继提出了批评，这其中尤以 20 世纪 30 年代前后出现的“社会人”假设为基础和前提的人本管理理论影响最大。这种管理理论有三种表现形式：人群关系理论、行为科学、以人为本理论。美国哈佛大学商学院管理学教授梅奥凭借其在霍桑工厂的实验结果创立了“人群关系学”，揭开了现代人本管理的序幕。梅奥等人认为工人获得集体的承认和安全比物质刺激更为重要，影响工人积极性的还有工人的心理因素和社会因素，如果工人的地位低下，其积极性和创造性将无法发挥出来。在20世纪40年代，这种人群关系学又导致了“行为科学”的产生。行为科学主张协调组织目标和个人目标，激发人的内在动力，促进人们自觉自愿发挥其力量来实现组织的目标，这种理论的进步之处在于重视人的因素以及人和社会的关系，重视人的外在关系行为。在这之后，又相继出现了以人为本的理论：如马斯洛（Abraham Maslow）的需求层次理论、赫茨伯格（Frederick Herzberg）的双因素理论、奥尔德佛（Clayton Alderfer）的ERG理论、麦克利兰（David McClelland）的激励需要理论、佛隆（Victor H. Vroom）的期望值理论、亚当斯（J. S. Adams）的公平理论、斯金纳（B. F. Skinner）的强化理论和波特（E. E. Lawler）、劳勒（L. W. Porter）的综合激励理论等等。然而在美国企业中对于这些理论却不够重视，“二战”后的美国企业在全球性的市场范围内几无竞争对手的状况严重阻碍了美国企业对于这些理论的应用。20世纪80年代日本企业的异军突起导致了美日两国经济发展的不平衡，引起了美国各界人士的不安和关注，因而也导致了对美国和日本两国企业的管理进行比较研究的热潮。在研究的过程中使人们深刻地认识到不同的管理模式的背后是文化的差异，企业文化对于企业的管理具有重要的作用和影响，从而导致了人们对于人和企业之间关系的看法，人们开始普遍认为企业不再只是一种经济组织；人也不是单纯的创造财富的工具，人是企业最大的资本、资产，是企业的主体，据此在美国企业中采取了以人为本的企业文化方式，在这种管理理论中对物的管理是通过对人的管理来实现的，人在企业中的地位和作用被肯定了，人的价值也得以发现，人力资源也随之得到了开发和利用。

“能力人”的提出也反映出美国企业在应付知识经济的到来所

带来的挑战中的管理理论上的变革，是西方管理理论的发展新趋势。美国人对物质方面的兴趣开始淡薄，而对人的创造力开始日益关注。作为人的最高需要的自我实现（按照人的兴趣、能力能从工作中取得成就）正成为西方人追求的重要目标。在知识经济来临的时代里，充分发挥人的创造能力和智力，挖掘人的潜力，将人塑造成“能力人”，人的创造力和智力将在21世纪的经济和企业的竞争中起着主导作用，所以现代的美国企业对包含着人的创新能力的人力资本十分重视，大力开发人力资源，充分调动人的智力因素，培养和发挥人的工作能力，营造一个能发挥创造能力的环境，这种做法的实质就是实行以能力人为基础和前提的能本管理，即以人的能力为本的管理。

当调动人的积极性成为企业人本管理的主要内容时，已经有越来越多的企业放弃了等级森严、分工明细的老传统，转而实行类似日本企业中的质量管理小组那样的团队管理，团队一起工作在今天已经成为美国企业的基本方法。通用电气公司、波音公司、福特汽车公司等企业表明它们的业绩在很大程度上来自团队精神。这种精神的作用有：加强雇员的参与与经营管理，使员工有产权感，用员工持股计划来提高员工的归属感和责任心；对客户更加热情和使客户满意；努力为公司出谋划策来降低成本和提高质量。《出色的工作团队》一书的作者蒙泰贝格认为，任何团队的优异成绩都来自其成员的自信和自尊，这也说明了团队中人本管理的重要性。

5. 业务重组、专注的战略与企业核心竞争能力

美国企业自20年代60年代广泛实行的多元化战略招致了众多管理学家和经济学家的批评，被认为是导致在20世纪80年代美国企业败给日本企业的重要原因之一。自20世纪80年代以来美国企业开始实行专注的战略，非相关多元化的企业经营活动被离弃，取而代之的是专业化和相关多元化的专注战略。这种战略能够使美国企业在半导体产业上迅速地赶上和超过日本企业。在半导体行业中日本公司在20世纪80年代曾经连续7年在世界市场份额中占据第一的位置（NAONO）。1988年世界十大半导体公司中六家公司的总部设在日本。日本电气公司（NEC）、东芝（TOSHIBA）和日立

(HITHACHI) 占据了前三位。日本公司在这其间的所有半导体企业都提供从晶体管到微处理器的整条线的产品。而美国公司为了应付日本企业的竞争实行的变革措施是专注于半导体的某一个方面。如英特尔公司专注于微处理器和存储的研发等，表7-3能帮助我们理解美国半导体企业的专注战略。

表7-3 日美企业在半导体产业中的专注度①

细分市场	日本公司						美国公司		
	NEC	东芝	日立	富士通	三菱	松下	英特尔	德州仪器	摩托罗拉
二极管	+	+	+	+	+	+			
晶体管	+	+	+	+	+	+			
整流器	+	+	+	+	+	+			
闸流晶体元件	+	+	+	+	+	+			
光声设备	+	+	+	+	+	+			
会议用品	+	+	+	+	+	+			
热电/压力传感器	+	+	+	+	+	+			
热元件	+	+	+	+	+	+			
变阻器	+	+	+	+	+	+		+	
CCDS (图像传感器)	+	+	+	+	+	+		+	
集成电路	+	+	+	+	+	+		+	+
微处理器/微控制器	+	+	+	+	+	+	+	+	+
门阵/CELL-BASED ICS	+	+	+	+	+	+	+		
存储设备	+	+	+	+	+	+	+		
太阳能电池	+	+	+	+	+	+		+	+
显示设备	+	+	+	+	+	+			

① [美] 迈克尔·波特 (Michael Porter). 日本还有竞争力吗? [M]. 北京: 中信出版社, 2002. 118

（续上表）

细分市场	日本公司						美国公司		
	NEC	东芝	日立	富士通	三菱	松下	英特尔	德州仪器	摩托罗拉
光掩膜	+					+			
插件	+				+	+			
引线框	+	+			+	+			
电子元件及其他	+	+	+	+	+	+			

注：表中的“+”指厂商在国内市场提供的产品。

日本企业和美国企业在半导体上的竞争结果在现在看来可以得出以下结论：在 PC 机的配置上，定价更高的著名芯片（包括微处理器、芯片设备、图解加速器和硬盘控制器等）都是美国企业制造的。日本企业的标志仅仅出现在内存条上。这种情况不仅出现在 IBM、康柏、戴尔和其他美国厂家制造的 PC 机上，也出现在日本厂家为日本顾客生产的 PC 机上。

美国企业与日本企业相比较，美国企业具有一种独特的战略，那就是专业化相当强的专注战略。以美国德州仪器公司为例，在 20 世纪 80 年代中期这家公司曾经是世界上最大的半导体厂商，服务的顾客面非常广泛，包括国防部门，而现在该公司专攻手提电话，其国防业务部门卖给了 Raytheon 公司，移动 PC 卖给了宏碁（Acer）公司，内存条则卖给了微米公司，许多美国公司自己根本就不生产半导体，它们根据自己的独特设计，向制造商采购各种芯片产品。正因为如此，所以我们今天能看到英特尔和 AMD 公司在微处理器上的垄断地位，微软公司在电脑操作系统上的一枝独秀。反观日本企业并没有独特的战略，每一家公司都提供一整条流程线的产品，服务于所有类型的顾客，采用同样的垂直综合的商业模式，这些企业都在自己的内部进行所有的研发工作，启用它们自己的自动生产设备并依赖内部职工来完成市场营销、销售和顾客服务活动。

20 世纪 90 年代初美国管理学家普拉哈拉德和哈默在《哈佛商业评论》上发表了著名的《企业核心竞争力》以来，美国企业实践中纷纷实行基于企业核心竞争力的多元化业务重组的浪潮。在普拉哈拉德和哈默看来，核心竞争力首先应该能为企业提供进入不同市场的潜力；其次，核心竞争力对最终产品的顾客价值贡献巨大；最后，一个企业的核心竞争力应该是难以被竞争对手所模仿和复制的。在这次美国经济衰退的过程中，美国企业在业务重组上的表现也充分体现了一个核心竞争力的辨识和评估、培育和提升以及再评估的循环过程。例如，自2001年下半年以来IT行业的滑坡促使包括美国朗讯科技公司在内的世界各大电信设备制造商先后采取相应的措施，重新整合自身业务结构和发展战略。以朗讯科技公司为例，1996年该公司从美国电话电报公司分离出去的时候，当时的朗讯董事长兼CEO亨利·肖克制定的战略是重视公司的全线产品和服务，而不是在一些特定的领域开发具有领先地位优势的产品。结果是市场范围的过于分散和业务的过于庞杂导致了该公司在许多高速成长的领域里缺乏核心竞争力，也导致了朗讯公司在2001年出现巨额亏损。痛定思痛，朗讯公司对企业进行了大刀阔斧的重组。第一，改变公司原先片面追求大而全的做法，将重点业务区域从以前的70个国家和地区缩减为20~30个，而客户着重于包括中国在内的20~30个电信运营商。第二，根据自己的核心竞争优势确定了光通信、移动通信和数据网络三大主流业务，而对于主流业务以外的其他业务通过分流和出售的方式不再继续。第三，将生产外包，从制造业中退出，在全球范围内成立六个系统集成中心以支持朗讯的供货能力。通过业务重组、精简机构和大量裁员大大降低了该公司的运营成本，同时将90%的生产业务外包，使朗讯公司专注于自己的核心领域，最大限度地发挥该公司的核心竞争优势。

6. 制造业向服务业的转型趋势

美国学者普拉哈拉德和哈默在其著作《竞争未来》中对现有的公司作了分类，他们认为在市场上竞争的公司有三类：第一类公司是把顾客引向他们未发现之处的公司；第二类公司是聆听了顾客的意见之后，对顾客明确表达出来的需求做出反应的公司；第三类公司是引导顾客走向想去之处但不知该去何方的公司。我们也可以这样理解，第一类公司是满足顾客未发现需求的公司，第二类公司则是致力于满足顾客表面需求的公司，而第三类公司则是满足顾客潜在需求并创造顾客价值的公司。与此相关的三种企业竞争策略是竞争现有产品的市场份额、竞争核心产品和竞争知识上的领先地位。企业可以通过丰富顾客价值来整合顾客的价值链，从而扩大自身在顾客价值链上的份额，为最终赢得顾客的忠诚打下坚实的基础。丰富顾客价值，不仅意味着以高质量的产品和优质的产品服务来满足顾客在某一时点上的需求，它更意味着以某种产品为平台的一整套解决方案的提出，以此来满足顾客未发现的需求。这是一种过程式的顾客需求的满足，将会为公司赢得高度忠诚的顾客，而一整套方案的解决又要求企业具有某种知识上的领先地位，能够及时发现和预测、开发顾客未曾发现的有价值的需求。美国企业决策有限公司的创始人之一阿德里安·J. 斯莱沃茨基认为，价值会从陈旧的经营策略向新的模式转移，以便更好地满足消费者的最大需求，当公司的经营策略与消费者需求偏好的结构之间的适应机制被打破时，价值就会开始发生转移。在美国的 IT 制造企业中这一点表现得比较突出，从 1984 年到 1994 年，国际商业机器公司（IBM）和数字设备公司（DEC）损失了 550 亿美元的市场价值，与此同时微软公司（MICROSOFT）和英特尔公司（INTEL）的市场价值却增加了 800 亿美元。[①] 从整个 IT 产业的发展来看，单纯做硬件的企业的价值正在削弱，而那些既做硬件又做 IT 服务的企业的价值则愈来愈大（见图 7－1），这与知识经济社会的发展相一致。因为在知识经济社会里，以知识为基础的知识服务将会为顾客带来更大的价值。

---

① ［美］阿德里安·J. 斯莱沃茨基（Slywotzky）. 价值转移——竞争前的战略思考［M］. 北京：中国对外翻译出版公司，1999. 3～5

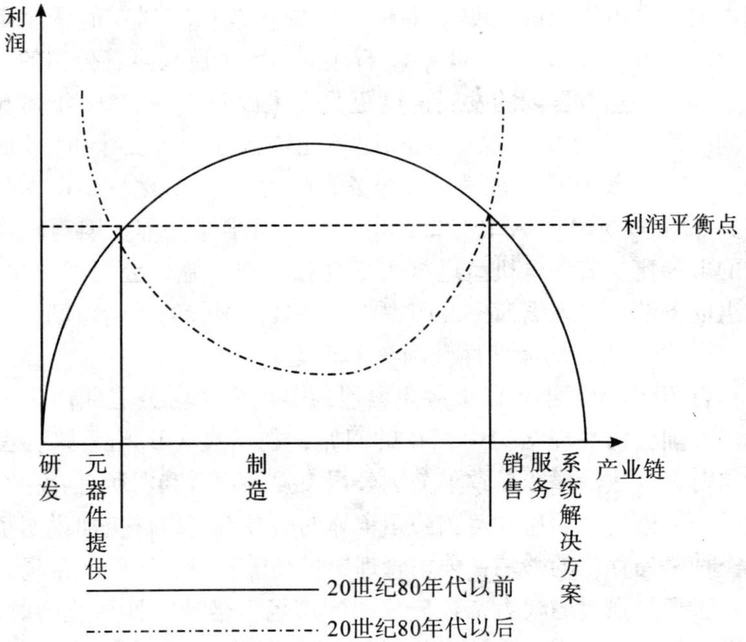

图7－1　制造业的利润正在向产业两头转移

美国IBM公司的业务转型最为典型。IBM公司凭借自己在IT领域的优势，以IT产品为平台为顾客提供维修和服务、系统集成、网络服务以及基于ERP、CRM等平台的培训，大大增加了IBM公司在顾客价值链上的重要性，同时自己也获得了客观的利益。据IBM公司公布的2001年第二季度业绩显示其服务收入已经占其营业收入的40%，达到80亿美元。2002年7月30日，IBM公司对外宣布同意以35亿美元的价格收购普华永道会计师事务所旗下的普华永道咨询公司，这更是向业界表明了IBM从硬件制造厂商向服务供应商转型的坚定决心，美国华尔街的分析师Gartner认为这次收购将增加IBM的服务能力。①在IBM公司的带动下国际知名的IT企业都在步IBM的后尘，开始把服务当作自己业务中极为重要的一部分。再如，美国波音公司的777客机中的材料、加工和装配

① 服务市场引力强大，IT企业纷纷转型［N］. 中国经营报，2002－08－12（19）

成本大约只占售价的20%，而销售服务（包括培训）的费用则占了全部售价的大部分。① 世界IT行业的另一个巨头惠普公司的咨询事业部——惠普咨询的发展速度更是令人瞠目，在2001年前6个月的时间里其订单与前一年同期相比增加了40%，同时增加了2 000多个咨询顾问以加强其在服务方面的力量。② 澳的斯电梯公司在其50亿美元的收入中有2/3来自服务及维修保养，因为软件控制的电梯比老式的电机型电梯可靠性强得多。施乐公司在1992年重组商务部，以占据商务复印中心这块日益增长的外购市场。

7. 公司治理的制度性微调与企业变革

自2000年下半年以来愈演愈烈的美国公司财务丑闻向世人展示了美国公司治理结构中存在的问题，在马克·J. 洛看来，美国公司财务的政治根源导致了美国公司中强管理者和弱所有者存在的这样一种格局。而这次美国公司集体的财务丑闻事件更加说明了这样一种格局存在的弊端：公司管理层过高的报酬，腐败的市场分析员，管理层强大的权力，过分扭曲的市场，会计审计系统的弊端，不透明的信息披露，会计事务所和公司不正当的关系等。人们不禁对美国式公司治理模式产生了怀疑。面对投资者的质疑，美国时任总统小布什于2002年7月签署了《公司改革法案》，该法案是对1933年证券法、1934年证券交易法和破产法相应条款的修正，是一种制度上的微调。例如，其内容涉及以下几个方面：公司的定期报告必须经CEO或CFO的认证；禁止公司向CEO或CFO提供贷款；公司财务报告重大违规、管理者丧失业绩报酬；保护举报；设立全部由“独立董事”组成的公司审计委员会；强化外部审计的行业监管；防止外部审计的利益冲突，等等。从上述内容我们可以看出，美国公司治理基本制度性基础并没有多大的变化，仅仅是一种制度上的修正和调整，但它对于美国企业的变革过程会有一些影响，至少在企业的业务拓展上，类似安然公司那样为了管理层的利益而进行的疯狂的业务扩张活动会有所收敛。

---

① 石庆伟. 制造业“后半生”商机可待［N］. 经济参考报，2002－12－30（4）

② 咨询——惠普战略中的一张王牌［N］. 中国经营报，2001－05－15（38）

8. 产品生产质量管理

美国制造业在20世纪80年代与日本企业相比较落后，令众多的美国企业开始学习日本企业先进的生产管理思想与方法。如日本企业的全面质量管理、JIT、团队管理登记等等。不仅如此，美国政府还设立了Malcolm Baldrige国家质量奖。美国摩托罗拉公司在1988年更是以其著名的六西格玛质量控制技术而荣获这一奖项，在随后的时间里，关于六西格玛的质量改进的理论和实践在许多美国企业开始推广，其中尤其以GE公司的成功运用而闻名全球。一时间美国企业的产品质量开始扭转了80年代输给日本企业的不利局面，重新成为世界各国企业争相学习的楷模。六西格玛随着时间的推移而不断地发展和完善，从有形产品质量的改进到服务水平的提高，从产品缺陷数的降低到周期时间的缩短，从资产使用效率的提高到销售队伍效率的改进，从现有流程的改善到全新流程的设计，从专注于企业内部到着眼于整个企业的供应链管理，六西格玛已成功地应用于不同的企业与不同的领域，完全超出了传统的产品质量管理的范围。

7.2 日本企业变革特征分析

在过去十多年的时间里，日本经济的不景气并没有从实质上影响到日本制造业，许多人认为日本的制造业在世界范围内依然是出类拔萃的，日本制造的产品在世界范围内依然畅销。然而在过去几年的时间里，日本制造业却暴露出了很多问题，例如，2001年家用电子制造商的整体亏损，不断出现的产品质量事件（如东芝笔记本、松下手机、三菱汽车等事件的出现）以及市场份额的不断下降，所有这些无疑使日本企业渐渐褪去了笼罩在其上的光芒。在日趋激烈的市场竞争面前，日本制造企业不得不开始剧烈的变革。在变革的过程中，我们不难发现曾经一度是日本企业成功的企业文化如今却成为最需要变革的部分，而且是最为艰难的变革部分。日本制造企业变革的特征如下：

表 7-4　抽样样本的日本企业变革内容

企业名称	生命周期	变革内容	时间跨度（年）
索尼	成熟期	业务剥离与外包、战略联盟、主攻数字技术、裁员	2001—2003
富士通	衰退期	从硬件提供商转向软件和服务提供商、裁员等	2002—2003
日立	衰退期	非主业剥离、主业务向服务业转型、裁员与取消终身雇佣制	2002—2003
日产	衰退期	裁员、引进外来战略投资者与CEO、削减成本、新产品与市场	2002—2003
松下	衰退期	裁员、引进外来战略投资者与CEO、削减成本、新产品与市场	2001—2002

1. 大规模的非直接式裁员与终身雇佣制的终结

终身雇佣制曾一度被认为是日本企业崛起的一个重要原因，是日本企业文化中一个重要的构成部分。然而在不景气的日本经济和国际竞争力衰退面前，削减开支与减少成本是任何一家处于危机中的企业首先要面对的。这使得众多的日本企业不得不对自己的人事制度进行重大的调整，削减员工已成为日本制造企业的一个必须面对的选择，而这又意味着终身雇佣制的终结。例如，松下、索尼、日立和日产等日本企业纷纷在对企业进行变革的过程中都采取了大规模裁员的措施，其中拥有日产汽车公司 36.8% 股权的法国雷诺公司宣布在 2002 年财政年度计划裁员 2.1 万人，[①] 索尼公司自 2000 年下半年以来已经裁员 11 000 人，[②] 日立公司通过业务的剥离也裁掉了大量的员工，在松下公司，在松下幸之助过世以后，他所推崇的“不能裁减一个员工”的企业准则已经被生存的压力挤到了角落之中，在 2001 年最后的三个月里，已有近万人通过退休

① 曹建海．日产汽车公司的复兴之路［N］．中国经营报，2002-03-11（31）

② 赵文斗，周黎明．索尼率先走出阴影的几招鲜［N］．中国经营报，2002-04-15（31）

的方式体面地离开了公司，而在2002年裁员的计划仍然在实施着。[①] 拥有三菱汽车公司的戴姆勒—克莱斯勒公司将裁减9 500个岗位。[②] 大量员工的解雇意味着在日本企业里沿用了数十年的终身雇佣制的终结。然而如同以往日本企业的变革一样，日本企业的裁员与西方国家相比又有所不同，人们形象地将日本式裁员称为"内部减法的艺术"，原因在于日本企业在裁员时不会像欧美企业那样直接宣布公司今后取消某一业务，同时这块业务的工作人员也随之都被裁掉。日本企业多以业务外包、业务剥离和鼓励提前退休等手段来达到裁员的目的。如索尼公司声称不会大规模裁员，但它鼓励员工提前退休，并为此准备了一笔1.5亿美元的基金。索尼公司通过对家用电器工厂进行关、并、转，一些低端业务如随身听等外包给了成本低廉的OEM（代办企业），另外又把VAIO电脑的生产迁移至中国，通过这些措施索尼公司达到了减员增效的目的。日立公司通过与三菱电机将半导体系统的LSI业务合并以达到剥离业务和减员的目的，日立公司认为这样做可以整合公司之间的优势，创造出一个更具竞争力的公司，而不是简单的抛弃。而日本富士通公司则在关闭很多硬件生产工厂时也裁掉了很多员工，但该公司又花了很大的资金将这些员工培训成软件工程师。日本的终身雇佣制已经到了历史的分水岭，裁员企业的范围也在扩大，从汽车、电器、钢铁等制造业到流通、金融、运输等行业，几乎全部在以万人为单位进行裁员瘦身，这些无疑宣告了终身雇佣制已经走到了历史的尽头。

2. 按贡献与能力来考核和提拔员工

年功序列工资晋升制度曾为日本企业作出过重大的贡献，但在日益激烈的市场竞争中这项制度不利于充分发挥员工的积极性，特别是年轻的有才能的员工，同时也造成了企业管理层老化状态严重。许多日本公司在变革的过程中打破了这种论资排辈的人事制度，转而采用本着实力政策和尊重人才的原则，使企业领导朝着年轻化的方向发展。例如，日立公司现在主要是通过业绩来选拔人

① 史彦．松下：数字时代的蜕变［N］．经济观察报，2002-03-18（C8）

② 日本汽车业大幅裁员［N］．参考消息，2001-09-08（4）

才，如果一名员工在这一段时间里有非常优秀的业绩，那么他就会很快地被提升到上一个级别；同样，如果他在任期间业绩不好，那么随时有可能被换掉。考核一名员工的业绩也不单凭上司的评价，而是通过同事的了解和下属的了解综合评价这名员工的业绩。随着按能力和贡献来考核，提拔员工制度的实行，已经有越来越多的年轻人担当起了日立公司事业部 CEO 的职务，同时也吸引了更多的优秀人才加入到日立公司，为日立公司添加了新鲜的血液。同样的情况也出现在日产汽车公司，在考核员工的过程中所有的报告必须建立在事实和数据的基础上，并且每个关键目标都具有指标数据，建立灵活的激励机制，以贡献的大小为依据对员工进行晋升和奖励。

3. 企业经营目标的转变

美国企业的经营目标是把股东放在第一位，如公司的目标是使股东财富最大化，也即股价最大化。这一目标不仅会使股东的利益最大，对社会的贡献也是最大的。① 而过去日本的企业经营首先是为了企业的生存和发展及企业的员工。与欧美企业以追求利润最大化来增加股东财富为主线不同的是，日本企业在过去更加追求"业务规模的增长"，"为相关者服务"，追求股东收益只是日本企业诸多目标中的一个子目标，这也导致了长期以来日本企业的收益率一直远低于欧美企业。即使在有竞争力的产业方面，虽然考虑到统计方面的差异，日本企业的利润率还是长期低于国际标准。

如图 7－2 所示，日本所有制造企业的资产收益率几乎只有美国的一半。另一组数据也许更能说明问题，在美国《财富》杂志 2000 年 7 月 24 日发表的全球 500 强赢利额最大的 10 家企业中，美国企业有 9 家，在前 20 名之中占有 15 家。丰田汽车公司的赢利水平只有名列榜首的美国通用电器公司的三分之一左右，而 107 家日本企业的平均赢利水平只有美国企业平均利润（17.24 亿美元）的

① ［美］Arthur J. Keown，David F. Scott，John D. Martin，Jay William Petty. 现代财务管理（第七版）［M］. 北京：清华大学出版社，1997.2

12%。[①] 日产公司之所以处于破产的边缘而被迫与法国雷诺公司进行资产合并，是因为日产公司只重视产量而忽视了利润率，如今利润不足也在困扰着日本的电子工业。[②] 现在许多日本企业已经意识到应该为公司的股东多赢利，如索尼公司现在把股东、员工和客户这三者的利益放在了同等重要的地位上。而日产汽车公司的复兴计划的主要目标是使公司走上持续赢利的发展之路。

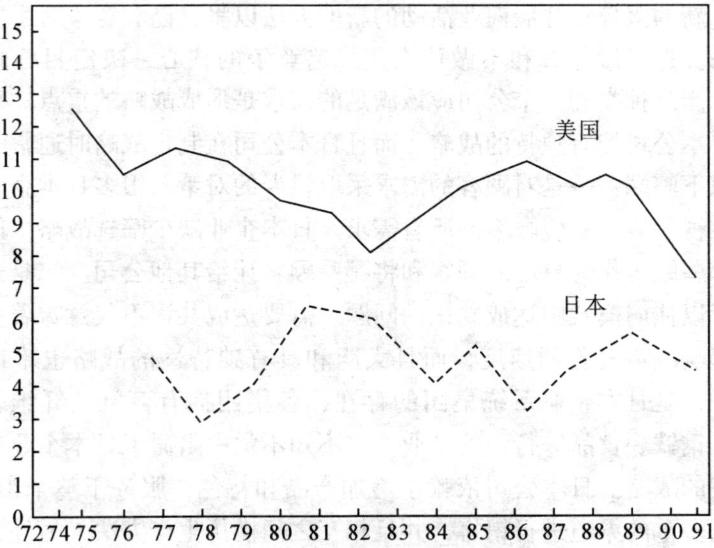

图 7-2 日本制造业公司相对于美国公司的收益[③]

4. 调整企业发展战略，突出企业经营重点，强调创新与发展相关业务多元化

迈克尔·波特（Michael Porter）认为日本企业的竞争是缺乏战略的竞争。他认为，日本公司中的不断改进并不是战略，仿效他们

---

① 曹建海．日产汽车成功对我国企业及企业家的启示［N］．中国经营报，2002－03－11（31）

② 日本经济走在悬崖边上［N］．参考消息，2001－04－08（4）

③ ［美］迈克尔·波特（Michael Porter）．日本还有竞争力吗？［M］．北京：中信出版社，2002.11

的竞争者也没有战略。[①] 在迈克尔·波特看来，日本公司成功的模型建立在这样一种理念上：通过采用比它的竞争对手更好的基本管理方法，一个公司能够同时实现最高质量和最低成本，通过连续改进，日本公司在进行竞争时总是处于最佳实践的前沿。但日本公司的竞争有一个致命的弱点，那就是没有创新，也即没有独创性战略。而战略竞争要求的是有真正的创新，企业必须拥有新的产品概念、新的服务和开展商业活动的新的方法以将自己和竞争对手区分开来。选择做什么和不做什么是战略竞争的核心，决定目标顾客群、产品种类和一个公司应该满足的需求是形成战略的重点。很少有日本公司拥有独特的战略。而且日本公司在制定战略时通常又存在以下弊端：一是对顾客的需求采取错误的对策，很多日本企业过于重视顾客，答应顾客的所有需求。日本企业缺少筛选战略，即选择哪些顾客作为自己的顾客和将哪些顾客让给其他公司。二是过于重视以往旧模式中达成共识的问题。需要达成共识不仅意味着费时和影响战略实施的速度，而且大胆和具有独特性的战略也难以推行。三是日本企业系统集团的存在，各集团拥有商社、纤维、化学、钢铁、食品等行业的企业，在不知不觉中阻碍了日本企业建立独特的战略。日本公司依赖于增加产品和特色，服务于整个市场，通过多重的渠道进行销售，并且相互之间模仿生产方法，另外，宽度产品线、多功能性和生产的快速周转又使战略定位变得模糊起来。现在的日本企业开始意识到了这一点，以松下公司为例，模仿是松下公司的经营特点，如电饭锅是东芝公司率先推出的，在日本率先推出并大量销售黑白电视机的是夏普，三洋公司则在 1953 年最早推出喷流式洗衣机，从 1953 年至 1963 年日本先后推出电地毯、晶体管收音机、收录机、彩电、冷气机、电炉等产品，这些产品均非松下公司首创，但松下公司这些产品的产量和销售量却常常能做到最大。当时松下经常挂在嘴边的一句话是："我们开发技术

---

① ［美］迈克尔·波特（Michael Porter）．日本还有竞争力吗？［M］．北京：中信出版社，2002. 118

落后，但生产技术和销售技术必须领先。”① 没有独特的技术创新作保障导致松下公司在2001年面临着前所未闻的5 850亿日元的税前亏损。现在松下公司将企业赢利的区域选定在手机和数字电视行业，并以“数字化的松下”为新形象，每年在全球投入50亿美元用于研究开发，希望能借研发实现真正的脱胎换骨。日产汽车公司以前除了汽车和汽车零部件以外，还生产各种纺织机械、人造卫星和国防火箭等宇航工业产品及船舶机械等，而日产公司对这些业务并没有像类似汽车工业那样的技术优势，因而造成亏损严重，大量资金被沉淀。在卡洛斯·戈恩接管日产汽车公司后制定了“日产复兴计划”，开始调整经营战略，突出主营业务——汽车制造业。日立公司则把经营的重点放在了信息领域。

强调产品创新是许多日本公司摆脱经济不景气的阴影的一个重要手段，如2001年日本家用电器行业中唯一保持赢利的索尼公司在这方面就做得非常出色。索尼公司成功的秘密在于先进的技术和高超的设计。另外，视频行业的任天堂公司、世嘉公司和索尼公司一样由于奉行独特的产品创新战略而获利颇丰。现在的日本企业已经开始意识到是产品创新而非产品改进对市场竞争更具有重要性。

1950年美国学者戴明向日本企业提出“统计质量管理”观念。当时日本公司的产品在国际市场上被归类为“便宜无好货”之列，1951年日本成立了代表质量最高荣誉的“戴明奖”，奖励企业运用统计质量管理改善质量。自那以后日本企业的产品质量迅速提升。在戴明奖设立50年后的2001年7月，日本又设立了旨在提升企业竞争力的“波特奖”。如果说戴明奖的目的在于质量意识上的实践和推广，那么对于日本企业来说波特奖的意义在于提升企业的战略意识，即策略创新，重在将日本企业的竞争力转向“独创性”。波特奖将选出能够提出独创性策略且实践后能够持续达到获利绩优的企业，选考的基准是以业界的平均获利作为比较的基础，并且要能提供有别于其他企业的不同的独创性和策略革新，选考单位可以是单一企业或是企业集团。负责该奖运作的日本国立一桥大学国际企

① 史彦．松下：数字时代的蜕变［N］．经济观察报，2002－03－18（C8）

业战略研究所所长竹内弘高指出，日本企业过去的成功是因为长年在成本和质量上取得了很大的优势，但那只是运营的效率化而不是“策略”，所谓的策略应该是“做跟别家企业存在差异化的事”，“做与众不同的选择”。这些也说明了日本的企业界和理论界对于建立企业独特的发展战略的迫切性。①

5. 从国际化向全球化的转变

“国际化经营”和“全球化经营”是有着差别的两个不同的名词。我们可以通过一个例子来说明其差异性。一家美国的化学公司召开一次全球性经销商的会议，目的是拟定公司的使命宣言。一位法国主管提出，应该将宣言的第一句“成为国际化的经销商”修改为“全球化的经销商”，美国人提出反对意见，认为这两个词的意思相同，其他人也赞同美国人的意见。法国人于是走到黑板前画了一个轮子，轮子的中心是美国，而其他国家是轮辐，他解释道：“这就是国际化，决定权在你们手里，他们甚至将我们不要的产品也硬塞给我们去卖掉。”接着他又画了一个代表“全球化”的圈，处于轮子中央的是公司的使命和价值观，而美国只是众多轮辐中的一个，他说：“美国只代表一票。”由此可见国际化和全球化的区别之所在（见表7－5）。

表7－5　国际化与全球化的差异

国际化	①国际化经营是以自身企业为中心，以企业自身产品为标准进行生产经营的经营理念。 ②国际化经营是企业生产出标准产品，将已定产品在各国销售，由消费者选择。 ③国际化经营倾向于将产品推销出去，推销理念居主导地位。 ④国际化经营因较少考虑各地区具体情况，其产品易受到所在地的抵制。

① 从戴明奖到波特奖——日本学界催生企业独创性战略［N］．参考消息，2001－07－20（4）

（续上表）

全球化	①全球化经营是以市场为中心，由企业按市场所需开发产品进行生产经营的经营理念。 ②全球化经营是在产品生产之前就已经进行了详细的考察，将适合各国国情的产品销售给所在地。 ③全球化经营注重营销，销售围绕着市场。 ④全球化经营注重当地的实际情况，销售的产品急用户之所急。

日本企业以前多是以日本企业为中心的国际化经营或者说是初始阶段的全球化。以松下公司为例，松下公司在中国已经有20年的时间，在20世纪90年代中期以前中国市场一直仅仅是松下公司的一个产品销售市场和日本研发技术的制造基地，在中国的生产工厂里找不到多少技术人员，为了防止中国企业仿造，松下公司广泛采用“黑盒”技术，更多的研发工作在日本完成，全球化的本土化经营没有进展。这种研发与市场脱节的局面使松下公司无法真正得到更多的市场反馈信息，因而在产品设计和特性化改进方面乏善可陈，当那种在日本开发设计、在中国组装然后销售的模式不再适合于中国市场时，松下产品份额的急剧下降也就成为必然了。松下公司很少在发展中国家设立研究机构，因此在中国建立设计研究院被广泛评价为松下世界战略的开端。

6. 由企业内部积累资源转向对外部资源的获取与利用

日本企业多注重从企业的内部来积累资源，主要原因在于日本稳定的企业网络关系造成企业之间兼并活动的不易。随着日本经济泡沫的破灭，日本企业也开始了史无前例的业务重组，企业之间的兼并活动也变得日益频繁起来。例如，在20世纪80年代日本企业平均每年的企业兼并数为1 142件，而到了90年代企业之间的兼并数则猛增至2 079件，其中最具代表性的是1994年10月三菱化工和三菱油化的合并（合并后为三菱石油），1997年10月三井石油化学与三井东亚化学的合并（合并后为三井化学），1998年10月三菱石油与日本石油合并（合并后称为日本三菱石油，为日本最大的石油公司）等。[①] 日本电气公司和日立制作所于2002年10月宣布将两家生产“存储器”的部门合并，组建一家专门生产“存储器”的公司，日本排名第二和第三的钢铁公司日本钢管公司和川崎制铁公司于2002年9月27宣布正式合并。[②] 而据美国高盛公司的统计，日本公司在持股形式上的一个显著变化是采用交叉持股方式的比例已经从1991年的52%降低到2002年初的37%，与此同时，日本海外的投资者拥有的持有率已经超过了10%，日本企业以往半永久性相互持股的结构已经崩溃。日本企业通常是在没有交叉持股的情况下干脆兼并的。[③] 频繁的业务重组和企业间的兼并活动为日本企业剥离非核心业务和在企业的外部获取资源创造了有利的条件。例如，索尼公司正在积极筹集从富士通公司收购日本最大的ISP，希望以此来招徕640万客户，成为日本的AOL，以便让索尼公司测试宽带产品、网络安全和其他服务。

日本企业获取外部资源的另一个具体表现是对战略联盟的广泛使用。以日本的汽车制造业为例，丰田汽车公司与其他3家制造商结成了联盟，目前占有大发汽车51.2%的股权、日野汽车33.8%的股权以及雅马哈汽车5.4%的股权。日产汽车公司与法国雷诺在1999年结成联盟，日产同意雷诺公司持有其33.8%的股权并且日产公司的CEO由雷诺公司派出，双方在生产、销售、开发和采购等领域展开合作。三菱汽车在1999年与富豪货车部门结盟并同意由后者投资5%，在2000年三菱汽车又接受了来自戴姆勒—克莱斯勒公司34.7%的投资；而福特公司在马自达公司拥有33.4%的控股股权；五十铃汽车和铃木汽车双双加强了与通用汽车的结盟关系。通用在1998年把对五十铃的投资增加到49%，在2000年把对铃木的股权增加到20%；富士重工在1999年宣布它将与通用发展一种新的结盟关系并接受了21%的投资。[④] 目前日本11家汽车制

① 王键．日本企业集团21世纪走向［J］．日本问题研究，2000（3）：5～10

② 乐绍延．日本企业再掀合并潮［N］．市场报，2002－10－11（4）

③ 萧桦．世道轮回——外资掀起购并日企潮［N］．中国经营报，2002－04－08（8）

④ 日本车商向全球化迈进［N］．参考消息，2001－10－21（4）

造商中的7家已经和外国制造商达成了某种形式的资本关系，此外，如技术联盟一类的合作关系也在不同的制造商之间得到了加强。通过与外国汽车公司的战略联盟，能够使日本公司节省资源，使研究和开发更加有效，以其他制造商的实力提供弥补弱点的机会来发挥协同效应。在家用电子行业中，索尼公司在传统上对于新技术和新产品采取“自力更生”的原则，而现在索尼公司希望通过与有影响力的厂家形成联盟攻势，例如，2001年索尼公司的CEO安藤国威宣布与AOL时代华纳合作，在美国推销其媒体内容。因为现在的索尼公司已经有各种接受声画资讯的家用电器，也有生产这些资讯的唱片公司和影视公司，唯独缺少散发这些资讯的渠道，与时代华纳的联盟有助于将索尼公司的产品连接到一个宽带网络。

7. 制造业的以“硬”为主开始向服务业的以“软”为主转变

如同美国企业一样，日本企业现在也注意到了在产业中的价值转移问题。在20世纪90年代之前，在整个产业链中，制造业的利润最高，而现在随着新兴技术的不断出现和市场竞争的加剧，制造业的利润越来越低，高利润增长点日益向产品研发和销售、服务、系统解决方案这两端倾斜，其增长速度非常迅速。以专利权为例，专利转让收入已经成为IBM公司增长最快的利润来源之一。2000年IBM公司的总利润为80亿美元，而专利转让就占了17亿美元，荷兰的飞利浦公司多年来一直致力于专利的转让工作，从最初的录音磁带和CD业界的“标准”到目前转让的各种知识产权，在2000年飞利浦公司的专利转让收入增长了45%。[①] 这些都说明利润和价值具有逐步向服务业转移的趋势，在产业链中服务业开始占有越来越重要的作用。许多日本公司在变革的过程中已经充分意识到这一点，如日立公司在对企业经营战略进行调整的过程中，不再按照传统的纯业务分类（如电力、机电、家电等），而是将整个日立公司的经营战略分解为四大解决方案：一是舒适生活解决方案，即利用先进的IT技术，为人们提供方便快捷的生活方式；二是绿色环境解决方案，即以环保生产的原则来创造出绿色环境；三是安

① 专利——西方大企业新财源［N］. 参考消息，2001-07-20（4）

心健康解决方案；四是知识经济解决方案，借助于日立公司在家电、信息通信、基础设施等各个领域积累的丰富经验和技术，将其整合起来为顾客提供服务和咨询服务。当然日立公司这种从“硬”向“软”的转变是否成功还有待时间的检验，但至少可以说明日立公司已经不再局限于仅仅以销售产品来满足顾客的需求，而是着眼于以系统的解决方案来适应客户的需求。日本富士通公司是日本最大的 IT 企业，同时也是世界第三大 IT 服务公司。全年销售产值近 500 亿美元，居于世界 500 强的第 52 位，富士通公司原先只是一个单纯的生产交换机的通信厂商，经过业务转型后成为一个类似于 IBM 公司的综合性 IT 厂商，在富士通公司的 500 亿美元的产值中 40% 为软件服务，30% 为计算机销售，20% 为通信产品的销售，10% 为半导体产品的出售，[①] 由此也可以看出，该公司的主要业务已转型为软件集成业务，“软”的趋势已经日趋明显。

8. 企业管理结构及制度的变革

日本企业进行管理结构变革的管理主要表现在以下几个方面：一是关于企业组织形式的变革，例如，欧美的控股公司形式开始被许多日本企业引进和效仿，日本伊藤忠商社是一个综合商社，现在正在按照欧美的控股公司的形式进行变革，其目标是在总公司的下面按照不同的业务组建 8 个分公司，分公司自主经营独立核算，总公司负责全公司的战略管理，类似的变革在索尼、东芝、欧母龙等公司已经实施。而对于松下公司来说，重亏之下，一度被誉为与“终身雇佣制”、“年功序列”并称为松下制胜的“三大法宝”的“事业部制”已经越来越不能适应产业结构的变化。因为事业部是以商品和利润为中心，各个事业部又实行独立核算，为了扩大各自的市场份额，彼此相互渗透，形成了严重的事业重复等弊端。现在的松下公司则改变了以商品为基础来划分事业部的做法，将公司的业务按领域的不同重组为四个相对独立的分社，各分社实行研究开发、制造、销售、服务等一条龙的自我经营体系，这样就排除了集

① 富士通转型集中发展软件集成业务［N］．中国经营报，2002－05－13（31）

团公司内部事业的重复竞争。① 二是对公司董事会进行改革。例如，索尼公司将企业的董事会成员减少到10人，同时引进外来的独立董事3人；东芝公司实行“执行董事”制度，使董事的数量减少，以达到职责清晰的目的。三是进行财务制度的变革，增加公司的财务透明度，实行美国式大联结结算（合并会计报表）和注重公司的市场价值。

7.3 中国企业变革特征分析

在中国建立有中国特色的社会主义市场经济的过程中，制造业是最早进入市场竞争的一个行业，在制造业的某些领域中，如家用电子、玩具、通信产品等行业中企业市场化的程度丝毫不亚于发达国家和地区的企业。在这些领域的企业中，许多企业的产品在世界市场上占有很高的市场份额，如海尔的冰箱和洗衣机、格兰仕的微波炉及创维、长虹、TCL等企业的彩电，下面的一组数据（见表7-6）也许能说明这一点。

表7-6 2001年家用电器的数据对比

	电视机	洗衣机	空调	电冰箱	摩托车
全球产量（万台）	11 787	5 717	2 670	5 726	2 000
中国产量（万台）	4 262	1 342	1 338	1 210	973
中国产量所占份额（%）	36.2	23.5	50.1	21.1	41.9

资料来源：韩中和．国际商务研究，2002（4）

经过20多年的发展，这些企业如今正面临着产业升级、战略调整、经理层换班、产权改革、业务重组和企业文化等方面的变革与转型，为了研究中国制造企业的变革特点，笔者随机选择了25家国内知名的制造企业作为研究对象和样本，研究的方法主要是归纳和综合的方法，即对这三年来这些企业在进行变革的过程中所采

① 王万军．松下屏弃看家法宝，“事业部”制末日来临？[N]．21世纪经济报道，2002-03-11（7）

取的措施进行综合分析，为后文与日本和美国制造企业的变革特征进行比较分析奠定基础。这些企业是海尔、长虹、海信、实达、科龙、康佳、TCL、联想、小天鹅、华为、小鸭、格兰仕、美的、东风汽车、一汽、美菱、熊猫、波导、创维、春兰、威力、澳柯玛、乐华、回力和重庆力帆。这些企业的领域涉及家用电器、IT、汽车制造和通信产品等制造行业。从企业的性质来看，有国有控股企业、民营企业等。在这些企业变革的过程中，体现出如下一些特征（见表7-7）：

表7-7 部分抽样样本的中国企业变革内容

企业名称	企业生命周期	变革途径	时间跨度（年）
联想	衰退期	由贸工技转向技术型和服务型、裁员、兼并与收购、非相关多元化等	2001—2003
熊猫	成长期	产品转型进入通信市场、体制转型引进战略投资者等	1996—2000
美的	成长期	相关业务多元化发展、从追求规模到追求效益等	2001—2003
中兴通信	成长期	重组营销事业部、项目分拆到海外上市以引进战略投资者	2001—2003
海尔	衰退期	业务的非相关多元化发展等	2001—2003
小鸭电器	衰退期	引进国外战略投资者、产权改制、产品转型、相关业务多元化等	2002—2003
乐华	成熟期	变革销售模式、采用代理制、整合事业部等	2002—2003
创维电脑	衰退期	从PC业撤离、业务转型、裁员等	2001—2003
科龙	衰退期	裁员、改制、利润导向、降低成本、开发新产品等	2001—2003

（续上表）

企业名称	企业生命周期	变革途径	时间跨度（年）
长虹	衰退期	相关业务多元化发展、更换 CEO、开发基于核心能力的新产品、裁员等	2001—2003
美菱电器	衰退期	更换 CEO、相关业务多元化发展、裁员等	2002—2003
太阳神	成长期	业务非相关多元化发展等	1993—1995
正泰集团	成长期	股权分配的制度规范化等	2002—2003
咸阳偏转	衰退期	业务非相关多元化发展等	2002—2003
实达	成长期	公司上市、业务相关多元化、股东调整、产品调整、裁员等	1996—2003

1. 企业股权重构与产权改革

在中国大型股份制制造企业中，许多企业是从原有的国有或集体企业改造而成的，例如，海尔公司是集体控股企业，长虹、科龙、TCL、春兰、威力、熊猫、美菱、联想、回力、一汽、东风汽车、康佳等企业则均为国有相对或绝对控股企业，这些企业虽然按照现代企业制度改造成了股份有限责任公司，但企业产权所带来的激励和制约问题并没有从根本上得到解决；相反，在公司治理上出现了国有股一股独大的局面，许多上市公司变成了其母公司的提款机，中小股东的利益受到了侵害，也造成了上市公司造假行为的屡屡发生，公司的经营与管理也就谈不上规范化。对于有些企业来说只是将问题搁置了起来。企业产权改革与国家对于国有企业及国有资本的重新认识和定位有关，是与制度层面上的决策有着密切联系的。在最近一轮的企业变革过程中，我们看到许多企业进行了改革和企业股权重构方面的变革，这其中既有经营处于困境的企业，如科龙、康佳、威力等企业，也有经营势头良好的企业，如春兰公司等企业；有些企业的改革是由当地政府推动的，如科龙公司最初的变革是由大股东荣湾镇政府推动的，但并没有成功；有些则是由企业自己完成的，如春兰和早期联想的产权变革，当然也需要政府部门的支持。无论是长虹公司管理层收购计划（MBO），还是春兰公司的员工持股计划，都表明了在中国当前的制度格局下，企业股权重组和产权改革始终是一个尚未完结的话题。

在这次企业的股权重构和产权改革过程中有这样一些特征值得我们关注：

（1）战略投资者的引进与股权结构的多元化。战略投资者是指与企业业务联系紧密、以谋求长期战略利益为目的、持股量较大且长期持有、拥有促进企业业务发展的实力并积极参与公司治理的法人投资者。与一般的法人投资者相比，战略投资者持股的稳定性更强、集中度更高，参与公司治理的积极性更大。战略投资者的特征主要有：①与企业业务联系紧密，拥有促进企业业务发展的实力，长期稳定持股且持股量大。如美国福特汽车公司持有江铃汽车公司 29.96% 的股权而成为该企业的第二大股东。②追求长期战略利益，有能力也有动力参与公司治理，能改善股权结构，完善公司治理。例如，新疆德隆入主湘火炬（一家专业生产火花塞的企业），株洲市政府国资局转让 2 500 万股国有股给民营企业德隆后退出，现在湘火炬公司的利润连年递增。再如，格林柯尔接手科龙的大股东容桂镇政府的 2.045 亿股份而成为科龙电器的最大股东，经过 2002 年的发展，该公司已经一改前几年的亏损局面而开始赢利。现在这种“国退民进”的格局正在形成和发展之中，这对于中国制造企业改善公司治理结构和促进企业发展无疑有着积极的意义。

（2）管理层收购（management buy-outs，MBO）的谨慎实施。管理层收购是指公司的经理层利用借贷所融资本收购本公司的行为，通过收购公司的经营者变成了公司的所有者。管理层收购产生的体制基础在于现代企业制度中存在的代理成本以及由此而来的管理低效率问题。通过管理层的收购能够实现经理对决策控制权、剩余索取权的接管，从而降低代理成本，减少对经理人的约束。MBO 实际上是对过度分权所导致的代理成本过大的一种矫正。其特点主要有：MBO 的主要投资者是公司的经理和管理人员；MBO

主要通过借贷融资来完成；MBO 的目标公司主要是具有巨大资产潜力或存在“潜在的管理效率空间”的企业；MBO 完成后，目标公司可能会由上市公司变为非上市公司。在我国的制造企业及其他企业中，在国家法律没有明文规定的情况下，管理层收购正在以一种谨慎而又积极的态度在实施中，2001 年 1 月，上市公司广东美的公司中代表政府的第一大股东——顺德市美的有限公司将其所持的粤美的法人股 7 243.003 31 万股转让给了代表公司管理层的顺德市美托投资有限公司，转让的股份占粤美的股份总额的 14.94%，股份转让后，政府控股公司退居为粤美的第三大法人股东，而美托投资有限公司则位居第一大法人股东，这标志着政府逐渐淡出美的，经营者成为企业真正的主人。类似的例子还有四通、深圳方大、大宇客车、胜利股份、佛塑股份、特变电工等企业。很显然，MBO 的用意在于理清产权关系，解决经营管理者的激励和约束机制。从实践中的结果来看，众说纷纭，但无论如何 MBO 都代表了企业治理变革中的一个方向。

2. 多元化的经营发展趋势

多元化经营是指一个企业同时生产或提供两种以上的产品和劳务的经营战略。多元化经营战略又可分为相关（市场或技术相关）多元化经营战略和非相关（指同时生产既无市场相关又无技术相关）多元化经营战略。从国内大型制造企业业务发展的趋势来看，多元化经营已是一种必然的选择。从笔者所收集的 20 多个企业的经营案例中可以看出，除了海尔、联想等少数几个企业实行非相关多元化经营外，其他企业多奉行相关多元化经营战略。以家用电器制造企业的业务转型为例，海尔公司的非相关多元化经营体现在，海尔公司不仅涉足家用电器（如电冰箱、彩电等）的生产，还进入了建材工业（与德国第一、世界第四、欧洲第二的建材连锁超市经营商——欧倍德合作成立中国欧海家居有限公司）、金融保险业（已经控股青岛商业银行、长江信托，并与纽约人寿保险合资成立一家公司，除此之外，海尔还有一间代理服务公司和财务公司，涵盖了银行、保险、证券、财务公司等业务）、IT 领域（如海尔电脑的生产）和通信产品（如海尔手机）等，而联想的非相关多元化则体现在 IT 领域（如联想电脑的生产与销售）、通信产品（联想手机）、教育领域（持股新东方）、服务咨询领域（收购汉普）和房地产（动用 20 亿元进军房地产）等等。从其他家用电器制造厂家来看，相关业务多元化的特征则十分明显，生产电冰箱的企业转而生产洗衣机、空调，生产空调的企业转而又生产电冰箱，生产微波炉的企业开始生产空调，等等。

从国际上大型企业的发展历程来看，多元化业务是一个企业不断发展壮大的必然选择，跨国企业的多元化经营战略经历了三个阶段（见图 7－3）：

以资产组合为基础的非相关多元化 ⟶ 以协同效应为基础的相关多元化 ⟶ 以核心能力为基础的相关多元化

图 7－3　跨国企业的多元化经营战略经历的三个阶段

第一阶段主要发生在 20 世纪 60 年代至 70 年代，第二阶段则盛行于 80 年代，当核心能力理论于 90 年代出现以后，企业的多元经营又转向以核心能力为基础的相关多元化。从我国现阶段制造企业的业务转型来看，主要是以协同效应为基础的相关业务多元化经营为主流，其目的在于分散经营风险和长期保持有利的竞争地位。这一点从家用电器生产企业的业务转型中可以得到结论。例如，生产微波炉的格兰仕进入空调领域，美的公司则专注于空调、厨具、微波炉和电饭煲的生产，TCL 在彩电之外又进入了 IT 和通信产品的生产，熊猫彩电则转型生产手机，等等，基于中国制造企业在核心技术上的薄弱性，许多技术大都要与跨国公司结成联盟的形式获得，因而中国企业现阶段在业务上的这种变革体现出以协同效应为基础的特征。我国企业的竞争还停留在一种用有形的产品在市场上进行竞争的形式上，在用户的价值链上所占的份额比重极小。这一点我们可以从 DVD、手机的生产和销售上我国公司生产和销售产品而国外公司坐收专利费中得出这一结论。

3. 国际化的经营趋势

近年来，随着跨国公司大举进军中国市场并加紧实施本土化经营战略之时，国内一些知名的制造企业（如 TCL、海尔、春兰等）

在国内市场竞争日趋激烈的情况下，也纷纷走出国门去积极开拓国际市场，逐渐形成了走向世界争创国际品牌的意识，这些企业在观念、生产、营销、研发、资本等方面向国际化经营迈出了实质性的步伐。随着中国加入WTO，已经有越来越多的中国制造企业进行国际化的经营。例如，海尔、长虹、海信、实达、科龙、康佳、TCL、联想、小天鹅、华为、小鸭、格兰仕、美的、美菱、熊猫、波导、创维、春兰、乐华、回力和重庆力帆等企业纷纷在国外开设分公司或分支机构，进行诸如生产、研发和销售等方面的业务活动。这些企业的国际化经营趋势主要体现在以下几个方面：①观念的国际化。国际化的经营战略是一个企业在经济全球化格局下如何面对市场竞争的必然选择，如果一个公司的目光仅仅局限于国内市场的竞争，迟早会在竞争中败下阵来。正如海尔的CEO张瑞敏和万向集团的总裁鲁冠球所做的那样，要思考全球化、行动本土化，将企业做成一个世界范围的跨国公司。②生产国际化。为了降低成本和绕过国外市场的保护性关税或技术等壁垒，或者为了使企业的产品更好地满足当地顾客的需求，近年来，许多中国企业开始直接在国外投资办厂生产产品，例如，小天鹅在马来西亚，格力在巴西，力帆在越南，TCL在印度和越南，长虹在墨西哥、俄罗斯和印度尼西亚，创维在土耳其和墨西哥，海尔在美国，等等。③营销国际化。为了塑造全球性的品牌形象，中国制造企业开始注重“本土化”的营销推广和销售，如开始在国外设立专门的营销机构等，万向、海尔、联想、创维等在国外都有自己专门的营销公司。④研发国际化。美国哈佛商学院的罗伯特·海斯曼教授认为：“50年前企业的竞争是价格上的竞争，如今是产品质量上的竞争，而未来企业的竞争将是设计上的竞争。谁与消费者的距离越近，谁与竞争对手的距离就越远。”[①] 的确，通过工业设计，企业的产品可以更有效地刺激顾客的消费欲望，是投入最少、附加值最高的赢利方法。正是基于中国设计水平的差距和设计在企业产品竞争中的重要性，

---

① 成熟企业启动中国工业设计产业，下一代竞争将转向另类战场．中国经营报，2001-10-02（4）

许多中国企业开始将研发机构设在国外，如联想在美国硅谷建立了自己的研究机构，海尔、TCL 等也都在国外设有独立的研究机构。⑤资本国际化。资本国际化是品牌国际化的一种形式。资本国际化为品牌国际化提供了一种资金运作的国际机制保证和由国际股东所构成的全球化资源和视野。在我国的一些制造企业中，国外战略投资者开始持有这些企业的股权，例如，创维公司中的欧洲 ING 集团、瑞士东方汇理及设在美国硅谷的华登公司持有创维股份总额中的 17%。除此之外，人才的国际化和 CI 的国际化也是中国制造企业在国际化经营中的一种趋势。

4. 企业战略联盟与业务外包的使用

战略联盟指的是两个或两个以上的企业为了一定的目的或实现战略目标，通过一定方式组成的优势互补、风险共担、要素双向或多向流动的松散型网络组织，战略联盟是自发的，联盟的各方保持着原有企业经营的独立性，具有边界模糊、运作高效和激动灵活的特点。正因为战略联盟的这些优点，近几年战略联盟在我国制造企业中开始日渐兴起。如上广电、新科、熊猫、广电万燕 4 家企业在上海宣布成立 DVD 联合体，科龙集团与小天鹅集团签署战略联盟协议，双方将在电子商务等领域进行广泛的合作，紫光生物、浙江医药和百科药业等 3 家上市公司联合发起成立“清华紫光医药联盟”，这些企业主要是与国内企业进行战略联盟以开发产品和国内市场，除此之外，还有一些企业则把眼光放在跨国公司的身上。例如，小鸭集团为了应对中国加入 WTO 所带来的挑战，与日本东芝公司结成战略联盟，双方在以下两个方面进行合作：一是东芝公司将洗衣机方面的最先技术提供给小鸭公司以提升其产品品质；二是小鸭公司利用自身的管理、技术人才生产和制造东芝的品牌洗衣机并利用小鸭的市场在国内进行销售，部分产品则返销日本。在与东芝公司合作的同时，小鸭公司也在与德国的 AKO、ACTEIS 等公司进行着技术合作。联想公司早期和东芝公司在笔记本电脑上的合作也是如此。在中国改革开放的早期，跨国公司为了进入中国市场，以技术换市场的形式与中国企业进行战略联盟，随着中国加入 WTO，越来越多的跨国公司已经开始抛弃以技术换市场的战略联盟形式，转而采用独资的形式来占领中国市场，与国内企业的战略联盟则转向了更为高级的技术合作战略联盟。从总的发展趋势来看，战略联盟在我国制造企业中将会得到更快的发展。

业务外包是指通过委托—代理契约将企业内部的某项职能或某项任务分包给其他企业或组织来完成，以最大限度地发挥本企业的核心优势，最快地对外界环境做出反应的过程。业务外包不仅是对企业业务流程和管理范围的重新调整，而且是对企业价值链中最为关键的环节进行重新整合，以达到强化核心竞争力、规避经营风险、降低经营成本之目的。正因为如此，业务外包在跨国公司中得以广泛应用。在我国，业务外包在制造业中的使用并不如战略联盟那样广泛，可以说只是一个开始，原因在于我国许多制造企业本身就是跨国公司的外包生产工厂，如微波炉、运动鞋、电冰箱等制造企业中，许多企业靠 OEM 获取微薄的利润。尽管如此，业务外包在我国一些制造企业中仍然开始使用起来，如海尔公司将电脑生产业务外包。

5. 企业裁员、业务重组与产品创新

企业裁员和业务重组是企业经营过程中经常采用的适应环境的手段。企业大规模的裁员如今也开始在中国的制造企业中被频繁使用，以缩减成本来应对市场的不景气。例如，由于 IT 市场的全球性萧条，中国许多生产 IT 产品的企业如联想、华为也宣布大规模的裁员计划，联想宣布每半年实行 5% 的末位淘汰制，华为则宣布裁员 10%。在业务重组方面，淘汰或转让衰退的业务并进军增长势头良好的业务在许多企业也迅速实行起来，例如，长虹停止第一代和第二代背投彩电的生产转而生产第三代背投彩电，熊猫彩电转向生产手机而跳出彩电陷阱等。在产品创新方面，我国企业在部分领域的技术创新方面取得了突破，如长虹公司的第四代 75 赫兹逐行扫描精显背投彩电技术和海尔电冰箱的节能技术等。

7.4　美、日、中三国企业变革比较分析

在第 3 章我们已经分析过影响一个企业变革的主要因素有技

术、市场、制度、文化及权力—政治行为等，不同制度、技术、市场及文化环境下对企业变革的影响并不一定是相同的，在最近十多年的时间里，美国企业、日本企业和中国企业在变革的过程中虽然都与上述的五个因素有关，但在具体的影响因素方面却存在着明显的差异性。除此之外，在企业变革的方法、变革的内容层次和应对层次、变革的具体内容等方面也有一些共同点和差异性。下面就中、美、日三国企业变革的共同点和差异性作具体的分析。

7.4.1 来自企业实践的统计数据分析

我们选取了15家中国企业、10家美国企业和5家大型的日本企业，总共30家企业作为统计样本，对中外企业在变革源、变革方法、变革层次、变革内容等方面进行比较分析。

表7－8 30家抽样样本企业变革情况

	企业	变革应对层次	变革方法	变革制约因素	变革内容层次	时间跨度（年）
中国企业	联想	被动式应对	激变	市场	公司、功能、业务	2001—2009
	熊猫	被动式应对	激变	市场与制度	功能、业务	2002—2008
	美的	预测式应对	激变	市场	业务层次	1996—2000
	中兴通信	被动式应对	激变	文化	公司、业务	2002—2008
	海尔	预测式应对	渐变	市场	功能、业务	2001—2003
	小鸭电器	被动式应对	激变	市场与文化	公司、业务	2002—2008
	乐华	预测式应对	激变	市场	功能、业务	2001—2008
	创维电脑	被动式应对	激变	市场与制度	公司、业务	1996—1999

（续上表）

	企业	变革应对层次	变革方法	变革制约因素	变革内容层次	时间跨度（年）
中国企业	科龙	被动式应对	激变	市场	功能	2002—2003
	长虹	被动式应对	激变	市场	公司、功能、业务	2002—2003
	美菱电器	被动式应对	激变	市场	公司、业务	2002—2003
	太阳神	被动式应对	激变	市场与制度	公司、业务	1993—1995
	正泰集团	预测式应对	激变	制度	公司	2002—2008
	咸阳偏转	被动式应对	激变	市场	业务	2002—2003
	实达	被动式应对	激变	市场	公司、功能、业务	1996—2003
美国企业	英特尔	领导式	激变	市场与技术	业务层次	1997—2001
	康柏	被动式应对	激变	市场	公司、功能、业务	1991—1993
	惠普	被动式应对	激变	市场	公司、业务	1996—1999
	可口可乐	预测式应对	激变	市场	业务	1999—2002
	摩托罗拉	被动式应对	激变	技术、市场	公司、业务	2000—2003
	伊莱克斯（中国）	被动式应对	激变	市场	公司、功能、业务	1996—2002
	微软	预测式应对	渐变	技术、市场	业务	2002—2003
	通用电气	预测式应对	激变	权力—政治行为、市场	公司、业务	1984—2008
	柯达	预测式应对	激变	技术、市场	公司、功能、业务	2001—2008

（续上表）

	企业	变革应对层次	变革方法	变革制约因素	变革内容层次	时间跨度（年）
美国企业	太阳微电子	被动式应对	激变	技术、市场	业务	2001—2003
	戴尔	被动式应对	激变	市场	公司	1992—1993
日本企业	索尼	预测式应对	激变	技术、市场、文化	公司、业务	2001—2003
	富士通	被动式应对	渐变	技术、市场、文化	业务	2001—2003
	日立	被动式应对	激变	市场、文化	公司、业务	2002—2003
	日产	被动式应对	激变	市场、文化	公司、业务	1999—2003
	松下	被动式应对	激变	市场、文化	公司、业务	2001—2003

表 7－9　绝对数字统计结果

国别	变革源					变革内容层次		变革应对层次			变革方法			样本数
	市场	技术	制度	文化	权力—政治行为	单一式	组合式	被动	预测	领导	渐变	激变	组合式	
中国	13	2	6	2	0	4	11	13	3	0	2	12	1	15
美国	9	5	0	1	1	6	4	5	4	1	2	8	0	10
日本	5	2	0	5	0	1	4	4	1	0	1	4	0	5

表 7－10　相对数字统计结果

国别	变革源					变革内容层次		变革应对层次			变革方法			样本数
	市场	技术	制度	文化	权力—政治行为	单一式	组合式	被动	预测	领导	渐变	激变	组合式	
中国（%）	87	13	40	13	0	27	83	80	20	0	13	80	7	15

（续上表）

国别	变革源					变革内容层次		变革应对层次			变革方法			样本数
	市场	技术	制度	文化	权力—政治行为	单一式	组合式	被动	预测	领导	渐变	激变	组合式	
美国（%）	90	50	0	10	10	60	40	50	40	10	20	80	0	10
日本（%）	100	40	0	100	0	20	80	80	20	0	20	80	0	5

注：由于存在组合式的重复统计，故统计结果与样本总数会出现不符现象，但笔者认为这并不会影响我们对统计结果的分析。

统计数据分析结果如下：

（1）从变革制约因素来看，市场是三国企业变革最大的影响因素，其比例分别是87%、90%和100%，在这一点上三国企业具有共同点；处在第二位的影响因素，中国企业40%的变革是由制度引发的，美国企业则是由技术引发的，其比例为50%，日本企业则是由企业文化引发的，其比例高达100%，究其原因在于中国企业的样本多为国有控股企业或面临转型的民营企业，因而涉及制度层面的变革比例要高于美国和日本企业，中国企业的变革仅有13%由技术引起，这可从另外一个层面来解释，那就是中国企业缺乏自主知识产权的核心技术，因而在技术的变革过程中处于下风，这一点从电脑、DVD和激光打印机市场可以看出来。而日本企业之所以受企业文化的影响巨大，其原因在于日本过去曾是唯一在管理思想和理论上与美国相抗衡的国家，日本企业过去曾有过辉煌的成功史，日本的企业文化曾被人们认为是其成功的秘密武器，当环境发生剧烈的变化时，曾经成功的经验反而成为巨大的阻力。因此从这一点上来看，美国企业在技术、日本企业在企业文化和中国企业在制度上的变革存在着明显的差异性。除此之外，在美国变革的企业中有10%的比例是由于权力—政治行为引起的，这一点在所收集的样本中日本和中国企业尚未出现。

（2）从变革的内容层次上来看，中国企业多采用组合式企业变革方式，其比例为83%，其变革的内容具有综合性，美国企业的变革则采用单一方式变革较多，其比例为60%，另有40%采用组合式变革层次，而日本企业与中国企业一样，多采用组合式变革方式。

（3）从变革的应对层次上来看，中国有80%的企业采用被动式的变革应对措施，只有20%的企业采用预测式变革，这说明多数中国企业在市场中处于一种被动经营和管理的局面。在美国企业当中，有50%的企业是被动式变革，但其采用预测式变革的企业比例高达40%，另有10%的企业甚至采用领导式变革，这也说明两国企业在变革管理能力上所存在的差距。日本企业和中国企业一样，采用被动式变革的企业比例较高，为80%，只有20%的企业采用预测式变革，这也说明日本企业在变革管理能力上存在欠缺。

（4）从变革中所采用的变革方法来看，三国企业存在的差异性并不大，在企业变革的过程中，激变式变革方法的使用最为普遍，其比例均为80%，中国企业采用组合式变革方法的比例要高于美国和日本企业，而在渐变式变革方法使用的比例上要低于美国和日本企业，日本企业和美国企业相比较来看，多使用激变式和渐变式变革方法，并无多大的差异性。

7.4.2 关于三国企业变革比较的思考与评价

（1）从三国企业变革的共同点来看，技术和市场的演变是三国企业变革的原动力，也是推动企业不断实行变革的主要原因。在变革的过程中，为了应付技术日新月异的变化和市场全球化竞争日趋激烈的需要，实施基于核心能力的多元化经营和国际化经营或全球化是三国企业变革的共同点。从上述对三国企业具体的变革特征分析的情况来看，变革经营已经成为各国企业获取利润、规避风险和不断发展壮大自己的选择，与此同时，为了取得企业发展急需的资源，企业之间的兼并和合作也被广泛使用，企业之间既有合作又有竞争的格局在三国企业之中都可见到，业务外包、战略联盟、流程再造、组织学习、核心能力、全球化经营、本土化战略、供应链与价值链的管理、对先进的管理信息系统的采用等先进的管理思想和理论随着竞争的加剧和知识的扩散与传播在这三国企业的变革过程中被同样使用，甚至以前在美国企业中盛行的裁员和业务大规模的整合也开始在日本和中国企业中被广泛使用，这些都说明在技术和市场的双重压力下的企业在采取应对的措施方面具有某些相似性。

（2）制度性差异所导致的企业变革。在美国的企业变革中，由于美国企业制度、财产制度及其他市场制度具有一种相对的稳定性（在相当长的一段时间内不会有根本性改变，即便是这次美国公司会计丑闻事件的影响，也没有从根本上改变美国自1933年以来通过的一系列证券、会计等方面的法律），因此美国企业的变革受制度性的影响较少。换句话说，美国企业的变革受政府的影响较少。以美国的资本市场为例，一个长期开放和高度发达的资本市场对于美国企业实施灵活机动的资源获取变革措施无疑有着积极的作用，因而无论美国企业面临的经济状况如何，企业之间频繁的兼并与收购都能迅速完成；再如，企业破产制度和社会保障制度的完善为美国企业的新陈代谢和大规模裁员措施的及时实施提供了制度上的保证，也正是如此，美国企业在变革的速度和幅度上往往具有某种程度上的优势。而日本企业虽然在制造行业中在世界范围内占有竞争上的优势，但正如迈克尔·波特所指出的那样："纵观过去30年来日本产业的表现，毫不夸张地说，存在着两个日本，一个是与西方国家交往密切的日本——不可阻挡的日本——具有高度的竞争力。民用电子产业和汽车产业支撑了整个经济……不具竞争力的日本由大量的产业组成，这些产业长期以来拖累了日本的整体生产率。"① 在诸如国际贸易、零售业、批发业、运输和物流、建筑业、能源工业等方面由于受日本政府的制度保护导致了在日本国内经营的生产率和竞争力在深层次受到了潜在的阻碍。例如，因为日本无效率的情况非常严重，许多公司把业务转移到了日本之外。在公司治理方面，稳定主银行制度导致的稳定的企业网络关系又使日本企业无法通过及时和频繁的企业并购来获得机动而又灵活的战略资源，因此日本企业只得着重在企业内部获取必需的资源。这也导致了日本企业在变革的速度和规模上不及美国企业。中国制造企业与日本企业有着某种相似性，不健全的社会保障制度和法律制度、不

---

① ［美］迈克尔·波特（Michael Porter）. 日本还有竞争力吗？［M］. 北京：中信出版社，2002. 118

合理的户籍及人事管理制度、不完善的企业破产与兼并制度、不规范的市场管理制度、不成熟的资本市场制度和不清晰的私人财产制度等等，使中国制造企业在形式上与西方国家的股份公司相似，但在实际运作中却存在着很大的差异。以企业变革为例，中国企业面临着制度频繁更替和业务转型的压力，但由于存在上述的一系列不合理性，导致了企业在变革的过程中可供选择的方法与手段并不是太多，在变革的速度、幅度与范围上不及欧美企业。

（3）文化与企业变革。越来越多的学者意识到企业的变革如果不考虑企业文化因素的影响，企业变革将会难以为继。企业文化是一面双刃剑，成功的时候可以加速企业的发展，失败的时候又能严重阻碍企业变革的进程。美国和日本企业都在企业文化方面有过深刻的教训。20 世纪 70 年代末，美国企业僵硬的企业文化阻碍了企业的发展，从而在 80 年代掀起了一股学习日本企业文化的热潮。然而，美国企业对自己的企业文化并不是全盘否定，对日本企业文化也不是全盘接受，在变革的过程中注意结合自身企业文化的优势和对方企业文化的长处。例如，美国企业接受了日本企业的全面质量管理并加以发挥创出了六西格玛的质量管理方法，美国企业接受了日本企业文化中对人的重视而重视对于人力资源的开发和利用，但并没有采用日本的终身雇佣制，美国企业也没有采用日本企业的年功序列晋升制。日本企业的变革则体现在对于以往成功的企业文化的一种否定上，虽然过程缓慢而艰难，但迫于市场竞争的压力不得已而为之，大规模的裁员取代了终身雇佣制（在个别企业虽有所保留但只是形式的不同），不拘一格的提拔制度和按能力业绩获取报酬的制度代替了年功序列工资制。日本企业文化从表面上看具有向美国企业文化靠拢的趋势；从实质上看，日本企业文化由于受其国内特有文化的影响，不太可能全盘接受美国的企业文化，继承、否定、扬弃与创新才是辩证唯物主义所阐明的规律，日本企业文化向何方创新，人们将拭目以待。中国制造企业的前身是国有企业，不可避免地带有国有企业文化的一些特征。例如，大多数员工是毕业后直接从事工作的学生，少数来自其他公司，职工的流动率比较低，晋升缓慢，职业稳定，等等。随着国有企业逐渐改造为股份有限公司和市场竞争的需要，加之以前的企业文化并不是一种成功的企业文化，因而在企业文化变革方面并没有太多的包袱，但由于制度性原因的存在，企业的变革过程困难重重，如裁员、破产、兼并和重组等，因此企业变革所受的外部文化环境的影响因素过多。从目前中国制造企业的变革趋势来看，由于中国真正意义上的企业形成的时间比较短，企业要形成有自己特色的企业文化尚需时日。

（4）权力—政治行为与企业变革。正如前面所述，企业内部和外部也存在着一定的权力—政治斗争，企业内部的权力斗争主要体现在领导层的更替上，企业外部的权力—政治斗争则表现在对企业控制权的争夺上。从权力—政治与企业变革的相互影响关系来看，美国由于资本市场发达，企业之间的兼并和收购活动频繁，因而围绕着企业控制权的企业外部的权力—政治斗争对于企业的变革影响较大，但美国企业也同样存在围绕着 CEO 而导致的变革，如约翰·怀特被任命为 ATT 的总裁后不到 9 个月便离开了，1995 年 8 月，米歇尔·奥维茨被任命为迪斯尼公司总裁，不久便因与董事长关系搞僵而出走等，前任 CEO 和继任总裁常常会在经营风格等方面产生矛盾，从而导致企业的变革被阻止或延误。日本和中国企业由于企业之间的兼并与收购相对较少，这方面对于企业变革的影响较少。日本和中国企业则经常在企业内部的领导者交接班上出现问题，从而导致或影响企业的变革。以中国企业为例，企业领导交接班有时对于企业来说绝对是一件具有重大变革意义的事情。

（5）三国企业变革的趋势分析。从未来经济的全球化发展趋势来看，世界范围内的竞争和知识的快速传播将会决定各国制造企业在采取应对措施时具有某种程度上的一致性。如果我们将一个企业的变革分为制度、业务和职能三个层次上的变革，那么正如我们在前面所分析的那样，三国的企业在业务组合和职能变革等方面具有相似性，如业务外包、战略管理、战略联盟、流程再造、组织学习、核心能力、企业兼并与裁员、全球化经营、本土化战略、供应链与价值链的管理等，而在公司治理机构、企业文化等具有制度特征方面则会呈现出国家或民族的差异性。

8 企业的多样性与企业变革

在现实的经济生活中，企业是从事生产流通或服务等活动，为了满足社会需要进行自主经营、自负盈亏、自担风险、独立核算的具有法人资格的基本经济单位。从企业的产生和发展历史过程来看，企业具有多样性的特点，不同类型的企业导致的企业变革必然会具有不同的变革特征，因此本部分试图对企业的多样性和企业变革之间的关系进行探讨，以找出不同类型企业变革之间的差异性和相同点。

8.1 关于企业多样性的一般阐述

企业组织形式，是指企业财产及其社会化大生产的组织状态，它表明一个企业的财产构成、内部分工协作与外部社会经济联系的方式。在资本主义工业化早期，企业的规模较小，生产经营活动又较为简单，企业的组织形式也相应地较为单一，多为独资经营的单厂企业，随着技术和社会经济的发展，企业的规模日益扩大，生产经营活动日趋复杂，企业的组织形式也逐渐多样化。企业的组织形式关系到生产要素在企业内部和企业之间进行优化配置与组合，对于企业的经营与管理均有全局性的重要影响。如果我们按照不同的标准来对企业进行分类，企业的多样性则表现为以下几种类型：

（1）按照企业财产的构成，国际上一般将企业分为三类：个人业主制企业、合伙制企业和公司制企业。前两类属于自然人企业，公司制企业则是具有法人资格的企业。公司制企业又可分为以下几种具体的形式，即有限责任公司、股份有限公司、无限责任公司、两合公司和股份两合公司等。

（2）按照企业内部的分工协作和外部的社会联系方式，企业可分为单厂型的企业（一个工厂就是一个企业）、总厂型企业、专业公司（如电力工业公司、标准件工业公司等）、联合公司（如钢铁联合公司、农工联合公司等）和企业联合体（如生产联合体、销售联合体、生产经营联合体和科研生产联合体等，有时候企业联合体在某种条件下就是企业集团，如存在一个核心企业，组织结构具有层次性和以资产连接为纽带）。

（3）按照企业生产资料归谁所有，企业可分为国有企业（全民所有制企业和集体企业）和民营企业（家族企业）。

（4）按照企业的规模大小，企业可分为大企业和中小企业。尽管各国对于中小企业和大企业之间的划分标准不尽相同，但大都采用年销售额、资本金和从业人员这三项指标。在年销售额方面，如加拿大规定年销售额在2 000 万加元以下为中小企业，墨西哥规定年销售额在700 万美元以下为中小企业。在资本金方面，日本规定资本金在 1 亿日元以下为中小企业，新加坡规定固定资产为1 200万美元以下为中小企业，泰国规定投入资金 1 亿泰铢以下为中小企业，智利规定固定资产额在100 万美元以下为中小企业，马来西亚规定股金少于250 万林吉特为中小企业等。在从业人员的划分上，美国规定制造业中从业人员少于500 人为中小企业，法国规定从业人员少于500 人为中小企业，英国的标准则以200 人为划分界限，而日本规定的界限为300 人。我国对于中小企业的划分的最新标准为2003 年3 月国家经贸委提出的企业划分标准的最新方案，如表8 -1 所示：

表 8－1　我国中小企业的划分标准

	资产总额	年销售额
小型企业	4 000 万元以下	3 000 万元以下
中型企业	4 000 万元及以上	3 000 万元及以上

（5）按照企业的发展速度，企业可分为高速增长企业、稳定增长企业和衰退企业。企业的发展速度主要是指企业的业务发展速度，如业务（产品或服务）的增长情况等，而速度的高低与否又因比较对象的不同而不同，一般情况下，以行业的平均发展速度来衡量，超过行业平均发展速度的为高速增长企业，与行业发展速度大致相同的为稳定增长企业，低于行业发展速度且增长率不断下降的为衰退企业。

（6）按照企业业务活动的地理区域，企业可分为跨国企业、全国性企业和特定的区域范围企业。

从以上的分析可以看出，经济活动中的企业存在着多样性的特征，但并不是说企业只能拥有一种特征，在经济生活中，我们也经常看到有些企业从法律形式上看是有限公司，而从财产的拥有情况来看又是家族企业，从企业的规模来看可能是小型企业等不一而足，这从另一个方面证实了企业存在多样性。在企业的变革过程中，不同类型的企业变革措施有无共同点和差异性呢？下面的论述旨在通过对国有企业与民营企业、大型企业和小型企业的变革进行比较研究找出这种共同点和差异性，为企业的实践活动提供决策参考。

8.2　国有企业、家族企业与企业变革

8.2.1　国有企业变革

国有企业在我国的计划经济时代曾经发挥过巨大的作用，随着我国向中国特色的社会主义市场经济过渡，国有企业这种组织形式

逐渐难以实现市场经济的发展要求，存在种种弊端。这主要表现在产权关系模糊、投资主体单一、企业资产呆滞、政企职责不分（表现为经济利益机制的平均化和政府职能“企业化”）、经济效益不佳、国有企业资金的筹集和投放缺乏自主权、国有企业的负担过重（债务负担、财政性负担和社会负担）等方面。而国有企业变革从1978—1982年的“扩权让利”、工业经济责任制，1983—1986年的“利改税”，1987—1991年的企业承包经营，1992—1993年的大规模股份制改造、建立现代的企业制度，到1997年至今的“抓大放小”和其后的国有资本的退出，其间经历了一种有计划的渐进式变革，变革的难度和幅度也越来越大。

（1）“扩权让利”。它是指从发动职工群众讨论增产节约入手，在增产节约的基础上，企业可以提取一定数额的利润留成，职工个人可以得到一定数额的资金。这种做法调动了企业和职工的积极性，结果超额完成了计划指标。

（2）工业经济责任制。工业经济责任制的主要内容包括：一是国家对企业实行经济责任制，处理好国家与企业的关系，尤其是分配关系，实践中的形式主要有利润留成、盈亏包干、以税代利等；二是建立企业内部的经济责任制，处理好企业和职工的关系，特别是分配关系，实践中的主要形式有计分计奖、计件工资、超产奖、浮动工资等。工业经济责任制对于规范国家与企业间的分配关系、调动企业和职工的生产经营积极性起到了积极作用，但由于企业外部环境、行业状况差异很大，企业内部条件、历史基础也千差万别，所以在实行责任制的过程中，划定国家与企业的责权利，很难找到统一的标准。

（3）“利改税”。1983—1984年，国家决定对国营企业实行两步“利改税”。第一步利改税，采取税利并存制度，即在企业实现的利润中先征收一定比例的所得税和地方税，然后对税后利润进行分成。第二步利改税的主要内容是调整税目和税率，国家对国营企业实现的利润先征所得税，然后根据所得税后利润再征收调节税，调节税后利润为企业留利。

（4）企业承包经营。工业企业承包制的提出，很大程度上是源于农村家庭联产承包责任制的巨大成功。作为一种探索，1981年我国进行扩大企业自主权试点，选择首都钢铁公司等企业作为承包经营试点。到1983年，作为一种重要的改革方式，以利润包干为主要内容的承包经营责任制在全国很快发展。承包制这一制度安排是以所有权与经营权分离理论为基础的，承包合同不再以原来计划体制下的产量、产值作为承包的关键指标，而以反映企业生产经营综合状况的利润作为承包合同的核心内容，其基本内容是上缴国家利润、完成技术改造任务、实行工资总额与经济效益挂钩。在国家与企业的分配关系上，确立了“包死基数，确保上交，超收多留，歉收自补”的原则。承包制主要有五种形式：①上缴利润递增包干，主要适用于生产稳定增长、利润受原材料价格影响较小、增长潜力较大的企业；②上缴利润基数包干，超收分成，主要适用于生产比较正常、人均上缴利润水平较高的企业；③上缴利润定额包干，主要适用于那些低利、微利而产品又为社会急需、技术改造任务重的企业；④亏损企业减亏包干，这种形式主要针对亏损企业；⑤国家批准的其他承包形式。

（5）建立现代企业制度。承包经营责任制在保证国家利益的前提下，对调动企业经营者的积极性、促进国民经济的发展有着积极作用。然而也要看到，这一制度安排尚未真正触及国有企业的所有权，没有改变所有者相对虚置的根本弊端，再加之承包制所固有的承包指标确定随意、承包人行为短期化等因素，它必然被更加深刻的制度变革所替代。1993年十四届三中全会通过的《中共中央关于建立社会主义市场经济体制若干问题的决定》，进一步明确了国有企业建立现代企业制度的目标与步骤，并将现代企业制度特点概括为“产权清晰，权责明确，政企分开，管理科学”，从此国有企业改革进入转机建制、制度创新的新阶段。

（6）“抓大放小”——国有经济战略性调整与重组。其目的是要着眼于搞好整个国民经济，通过存量资产的流动和重组，对国有企业实施战略性改组。这种改组要以市场和产业政策为导向，搞好大的，放活小的，把优化国有资产分布结构、企业组织结构同优化投资结构有机地结合起来，择优扶强，优胜劣汰，形成兼并破产、减员增效机制，防止国有资产流失。重点抓好一批大型企业和企业集团，以资产为纽带，联结和带动一批企业的改组和发展，形成规模经济，充分发挥它们在国民经济中的骨干作用。区别不同情况，采取改组、联合、兼并、股份合作、租赁、承包经营和出售等形式，加快国有企业改组的步伐。

归纳国有企业的变革，不难发现其中的一些特点：①制度的根本调整与企业变革。影响企业变革的因素主要有制度、文化、技术、市场和权力—政治行为，在国有企业的变革中，最大的影响因素则是制度的根本性调整。虽然最初的变革措施并没有提到企业产权的变革，许多措施旨在提高经营者的积极性，如“扩权让利”等，但国企改革的最后还是离不开产权的变革这一根本性制度上的调整。国有企业的概念也开始得以重新界定。②从企业生存式到企业发展式变革。国有企业的变革从某种程度上来讲，最初并不是为了企业的进一步发展壮大，而是为了企业在竞争日趋规范和激烈的市场上生存而不得不进行变革。随着社会主义市场经济的建立，一些生存下来的企业开始进行发展式变革。③被动式政府主导的变革。国有企业的变革多是由政府来推动组织实施的。④混合式变革。国有企业的变革既涉及制度的调整又和企业经营战略及业务的转型有着密切的联系，是一种混合式变革。⑤放开式变革。国有企业从产生以来就与政府有着紧密的联系，承担了许多除经济之外的功能，政府对于国有企业的经营和管理有着举足轻重的影响，因此在国企变革的过程中，我们看到政府对于企业的束缚开始逐渐放松，许多权力直接下放给企业，如生产经营决策权、产品或劳务的定价权、产品销售权、物资采购权、投资决策权、劳动人事用工权和进出口权等逐渐下放给企业，国有企业对政府的依赖性逐渐减少，与此同时，政府对企业的干预也随之减少，可以说国有企业的变革是一种放开式变革。⑥从渐进到激变的变革方式。由于国有企业本身被赋予的功能比较复杂，因此国有企业的变革一开始就不可能像民营企业或股份公司那样实行剧烈式激进的变革，加之国有企业变革没有成功的模式和理论可遵循，因而国有企业的变革采取的方式多是那些不易引起社会动荡的渐进式变革措施。当国有企业变革进入一个新的阶段后，激变式变革方式也开始在国有企业里得到普遍运用，如下岗、“抓大放小”等。

8.2.2 家族企业变革

家族企业（指在企业的存续和发展的过程中，由同一家族两名或以上的家族成员直接拥有或参与经营管理的企业，或企业的领导权在家族内继承的企业）在中国的发展已经有20多年的时间，至今发展的势头还相当迅猛。在发展的过程中也诞生了一批优秀的大型民营企业集团，如希望集团、万向集团、用友集团等。这说明了民营企业对于市场经济发展的适应能力强（如凝聚力强、反应迅速和心理契约成本低等）。然而民营企业也存在着自身的局限性，例如，组织机制的限制（结构及错综复杂的人际关系），人力资源的限制（难以吸引到优秀的外部人才），重人治、轻法治和不科学的决策的限制，等等，因此民营企业也面临着如何做大而实行变革的问题。

家族企业经营管理过程中经常存在着“家族企业病”，其主要表现为：①企业缺乏严格意义上的组织结构。在具体运营实践中，家族企业暴露出其组织机构混乱，权力界限、工作职能划分不清，工作内容互相交叉的弱点。在这些企业里，往往是董事长管总经理该管的事，总经理又管董事长该管的事。一方面造成了工作的混乱，另一方面又使企业的决策体系缺乏科学化、规范化。②家族企业用人机制的落后。家族企业在用人问题上，长期以来难以摆脱“先家族后企业”的观念束缚，不少企业首先考虑的是怎样安置家族成员，却不认真考虑这种安置对企业是否有利，能不能调动全体员工的积极性等。③缺乏长远的战略发展思路，过于短视和急功近利。④管理缺乏系统性。很多家族企业经常只重视管理中的一块，如销售、生产等。很少有全面管理的思维方式，管理缺乏系统性。以市场营销为例，家族企业特别重视建立与老客户的稳定关系和巩固老市场，忽视以新市场的开发或者市场需求为营销出发点，在产品设计、渠道拓展、价格策略上往往凭主观经验办事，缺乏专业理念。新的竞争环境需要家族企业经营者的营销观念更具全球化、战略化，而这是家族企业从未遇到过的。

家族企业变革的内容通常包括：

（1）家族企业治理结构变革。这是家族企业变革中最大的难点。世界各国的企业发展及中国的实践都证明：实现委托代理制，走向现代企业制度，是稍具规模的家族企业的必由之路。家族企业治理结构的变革内容包含以下两点：一是产权变革。家族企业的产权具有“三缘”性——血缘、亲缘和地缘性。“三缘”产权在主体不变的情况下，家族企业就很难真正形成现代企业的法人治理结构，很难形成有效的委托代理制。变革的重点是以现代企业产权制度逐步替代以往的宗法产权制度。具体做法是产权开放，即向愿意投资的人开放。产权开放的结果是实现民营企业资本主体的多元化，如员工持股计划等。这将不仅拓宽了家族企业的融资范围，有利于技术进步，而且导致企业产权结构发生变化，从而有利于形成合理的企业治理结构，使企业决策更加合理有效。二是治理结构的调整，做好家族成员在股权与管理权上的合理划分。

（2）建立专业化的管理机制。企业要发展，要克服固有的弊病必须实现管理专业化和规范化，家族企业尤其如此。吸收大量的专业人才进入公司的核心层，为公司建立合理的管理制度，是专业化和规范化的必由之路。其内容主要有管理人才专业化、激励机制专业化、组织制度专业化、制度执行专业化。

（3）家族文化变革。家族文化的表现之一就是家族凝聚力。增强家族凝聚力的方法包括：在家族内部建立家族委员会，专门处理家族内部事务，使得家族决策与企业决策分开，以及定期召开家族碰头会、提高下一代的企业家精神的培训项目及家族范围的慈善事业。家族企业家个人素质要提高，因为民营企业文化很大程度上取决于企业家个人文化素质和思想境界，当今家族企业文化都深深地烙印着企业家朴素的人格思想和经营管理理念的痕迹。因此，企业家作为企业文化的缔造者，应大力加强自身素质的培养，包括不断学习，培养合作精神，勇于承受失败及胜利，加强忧患意识等。

（4）建立和培养全面的系统管理思维方式。由于企业的管理是一项系统工程，由管理、研发、生产、营销推广、品牌建设、售后服务、人员培训等环节组成，家族企业应从自身的优劣势、内外环境等加以综合分析，从企业的文化模式、管理流程、研发、品质管控、消费趋势、竞争对手、成本控制、产品线、价格体系、渠道及终端建设、终端推广、品牌形象、员工及经销商的激励机制、供应商关系维护等方面进行系统和细致的改革。

（5）与现代企业制度接轨。纵观世界上家族企业的发展历程，都经过“家长制—家族制—职业制—制度文化制”的发展过程。根据我们的研究，家族企业的改革一般经历以下具体演化：首先要优化行业和企业的关键业务活动。例如，要依据企业现状确定战略规划，重点对销售和市场推广工作活动进行系统优化。其次，对经营管理团队采取一引、二退、三授权、四激励的措施，提升家族企业管理团队的竞争力。再次，大力引进职业经理人，形成专业分工的职业经理人队伍；董事会成员逐步退出经理层，实现决策权和经营权的分离；明晰经理层职责范围并充分授权，同步建立职业经理人激励机制，实现企业价值最大化。最后，以绩效作为机制转变的动力，通过绩效考核和薪酬业绩压力和动力两方面形成对管理团队未来发展的驱动力。

在民营企业的变革过程中具有以下特点：

（1）民营企业变革的目的是不断发展和扩大企业。民营企业面临变革的时候往往是如何进一步扩大企业的时候，是选择上市发行股票以筹集所需的资金还是改变家族企业对于企业所有权和经营权的控制而引进职业经理人，一般来说，民营企业在需要变革的时候并不存在生存的问题。

（2）开放式变革。民营企业自诞生之日起就具有封闭性特点，这种封闭性能够帮助企业在创业阶段在一个不规范的经济环境中迅速立足，当市场逐渐规范和企业不断发展壮大后，企业无论是从组织形式和结构，还是筹资渠道及人力资源方面要想进一步发展企业都会遇到管理和人才上的瓶颈问题。如果企业想做大，必须向社会进行一定程度的开放，如人才的引进、资本的引进等等，只有这样企业才能充分利用社会的资源来发展壮大企业。

（3）激进式变革方式。由于民营企业进行变革的时候要打破其封闭性而向社会开放，有的还要实行经营权和所有权的分离，因而企业变革的幅度大，多为激进式变革。

（4）变革受制度和社会环境的影响很大。以中国家族企业为例，许多行业至今仍对家族企业实行禁入制度，在法律上家族企业的财产权没有明确的规定，在资本市场上，家族企业的融资问题困难重重，等等。从社会环境来看，人们对于家族企业的财富来源和纳税情况一直持有不同的看法，阻碍了许多家族企业的进一步发展壮大。

8.2.3 国有企业与民营企业变革的简要比较分析

8.2.3.1 国有企业与民营企业变革在理论上的比较分析

1. 共同点

国有企业和家族企业是根据财产所有权的不同来划分的。二者在变革的过程中表现出许多共同点和差异性。其共同点主要体现在以下几个方面：

（1）在变革的最终目的上是实行企业经营权和所有权的分离，建立现代企业制度以规范企业的经营活动，使企业能够充分利用社会资源。

（2）制度变迁对于国有企业和民营企业的变革来说，都具有重要的影响作用。这在中国表现得尤为突出。

（3）在领导者的更换上，国有企业与民营企业具有某种相似性，具体表现为领导者的更换方式争议较多。

2. 差异性

国有企业和民营企业变革的差异性主要体现在以下几点：

（1）放开式变革与开放式变革。对于国有企业来说，政府如何规范自身行为并将企业经营和管理权下放给企业，以减少企业承担的社会功能和政治功能是变革的主要内容，即将束缚企业的障碍逐渐消除。而对于民营企业而言，则是如何打破民营企业过于封闭的资本和人事，引进外来的职业经理人和社会资本。

（2）二者变革的初衷并不相同，国有企业变革的初衷大多是如何首先让其在市场的竞争中生存，然后图谋进一步的发展。民营企业变革的初衷是如何进一步壮大企业，因为如果不改变家族企业的封闭性，家族企业要想做大，会遇到一系列的经营和管理上的瓶颈问题，如人才、资本、组织制度等。

（3）二者变革的方式不同，国有企业变革主要是由政府推动和组织实施的，国有企业只是一个被动执行者。而在民营企业的变革过程中，则不存在被动执行的问题，多是由民营企业家主动发起并推动的。

（4）二者在变革的过程中遇到的阻力不同。国有企业由于牵涉面广、社会影响很大，因此在变革的过程中遇到的阻力也特别多且复杂，变革的进程常常会被意想不到的原因中断，如国有股的减持。而民营企业变革的阻力主要来自企业的内部甚至企业主本人，如家族企业文化对于家族企业变革的影响就非常大。

（5）二者变革的方法不一样。国有企业由于影响面大，最初一般推行的是渐进式变革方式，像俄罗斯那样激进式变革方式采用得并不是太多，只是到了变革的后期由于制度的变迁，才进行激变式变革方法。而家族企业由于社会影响小和市场竞争的压力大，其变革多采用激进式变革方法。

（6）二者在领导权力交接上不同。国有企业多为政府任命式，而家族企业则多为继承式。

8.2.3.2　来自企业实践的统计数据分析

在这里我们选择了20家企业进行变革比较，其中10家为国有企业、10家为家族企业，如表8－2所示，前10家为国有企业，后10家为家族企业。

表8－2　20家抽样企业资料

名称	应对层次	变革方法	制约因素	内容层次	时间跨度（年）
海尔	预测式	渐变	市场与文化	公司与业务层次	2001—2003
小鸭电器	被动式	激变	制度与市场	公司与业务层次	2002—2003

（续上表）

名称	应对层次	变革方法	制约因素	内容层次	时间跨度（年）
长虹	被动与预测式	激变	制度、技术与市场	公司、功能与业务层次	2001—2003
科龙	被动式	激变	制度、技术与市场	公司、功能与业务层次	2001—2003
哈药	被动式	激变	制度、技术与市场	公司与业务层次	2001—2002
东风	被动式	激变	市场	业务与功能层次	2001—2003
美菱电器	被动式	激变	市场	公司与业务层次	2002—2003
熊猫	预测式	激变	制度与市场	功能与业务层次	1996—2000
咸阳偏转	被动式	激变	市场	业务层次	2002—2003
美的电器	预测式	组合式	市场	公司与业务层次	2001—2003
太太	被动式	激变	市场	业务与功能层次	1996—1999
万和	被动式	激变	市场	业务层次	2002—2003
正泰集团	预测式	激变	制度	公司层次	2002—2003
吴氏集团	预测式	激变	制度	公司层次	1998—2003
天正集团	预测式	激变	制度	公司与业务层次	2001—2002
万向集团	预测式	激变	市场	公司与业务层次	2001—2003
方太厨具	预测式	渐变	制度与市场	公司层次	1997—2001
吉利	预测式	激变	制度与市场	公司层次	2003
双良空调	被动式	激变	制度	公司层次	2003
宁波意士达	预测式	激变	制度	公司层次	2001—2002

表 8-3　绝对数字统计结果

企业性质	应对层次			变革方法			制约因素					内容层次	
	被动式	预测式	领导式	激变	渐变	组合式	市场	技术	制度	文化	政治—权力	单一式	组合式
国有企业	7	4	0	7	2	1	10	2	5	1	0	1	9
家族企业	3	7	0	9	1	0	5	0	7	0	0	7	2

表 8-4　相对数字统计结果　　单位：%

企业性质	应对层次			变革方法			制约因素					内容层次	
	被动式	预测式	领导式	激变	渐变	组合式	市场	技术	制度	文化	政治—权力	单一式	组合式
国有企业	70	40	0	70	20	10	100	20	50	10	0	10	90
家族企业	30	70	0	90	10	0	50	0	70	0	0	70	20

从上面的统计信息中，我们可以得出如下结果：

（1）从企业变革的应对层次来看，国有企业与家族企业存在较大的差异。例如，在国有企业中，70%的企业变革应对层次是被动式，而在家族企业里70%的企业变革应对层次却是预测式，这说明在如何使企业适应市场变化的竞争中，国有企业落在了家族企业的后面。在领导层次的变革上，国有企业与家族企业一样为空白点。

（2）从企业变革的方法来看，国有企业与家族企业的差异性并不太大。例如，在激变方法的使用上，国有企业的比例为70%，而家族企业为90%，在渐变式和组合式变革方法上，国有企业的比例分别为20%和10%，家族企业的比例则为10%和0，两者之间略有差异，但并不明显。

（3）从变革的制约因素来看，在变革的过程中，家族企业的变革焦点在制度建设上，其比例为70%，其次是市场，其比例为50%，这可能与所选择的样本多以成长期的家族企业有关。而国有企业变革的制约因素一方面体现为市场所带来的压力，其比例高达100%，另一方面来自制度变化的影响也较大，其比例为50%，除此之外，技术和文化对国有企业的变革也有影响。

（4）从变革的内容层次来看，国有企业与家族企业的变革也存在着一定的差异性，主要体现在国有企业多采用组合式变革内容层次，其比例为90%。而家族企业着重于单一式变革内容层次，其比例为70%。

8.3 大型企业、小型企业与企业变革

大型企业虽然在数量上所占的比例很小，但其影响力却远远大于小企业，以美国为例，自20世纪以来大企业在美国经济发展中一直起着支柱的作用。1904年，美国产值在100万美元以上的大企业有1 900多家，产值占总产值的38%，到1914年只占制造企业总数22%的产值在100万美元以上的企业其产值却占整个制造业总产值的49%，所雇用的员工超过了制造业员工总数的1/3。另据有关资料介绍，1950—1981年美国最大的200家制造业公司在整个制造业资产总额中的比重从47.7%上升到60%，1962年，500家最大的工业公司的销售额约为同年国民生产总值的42%，1947—1977年，200家最大的制造业公司的增值在整个制造业增值额中的比重从30%上升到了43%。①

日本的大企业更是在国民经济中起着举足轻重的作用，1991年日本三井、三菱、住友、芙蓉、三和、一劝等六大企业集团就业职工人数占职工总数的3.8%，占总资产的12.98%，销售额的14.32%，纯利润的15.21%，持有的股票占上市总量的25%，银

① 王锦瑭．美国现代大企业与美国社会［M］．武汉：武汉大学出版社，1995.45～46

行融资占全国的3.8%，足见这些大企业在日本经济中的作用和影响。① 大企业不仅是国民经济发展的支柱，而且在促进技术和提高国民素质上也起着巨大的作用。以美国为例，1994 年美国研究与开发投资为1 730.2 亿美元，占美国国内生产总值的2.5%以上，其中美国企业界承担了70%以上，而企业界的研究与开发投资又主要集中在大企业上。表8－5 中的数据更能说明这一点。

表8－5 1997 年全球企业研究与开发投资排行榜

排名	企业名称	国别	占销售额的比例（%）
1	孟山都	美国	22
2	微软	美国	17
3	辉瑞	美国	16
4	德州仪器	美国	16
5	洛奇	瑞士	16
6	爱立信	瑞士	15
7	北方电信	加拿大	14
8	葛兰素威廉	美国	14
9	朗讯科技	美国	12
10	诺华	瑞士	12

资料来源：参考消息，1998－06－30（4）

另外，大企业在对外贸易中也发挥着巨大的作用。一般来说，大企业具有以下几个特点：①规模大。许多大企业本身就是一个规模巨大的企业集团，例如，从世界范围来看，世界企业500强的规模十分庞大，许多大型的企业集团其经济实力已经相当于一个中等以上的国家或我国一个中等发达程度的省的经济规模。②多法人与股权分立。大型企业多为企业集团，而企业集团是由多个具有法人资格的企业组成的集合体，当企业集团内的某一部门不断扩展时，

① 陈佳贵．现代大中型企业的经营与发展［M］．北京：经济管理出版社，1996．189

就会逐步使其独立，成为具有法人地位的子公司，或母公司为了发展业务而投资设立一些具有法人地位的子公司，从而形成股权分立。③多层次控制与管理和协调。在大企业的内部往往具有逐层次的控制、管理和协调的关系。钱德勒将之称为现代工商企业的一个基本的特征。④多单位。一般情形下大企业集团核心层次以下均有多个企业或者单位，因而形成了更多单位的组织机构。如日本电器集团一度拥有 111 个主要关系公司。⑤多种联结方式但主要以资本联结为主。在大企业的内部存在着多种联结方式，如资本方面的控股、参股，财务方面的资金融通，技术、研究与开发方面的共同参与，资源共享，优势互补，加工过程中的分包关系等，在这些方式中资本联结是最为基本的联结方式。⑥产品与业务的多元化经营，这几乎是所有大企业的共同特征。⑦多功能。一般来说，大企业具有从事企业业务活动的完整功能。这些功能可以涉及从加工活动的准备过程开始到加工活动本身以及其后的市场营销及服务活动领域。这样企业集团的功能涉及了诸如信息、人力资源管理、技术、研究与开发、投资、加工、财务、会计、营销及服务等企业职能。⑧多国化经营。随着世界经济国际化程度越来越高，企业集团越来越具有明显的多国化经营的特点，如世界最大的 500 家企业都是跨国公司，其业务活动遍及世界的各个角落。

大企业所具有的优势是不言而喻的，如可以获得规模效益，取得管理上的协同效应，对企业的资源进行最大限度的利用，增强抵御风险的能力，等等，但大企业也存在着致命的弱点——缺乏灵活性，这个弱点也正是大企业在变革过程中所要解决的问题。大企业在扩张的过程中容易产生过度扩展的问题，从而引发新的管理问题，许多知名的综合性大型企业，如通用电器（GE）、IBM、美国通用汽车、德国西门子等大型企业，过去曾从其巨大的规模经济和范围经济中获得了巨大的竞争优势，但现在与小而灵活的公司相比，规模过大而导致的缺乏灵活性已成为大企业在竞争中的不利因素。大企业在扩张的过程中容易产生交易内部化的后果，其结果是在企业的内部形成高度集中的计划机制，造成组织失效，从而形成如同日本立石电机株式会社的立石一真所称的“大企业病”，如企业过于庞大、层次机构过多和官僚主义盛行、权责不清、办事拖拉、企业家精神泯灭、员工积极性丧失等方面。

大型企业的管理主体是由高层管理者、中层管理者、基层管理者组成的。高层管理人员处于组织的最高层，主要负责组织的战略规划，重大方针的决定。中层管理人员主要负责日常管理工作或某一部门，在组织中起承上启下的作用。基层管理人员负责管理作业人员及其工作。就管理主体而言，相对于中小企业，由于大型企业规模庞大，所以往往组织机构庞大，管理复杂，从上层管理到基层管理环节增多，“管理链”延长。过多的管理环节和过长的管理链会使企业高层领导人的命令、意见、意图传送给基层管理者时容易被遗漏、误解或歪曲，而且容易产生互相指责、推诿的现象，使传递的速度也受到影响，下层和外界的信息传递给企业高层领导人时也会出现类似的情况。企业管理机构越庞大，这种信息和管理失控的现象就越严重，因而“组织失效”的问题也就越严重。

8.3.1 大型企业变革的特征分析

由于大型企业存在着“组织失效”的问题，因此大企业必须寻找一种有效的途径增强企业的创新精神以消除“组织失效”的难题，这也是为什么在20世纪80年代引发了一场公司重构（corporate restructuring）的浪潮，在这场变革过程中，大型企业的变革特征也十分鲜明：

（1）外部化。外部化是大型企业针对组织失效而采取的一种变革措施，即通过具体的组织形式在规模与有效性及范围与有效性方面作出一种选择与权衡。在实践过程中，外部化有两种方式，一种是放弃原来由企业自行处理的业务，转而交由市场来解决。当企业内部交易活动成本过高或某项业务对于企业较不重要时，或当企业处于困境而没有成长的希望时，外部化行为将会发生。这样企业的内部交易将会变为企业外部的市场交易。如大企业的业务外包和战略联盟等行为便是如此。另一种是企业的分立。大企业将一些业务、一些职能部门分离出去而成为独立的子公司，以避免企业规模过于庞大，并发挥企业不同业务、职能部门的能力。如国外的德国西门子公司和我国的联想集团公司便是如此。在企业管理的职能上也出现了外部化的趋势。在20世纪初，大企业上层管理职能的新职位是依靠市场来解决的，到了20世纪末，由于拥有庞大的内部机构的公司需要降低成本和增加灵活性，因而一些管理职能又更多地交由市场来解决。如许多企业的人事职能交由市场来解决。

（2）战略与组织结构调整。当今世界经济总的发展趋势是由国别经济向全球经济转变，并越来越具有知识导向的特征。为了与环境的变动相适应以及克服大企业病，保持和创造竞争优势，许多大型企业都在进行战略调整和组织结构的调整，其基本的思路是“战略—结构—过程”，即公司战略调整，引起其组织结构的重组，进而从业务、财务和组织方面全面跟进，这种企业变革是一种从企业总体到局部的变革，其中企业的业务战略选择和组织结构的重构至关重要。在企业业务的战略选择中，业务的多元化扩张与收缩是企业进行业务调整的一些途径。而根据钱德勒“结构追随战略”的观点，企业业务的重构必然会导致企业组织结构的重构，例如，从发达国家大企业或大企业集团的发展和管理经验来看，在20世纪60年代至70年代许多大型企业采用多元化的战略，组织结构较多地采用了事业部制，当所掌握的技术或所经营的产品或市场趋向于生命周期的成熟阶段后，即选择战略撤退时，则较多地采用外部化策略，将事业部制转为子公司或伙伴公司；当企业选择扩散型多元化战略时，则较多地采用控股公司制，即通过设立子公司、伙伴公司或合资公司等组织形式以实行其战略。随着企业环境的改变，许多公司不仅重新评价其战略，而且也在重新思考其实施这些战略的组织结构。在20世纪60年代，大多数多元化公司采用通用汽车公司所创造的M型组织结构形式。随着许多公司业务的无关多元化程度的提高，公司管理作用发生了变化，也势必要求公司总部的管理角色随之发生变化，那种多层次的组织结构已经不能跟上技术和经济的迅速变化，因此大企业纷纷采取了缩减组织层次的做法，大量的中层管理职位被减掉了。在这个过程中，大约有200万中层管理职位被裁减，每三个经理中就有一个被从企业的权力层次中裁减下来。杰克·韦尔奇描述了在通用电器公司里的这一变化：“过去我们办事，总是从总经理到各部门，再到各集团，最后到业务单位。现在我们从总经理直接到业务单位，中间层次被取消了。这些框架性的结构很快被以下的一些机构所充实：竞争者之间组成的合资企业，供应商与销售商之间建立的合伙关系，将整个行业连在一起的研究联合体以及其他一些构成‘机构网络’的战略联盟。”企业之间的关系已不再是纯粹的竞争对手的关系，在有利可图时，它们也会常常进行合作。例如，美国戴尔电脑公司通过筹划一个颇有生气的与本公司人员密切合作的元件供应商网络，以最快的速度和最便宜的价格生产出了高质量的个人电脑，创建了一个与 IBM 不相上下的电脑产业。

（3）变革的复杂性和全局性。大企业由于其规模庞大和在社会经济发展中的重要作用，其变革多会涉及许多层面的问题，遇到的阻力来自多个方面。如就业、投资、税收等，这些决定了大企业的变革具有复杂性的特征。又由于大企业在变革的过程中涉及战略调整、组织重构，因而其变革是一种整体的变革，往往牵一发而动全身，具有全局性的特点。

（4）企业文化与大企业变革。大企业往往是发展比较成功的企业，长期以来能保持成功的企业通常具有强大的文化，如 IBM、宝洁公司、强生公司、3M 公司、丰田公司、索尼公司等 20 世纪最为成功的大企业，都有强大的企业文化，有出色的总裁致力于加强这种企业文化。大企业具有深深保护起来的文化，而这种文化多是在价值流、改善、网络等时代以前建立起来的，常常有非常强大的机制保护其根深蒂固的文化。因此就大企业的变革而言，企业文化的转变是一种必需而痛苦的过程。例如，20 世纪 80 年代，美国通用电气公司在杰克·韦尔奇的带领下进行一次重大的自上而下的企业变革。美国通用电气公司的文化变革理念是“GE”善于“掌握自己的命运”，其含义是 GE 要善于掌握企业中人的情况和潜能，善于聘用和选拔优秀的管理者，其核心则是通过领导者言行将所确定的企业发展战略、企业目标、企业精神传达给公众，争取全体员工的合作，并形成影响力，使相信远景目标和战略的人们形成联盟，得到他们的支持。一个公司的文化从一定意义上说是企业家管理理念的集中体现。为了使企业能更具竞争力，能更好地沟通，在“硬件”上，通用电气公司的 CEO 韦尔奇通过他著名的“数一数二”论来裁减规模，进而构建扁平化结构，重组通用电气；在管理“软件”上，则尽力改变整个企业的文化与员工的思考模式来推动整个公司的管理变革。

（5）领导风格与管理模式的变革。任何企业的变革都会涉及企业最高领导者的领导风格和企业管理模式的转变。在企业的发展过程中，企业管理者的演变大致经历了以下四个发展阶段：

①家长制领导。最初企业的最高领导者既是企业的所有者，同时也是企业的经营者。一切事务由领导者依靠其经验说了算，企业行使家长制领导方式，由领导者对工人实行家长式的统治。那时企业的规模还比较小，大多数是手工作坊，企业领导者凭经验并采用家长制领导是能够适应这种状况的。

②经理阶层的兴起。随着社会生产力的发展和科学技术的进步，对企业老板的业务能力和技术水平要求越来越高，企业老板仅凭经验已不能适应此时企业环境的要求，于是专门从事管理工作的职业经理人出现了。“职业经理制”的实质在于实现企业财产所有权与经营管理权的分离，它在管理实践中立刻显现出了巨大的优越性，从而得到迅速推广。哈佛大学商学院企业史教授钱德勒指出：“一项制度在这样短的时间内变得这样重要，这样广泛，这在世界历史上是少有的。”

③职业“软专家”领导。“职业经理制”的经理是从那些精通本企业生产过程的技术专家中选拔出来的，经理均是所谓的“硬专家”。随着现代社会化大生产的发展，企业内外关系日趋复杂，而经理人员的职能主要是做好各方面的协调管理工作，这就要求经理必须是通才，既懂生产技术，又会经营管理，还要具备商业、外贸、财政、金融、经济法规、社会学、心理学等方面的知识。精通某一门专业技术的“硬专家”越来越不能适应形势的发展了，以经营管理为专长的职业“软专家”应运而生。美国各大学纷纷培养以管理为专业的工商管理硕士，其中以哈佛大学最为著名。

④专家集团领导。第二次世界大战后，特别是近二十年来，随

着现代生产和科学技术的高度分化与高度综合，企业的规模越来越大，对管理者的管理能力要求也越来越高，靠职业“软专家”个人的领导能力已经不够了。于是大企业的最高领导首先出现了集体领导的趋势。许多大公司组成了董事长办公室、总经理办公室、总管理处等，代替过去董事长、总经理负责决策经营的传统方式。例如，国际商用机器公司由董事长、总经理及三位副总经理组成董事长办公室，台湾台塑集团的总管理处，韩国三星集团的秘书室等。与此同时，还出现了大批的“智囊团”、“思想库”，“兰德公司”是最为典型的代表。从20世纪60年代起，各企业公司更是纷纷建立起自己的顾问评议会等智囊机构。经营管理最高层的集体领导和这些智囊机构的蓬勃发展，标志着现代领导体制已经发展到一个更高的阶段——以“软专家”为主组成的集体领导。

8.3.2　小型企业变革特征分析

小企业虽然在业务和规模上比不上大企业，但在数量上和比例上远远超过大企业，在社会就业和技术创新上具有自己的优势。据统计，中国中小企业的数量已经超过800万家，占全国企业总数的99%，中小工业企业在全国工业总产值和实现的利税中的比重分别为60%和50%，提供的就业机会占全国城镇就业总数的75%。① 小企业具有如下一些特点：①规模小、资产少，不论在生产产值和销售额上，还是在从业人员的数量上，小企业的规模都比较小，这一点我们从前面小企业的界定上也能够看出来。②从企业组织的法律表现形式来看，小企业存在着组织形式多样性的特点，既有个人业主制、合伙制、有限责任制，又存在着股份合作制等组织形式。③从企业管理的角度来看，小企业多处在企业生命周期中的生存期、成长期，这一时期企业由于是机会驱动导向，因而缺乏规章制度和经营方针，表现不是十分稳定，不存在授权，经常会遇到资金短缺的问题，在企业的经营和管理上缺乏连续性，这种不连续性主要表现为企业目标和工资与激励机制缺乏一种必要的连续性。④企

① 胡明．中小企业应突破自身瓶颈［N］．中国经济时报，2002－01－30

业的发展策略简单呆板，小企业由于受资金和管理等方面的制约，其经营业务的专业性比较强。⑤人员的素质不高，管理不规范。特别是那些家族型小企业更是如此。

小企业的优点主要是其在市场竞争中具有相当强的灵活性，所谓“船小好掉头”正是对这种灵活性的真实说明。回顾第二次世界大战后，在经济进入高速增长时期以前，消费者的选择是单一的，技术变革的步伐也比现在缓慢，单个市场的规模庞大，大批量生产及销售已实现标准化的产品从而降低成本是许多企业获取竞争力的源泉，然而近几年的消费者需求的变化和技术发展的变革导致了许多品种多、数量少的小型市场的出现，这些符合消费者多样化价值观的市场变化非常快，不仅商品，而且有些市场本身也在出现后不久就发生变化甚至是消失了，因而企业对于市场变化的适应能力成为决定企业竞争力的因素。在这种情况下，与组织僵化、决策缓慢的大企业相比，组织灵活、决策迅速的小企业在竞争上的优势尤其明显。

与大企业存在着“大企业病”一样，小企业也存在着“小企业病”，主要表现为：

（1）战略方向不明确。机会主义成分严重，缺乏主动性和系统性的规划。只要看到有机会，就不在乎自己是否合适，包括一些要“走出去”的企业。当提到企业的发展思路时，几乎九成的中小企业没有明确的战略方向，几乎没有企业对市场进行过研究。例如，有七成的中小企业已经或正在通过ISO质量管理体系认证，但是从实施上来看，许多企业只是通过认证让企业的“名片”更加有分量一些，至于质量体系的贯彻执行，会随着文件锁入保险箱而告一段落。这便是企业缺乏战略思维的一种表现。

（2）组织构架不协调，管理制度不健全，本位主义严重。小企业没有从协同效应来考虑，也没有发挥出规模优势，资源比较分散，各个条块之间甚至会内耗得比较严重。没有建立完善的制度和流程系统。制度和流程的集合是体系化的管理框架，没有这个平台，许多新的管理工具和方法就很难应用，很难落实到位，而且先进的管理思想难以在企业沉淀下来。

（3）在组织和人力资源方面，缺乏鼓励创新和激励的机制。职业化和专业化方面比较弱。企业多数时候还是带有人治的成分，随机的成分也相当大。

（4）在企业文化方面，没有形成统一的核心企业价值观。尤其是在民营企业中，创始人风格依然是企业文化的核心。

（5）缺乏管理优化机制。在中小企业的管理改进和管理提升中，几乎没有企业将管理机制优化纳入到日常工作的议程中来，而这恰恰是ISO质量管理体系中最重要的一个环节，是一个企业能够持续不断增长的基础与保证。

在中小企业向大企业转变的过程中也会经历一些重大的变革，中小企业变革的特点有：

（1）内部化。许多中小企业在发展初期时，其从事的业务或服务的专业性特别强，当企业逐步发展壮大时，企业会将一些非专业性的业务活动纳入到企业的内部活动中来，企业的规模越大，这种交易活动内部化的表现就会越明显。

（2）规范化。中小企业在不断发展壮大的过程中，企业管理上的规范化被提上议事日程，如必要的企业规章制度和措施将会被制定和实施，这样企业的管理活动将会有一定的连续性。

（3）业务多元化。随着企业的发展，企业积累了一定的资金，企业的业务也必将突破专业化的范围，朝着多元化的方向发展。

（4）从销售导向到利润导向的转变。在企业发展的初期，企业的成长需要大量的资金，而且企业成长得越快，所需的资金就越多，这一时期企业的销售导向十分突出，追求销售额成为企业的首要目标，随着企业的进一步发展，企业的目标开始向利润导向转变，在决策的制定上表现为由重数量转变为重质量，由重视形式转向重视功能。

（5）组织结构的变化。从企业发展的历史我们不难看出，随着企业的不断发展，企业的组织结构将会发生相应的变化。由直线制的组织形式向直线—参谋制，进而向职能制、事业部制和矩阵制及混合制的组织形式转变。

8.3.3 大企业和小企业变革的比较分析

前面我们分别论述了大企业和小企业的一些变革的特征，从中不难发现这两种企业在变革的过程中所具有的共同点和差异性。

1. 大企业和小企业变革的共同点

(1) 从制约企业变革的五个因素来看，技术和市场的变化将会导致企业变革的发生，这一点大企业和小企业都不例外。

(2) 从政治—权力斗争而引发的企业变革上看，大企业和小企业同样存在被兼并的可能，在企业内部的领导权的争夺过程中，同样会发生企业变革的可能。

(3) 从企业变革所采取的方式和手段上看，大企业和小企业在变革的过程中同样存在着裁员、战略调整、组织重构等。

2. 大企业和小企业变革的差异性

在变革的过程中大企业和小企业变革的不同之处也是十分明显的。

(1) 内部化与外部化的差异。如前所述，大企业的弊端是缺乏灵活性和决策缓慢，根本原因是组织层次过多，大量业务非市场化而是企业内部交易化，因此大企业变革的趋势是基于核心能力的外部化，以大量采用业务外包、职能外包和战略联盟等形式来应对市场和技术带来的挑战，而小企业在发展的过程中刚好相反，业务和职能的内部化成为其在发展壮大过程中的选择。

(2) 大企业在变革的过程中倾向于缩小规模以增强其灵活性，小企业在变革的时候则钟情于扩大企业规模以抵御来自市场的风险。这也是为什么许多小企业盲目追求规模的原因。

(3) 从规章制度对于企业变革的影响来看，大企业的规章制度比较规范和完善，但正是这样企业逐渐丧失了灵活性而产生了官僚主义，因而在变革的过程中，需要对规章制度做一些变通的处理；小企业则存在着管理不规范和规章制度不完善的问题，在变革过程中的重点是如何规范管理和健全制度以保持企业各项活动的连续性。

(4) 从企业文化的角度来看，大企业由于发展时间长，成功的方面多，因而企业文化的影响力也极为强大，在变革的时候所遇到的来自企业文化方面的阻力也十分巨大，而小企业由于存在的时间比较短，企业文化尚未真正形成或企业文化的影响力比较弱，因而在企业变革的过程中来自企业文化方面的阻力比较小。

大企业和小企业在变革过程中的这种差异性决定了作为企业的管理者在对企业进行变革时不得不考虑这种差异性。例如，对于小企业来说，在对企业发展战略进行调整时，专业化或聚焦战略是其较好的选择，而“目标—战略—职业化管理”却是企业成长的一般路径，那种如同大企业一样盲目追求业务多元化和规模的变革对于小企业而言未必是可取的方式。对于大企业来说，变革的目的是追求小企业所具有的灵活性和决策上的速度，因而企业在进行组织变革时需要考虑到大企业文化所带来的极大阻力。

8.4 关于衡量比较企业变革能力指标体系的初步构想

源自美国的金融危机已经开始在全球扩散，并且对中国的制造企业带来初步的影响，一些企业因为应对失措而倒闭，另一些企业正在未雨绸缪积极进行变革以应对危机。愈来愈动荡的不确定的市场竞争环境迫使每个企业不得不进行一次又一次的变革以在残酷的竞争中生存下来，企业的变革能力已经越来越显示出其重要性，达尔文“适者生存”的观点在企业界同样存在，那些变革能力强的企业总是能够度过一次次的市场风暴而安全地生存下来，而更多的企业则由于变革的意愿或能力的原因在市场风暴面前显得不堪一击甚至消失了，因此如何衡量一个企业的变革能力不仅是理论界探讨的问题，对于企业实践来说，如果有一套好的数量化的指标体系来衡量比较企业变革能力的高低，促使企业不断提高自己的变革能力，将是一件非常有意义的事情。本研究试图在前面分析研究的基础上对衡量比较企业变革能力的指标体系提出一个初步的构想，以期抛砖引玉。

笔者认为，衡量一个企业变革能力的大小应从以下四个方面着手：①变革的意识与态度；②变革的创新维度；③变革的速度与灵活性；④变革的组织与领导能力。具体如下：

8.4.1 企业变革能力指标体系具体内容分析

（1）变革的意识与态度。变革的态度主要关注的是企业以一种积极的态度或者消极的态度来应对环境变化的问题。这里也涉及一个企业的文化是处于不断变革的文化还是努力维持现有的企业运作架构的文化的问题。我们在前面分析企业的应对层次时曾经将企业的应对层次分为三类：被动式变革、预测式变革和领导式变革。很显然，这可以说也是一个态度的问题。因此在一个企业里，变革的态度至关重要，它反映了一个企业对于变革的准备程度。

（2）变革的创新维度。变革的创新维度是指一个企业在变革的过程中是采用其他企业已经使用过的成熟的措施，还是根据环境的变化和企业自身情况而有所不同和创新。如在薪酬激励方面，期权制度就是很好的一个变革创新。变革的创新维度要求企业在变革的过程中不要人云亦云，要在制度、管理等方面有所创新。

变革的维度就是我们前面所论及的企业变革的内容层次。它可分为公司层次、功能层次和业务层次三方面的内容，公司层次的内容包括企业战略前景规划、企业组织再设计、企业价值流再建、企业工作流程再设计等，在整个变革的维度中处于中心的位置。功能层次指与财务、营销等具体职能部门相关的变革活动，而业务层次则与具体的产品相关，包括业务的增减组合等内容。变革的维度是一个企业变革的内容的协调和整合的问题。

（3）变革的速度与灵活性。海尔的老总张瑞敏曾经说过这样一句话："与国外跨国企业相比，我们的规模、技术等各方面差距都很大，唯一的优势就是变化的速度。"① 这说明变革的速度已经为越来越多的企业所重视，英特尔公司的自我淘汰式变革实际上是一种速度上的竞争，在一个技术革新的周期越来越短、产品生命周期越来越短的时代里，变革的速度至关重要。在整个变革能力指标

① 张辛．海尔国际化——变化的速度［N］．中国经营报，2002－04－18（6）

体系中变革的速度所占的比例为20%。

变革的灵活性是指企业在变革的过程中能根据环境的变化状况适时地做出相应的反应。例如，在前面我们分析企业的变革方法时，许多企业采用了渐变式和激变式两种方法进行组合方式的变革，这实际上是一种变革灵活性的表现。再如，在企业变革的层次上，成长期的企业和成熟期的企业的变革内容层次明显不同，需要企业在进行变革时灵活对待。

（4）变革的领导与组织能力。许多企业也曾想通过实施变革来摆脱困境，并制订比较完善的变革计划，但在实施的过程中由于对变革的难度和阻力考虑不周，变革的领导与组织能力有限，结果是很多好的变革措施落不到实处，变革的效果自然大打折扣。因此变革的领导与组织能力也应该被纳入衡量企业变革能力的指标体系之中。具体如表8-6所示：

表8-6　企业变革能力评价指标体系

一级指标（U_i）	权重（R_i）	二级指标（U_{ij}）	权重（R_{ij}）	三级指标（U_{ijh}）	权重（R_{ijh}）
企业变革的意识与态度（U_1）	0.40	企业变革文化（U_{11}）	0.9	预测式变革能力 U_{111}	0.35
				领导式变革能力 U_{112}	0.65
		企业非变革文化（U_{12}）	0.1	不变革能力 U_{121}	0.05
				被动式变革能力 U_{122}	0.95
企业变革的创新维度（U_2）	0.20	企业变革创新维度（U_{21}）	1	制度创新能力 U_{211}	0.35
				技术创新能力 U_{212}	0.15
				产品与服务创新能力 U_{213}	0.10
				混合创新能力 U_{214}	0.40
企业变革的速度与灵活性（U_3）	0.10	企业变革的速度（U_{31}）	0.4	渐进式变革能力 U_{311}	0.30
				激变式变革能力 U_{312}	0.30
				混合式变革能力 U_{313}	0.40

（续上表）

一级指标（U_i）	权重（R_i）	二级指标（U_{ij}）	权重（R_{ij}）	三级指标（U_{ijh}）	权重（R_{ijh}）
企业变革的速度与灵活性（U_3）	0.10	企业变革的灵活性（U_{32}）	0.6	变革的人性化能力 U_{321}	0.15
				变革的应变策略能力 U_{322}	0.45
				组织变革操作能力 U_{323}	0.40
企业变革的组织与领导能力（U_4）	0.30	企业变革的组织能力（U_{41}）	0.3	变革规划能力 U_{411}	0.70
				组织变革实施能力 U_{412}	0.30
		企业变革的领导能力（U_{42}）	0.7	领导者的雄心、愿景和坚定的信念能力 U_{421}	0.37
				领导者的冒险性能力 U_{422}	0.10
				压力承受能力 U_{423}	0.10
				动员能力 U_{424}	0.20
				激励能力 U_{425}	0.23

本书将充分考虑到各种模糊因素对企业变革能力的影响，运用模糊数学理论对企业变革能力进行模糊评价。

8.4.2 企业变革能力评价模型的建立与算法探讨

当因素过多或者因素间的影响分层次时，在 Zadeh 的“$\wedge$ - $\vee$”算子下，会出现“泯灭”现象，难以得到有意义的结果，为了不让有价值的信息白白丧失，我们采用多层次模糊测度模型。该模型实际上起到了层次的细分代替因素（或权重）细分的作用，具体步骤如下：

由于评价一个企业的变革能力，往往需要考虑众多因素，因素之间还有不同的类别和层次，因此需要建立多层次模型来进行分析。

定义：给定集合 U，设 P 是将 U 分成 k 个子集的一种分法，且满足：①$\bigcup_{i=1}^{k} U_i = U$；②$U_i \cap U_j = \varnothing$，$\forall i, j, i \neq j$。则称 P 是对 U 的一个划分，记为 $U/P = \{U_1, U_2, \cdots, U_k\}$。

多层次测度模型可按下述步骤进行：

（1）对因素集 $U = \{u_1, u_2, \cdots, u_k\}$ 作划分 P 得：$U/P = \{U_1, U_2, \cdots, U_k\} = \{U_i\}$，$i = 1, 2, \cdots, k$，其中，$U_i$ 含有 n_i 个因素，记为 $U_i = \{u_{i_1}, u_{i_2}, \cdots, u_{i_n}\}$，显然有 $\sum_{i=1}^{k} n_i = n$。

（2）对每个 U_i，即每组用单层次测度模型作模糊测度：$B_i = A_i \cdot R_i$（$i = 1, 2, \cdots, k$）。

（3）由 B_i（$i = 1, 2, \cdots, k$）建立高一层次的模糊矩阵：

$$R = \begin{bmatrix} B_1 \\ B_2 \\ \vdots \\ B_k \end{bmatrix}$$

设 $U_1, U_2, \cdots, U_k$ 的权向量为 $\underset{\sim}{A} = (a_1, a_2, \cdots, a_k)$，满足 $\sum_{i=1}^{k} a_i = 1$，则二层测度模型为：

$$\underset{\sim}{B} = \underset{\sim}{A} \cdot \underset{\sim}{R} = \underset{\sim}{A} \cdot \begin{bmatrix} A_1 \cdot R_1 \\ A_2 \cdot R_2 \\ \vdots \\ A_k \cdot B_k \end{bmatrix} = (b_1, b_2, \cdots, b_m)$$

由于 $\underset{\sim}{B} = \underset{\sim}{A} \cdot \underset{\sim}{R}$ 中“$\wedge - \vee$”（取小—取大）算子有一定的局限性①，为此将“$\wedge - \vee$”算子推广为更一般的合成运算。常有四种类型：①$M(\wedge, \vee)$“主因素决定型算子”；②$M(\cdot, \vee)$“主因素突出型算子”；③$M(\wedge, \oplus)$“不均衡平均型算子”，其

① 陈守义，刘云丰，汪培庄．综合评判的数学模型．见：模糊数学．1983. 61 ~ 70

中，$\alpha \oplus \beta = \min(1, \alpha + \beta)$（有界和）；④$M(\cdot, +)$“加权平均型算子”，即普通矩阵乘法意义。该种算子能让每个因素都对综合评判有所贡献。$b_j = \sum_{i=1}^{k} a_i \cdot r_{ij}$（$j=1, 2, \cdots, m$），其中要求$\sum_{i=1}^{k} a_i = 1$，权重归一化。

总之，以上算子在应用中，应该根据具体问题，选择合适的算子，要能够描述实际问题的本质，才能得到满意的效果，并且保证$\underset{\sim}{B} = (b_1, b_2, \cdots, b_m)$满足$b_j \in [0, 1]$（$j=1, 2, \cdots, m$）即可。

8.4.3 实证分析

为了更好地评价企业的变革能力，一般将企业变革能力大小的评价标准分为五个等级，即优秀（v_1）、良好（v_2）、一般（v_3）、较差（v_4）、差（v_5），故评判集$V = \{v_1, v_2, \cdots, v_5\}$。为此，一项有关企业界、学术界等领域的数十位企业家和专家通过德尔菲法式的问卷调查，对A电器公司和B电子公司的企业变革能力指标进行评价，其结果如表8-7所示：

表8-7 A电器公司和B电子公司的企业变革能力指标评价结果

指标	评价标准（A电器公司）					评价标准（B电子公司）				
	优秀	良好	一般	较差	差	优秀	良好	一般	较差	差
预测式变革能力	0.10	0.50	0.20	0.10	0.10	0.50	0.20	0.10	0.10	0.10
领导式变革能力	0.10	0.30	0.30	0.20	0.10	0.70	0.20	0.10	0.00	0.00
不变革能力	0.10	0.10	0.10	0.10	0.60	0.10	0.20	0.20	0.10	0.40
被动式变革能力	0.10	0.20	0.20	0.20	0.30	0.10	0.10	0.10	0.40	0.30
制度创新能力	0.20	0.40	0.10	0.20	0.10	0.10	0.60	0.10	0.10	0.10
技术创新能力	0.10	0.10	0.30	0.10	0.40	0.60	0.20	0.10	0.05	0.05
产品与服务创新能力	0.05	0.30	0.20	0.15	0.30	0.40	0.40	0.10	0.05	0.05
混合创新能力	0.10	0.10	0.40	0.30	0.10	0.20	0.40	0.20	0.10	0.10
渐进式变革能力	0.30	0.30	0.20	0.10	0.10	0.30	0.40	0.10	0.10	0.10
激变式变革能力	0.10	0.20	0.40	0.20	0.10	0.10	0.40	0.30	0.10	0.10
混合式变革能力	0.15	0.35	0.30	0.10	0.10	0.30	0.40	0.20	0.05	0.05
变革人性化能力	0.10	0.30	0.30	0.20	0.10	0.30	0.40	0.10	0.10	0.10
变革的应变策略	0.30	0.30	0.20	0.10	0.10	0.35	0.45	0.05	0.10	0.05

（续上表）

指标	评价标准（A 电器公司）					评价标准（B 电子公司）				
	优秀	良好	一般	较差	差	优秀	良好	一般	较差	差
组织变革操作能力	0.20	0.40	0.20	0.10	0.10	0.30	0.35	0.25	0.05	0.05
变革规划能力	0.10	0.30	0.40	0.10	0.10	0.20	0.40	0.20	0.10	0.10
组织变革实施能力	0.30	0.30	0.20	0.10	0.10	0.40	0.30	0.10	0.10	0.10
领导者的雄心、愿景和坚定的信念能力	0.30	0.30	0.10	0.20	0.10	0.70	0.10	0.05	0.05	0.10
领导者的冒险性能力	0.10	0.10	0.30	0.30	0.20	0.60	0.10	0.10	0.10	0.10
压力承受能力	0.40	0.30	0.10	0.10	0.10	0.40	0.30	0.10	0.10	0.10
动员能力	0.10	0.40	0.30	0.10	0.10	0.50	0.30	0.10	0.05	0.05
激励能力	0.30	0.30	0.20	0.10	0.10	0.40	0.30	0.10	0.10	0.10

对 A 电器公司和 B 电子公司的企业变革能力指标中的企业变革的意识与态度因素（C_1）进行定量测度。

(1) A 电器公司 U_{11} 的模糊评价矩阵。

$$R_1=\begin{bmatrix}0.10 & 0.50 & 0.20 & 0.10 & 0.10\\ 0.10 & 0.30 & 0.30 & 0.20 & 0.10\end{bmatrix}$$

权重向量 $A_1=(0.35, 0.65)$。由于影响企业变革能力的因素很多，为了能让每个因素都对综合评判有所贡献，因此，本书选择“$M(\cdot, +)$，加权平均型算子”，即普通矩阵乘法意义，计算得：$B_1=A_1\cdot R_1=(0.10, 0.37, 0.27, 0.16, 0.10)$。同理，$B_2=A_2\cdot R_2=(0.10, 0.195, 0.195, 0.195, 0.315)$。

对“企业变革的创新维度”进行定量测度。同理，$B_3=A_3\cdot R_3=(0.13, 0.225, 0.26, 0.22, 0.165)$。

对“企业变革速度能力”进行定量测度。同理，$B_4=A_4\cdot R_4=(0.18, 0.29, 0.30, 0.13, 0.10)$。对“企业变革的灵活性”进行定量测度。同理，$B_5=A_5\cdot R_5=(0.23, 0.34, 0.215, 0.115, 0.10)$。

对“企业变革组织能力”进行定量测度。同理，$B_6=A_6\cdot R_6=(0.16, 0.30, 0.34, 0.10, 0.10)$，对“企业变革领导能力”

进行定量测度。同理，$B_7 = A_7 \cdot R_7 = (0.25, 0.30, 0.203, 0.157, 0.09)$。在“企业变革的意识与态度”因素集中，$U_1 = \{U_{11}, U_{12}\}$，权重向量为 $R_1 = (0.90, 0.10)$，综合评价 $R_1 \cdot (B_1, B_2)^T = (0.10, 0.353, 0.263, 0.164, 0.12)$；在“企业变革的创新维度”因素集中，$U_2 = U_{21}$，$R_2 = (1, 0)$，综合评价 $R_2 \cdot (B_3)^T = (0.13, 0.225, 0.26, 0.22, 0.165)$；在“企业变革的速度与灵活性”的因素集中，$U_3 = (U_{31}, U_{32})$，权重向量为 $R_3 = (0.4, 0.6)$，综合评价 $R_3 \cdot (B_4, B_5)^T = (0.21, 0.32, 0.249, 0.121, 0.1)$；在“企业变革的组织与领导能力”因素集中，$U_4 = (U_{41}, U_{42})$，权重向量为 $R_4 = (0.3, 0.7)$，综合评价 $R_4 \cdot (B_6, B_7)^T = (0.223, 0.30, 0.2441, 0.1399, 0.093)$。

综上所述，对 A 电器公司变革能力进行综合测度为 $U = \{U_1, U_2, U_3, U_4\}$，权重向量 $A = (0.40, 0.20, 0.10, 0.30)$，作综合测度得：

$$A \cdot U = (0.40, 0.20, 0.10, 0.30) \cdot \begin{bmatrix} 0.10 & 0.353 & 0.263 & 0.164 & 0.12 \\ 0.13 & 0.225 & 0.26 & 0.22 & 0.165 \\ 0.21 & 0.32 & 0.249 & 0.121 & 0.1 \\ 0.223 & 0.30 & 0.2441 & 0.1399 & 0.093 \end{bmatrix}$$

$$= (0.1539, 0.3082, 0.25533, 0.16367, 0.1189)$$

表 8-8 综合测度等级分值表

测度标准	优秀	良好	一般	较差	差
分值	90~100 (中值取95)	80~89 (中值取85)	70~79 (中值取75)	60~69 (中值取65)	60以下 (中值取30)

根据表 8-8 可得 A 电器公司变革能力综合测度分值为：

$$F = (0.1539, 0.3082, 0.25533, 0.16367, 0.1189) \cdot (95, 85, 75, 65, 30)^T \approx 74.057$$

（2）B 电子公司 U_{11} 的模糊评价矩阵。

根据同样的计算原理，我们可以得出 B 电子公司变革能力综合测度分值为：

$F=(0.42, 0.28, 0.13, 0.09, 0.08)\cdot(95, 85, 75, 65, 30)^{T}\approx 81.70$

（3）由上述计算可知，因为综合测度分值 $F\approx 74.057$，A 电器公司的变革能力为一般；B 电子公司综合测度分值 $F\approx 81.70$，其变革能力为良好。从以上计算及定量分析可得出如下结论及其对策建议：

①由“最大隶属度原则”可知，根据影响 A 电器公司变革能力的一级指标判断，A 电器公司在变革的态度与意识上为一般，需要加强变革的态度与意识；“变革的创新维度”为良好，“变革的速度与灵活性”为良好，在变革的领导能力与组织能力方面为较差。

②对于 B 电子公司而言，在变革的态度与意识上为优秀，“变革的创新维度”为良好，“变革的速度与灵活性”为良好，在变革的领导与组织能力方面为一般。这说明需要在变革的领导与组织能力上予以强化。

本研究提出了一个衡量企业变革能力的指标体系，该体系由四大部分 21 个指标构成，涉及企业的变革态度、企业变革的创新维度、企业变革的速度与企业变革的灵活度、企业领导和组织变革的能力等方面的内容。有了这套指标体系，再运用德尔菲法和模糊数学的方法，我们就可以对一个企业的变革能力作出定量化的判断，这对于企业的变革决策将会起到有益的作用。

结 语

在一个急速变化的时代里，影响企业变革的因素时时刻刻在提醒着企业要对不断变化的未来做出一个大致的规划以应对来自市场上的压力。在各个国家不同的企业变革过程中，发达国家企业变革的经验和理论往往被奉为圭臬，然而通过本书的研究我们不难发现，企业的多样性和环境的复杂性决定了企业在变革过程中存在的差异性和规律性，而试图找出这些规律性和差异性以供不同的企业在具体的决策中参考则是本书的研究目的之所在。本书从五个方面研究了企业的变革，即企业的影响因素、企业的变革哲学和变革的层次性、企业变革的发展与演变、中外企业变革的横向比较研究、企业的多样性与企业变革。虽然由于条件的限制，只对以上的几个方面做了一些肤浅的论述，但从中得出的许多结论对于企业的变革多多少少会有所裨益。

通过对制造业企业变革的比较分析，本研究的主要观点和贡献之处有以下几点：

（1）我们认为，在企业发展的不同时期里，企业变革的内容与范围是不同的，从企业的外部环境来看，不同制度和文化环境中的企业，其变革的重点也是各不相同的，在这些企业的变革过程中，一定存在着差异性和规律性。企业的变革并不是为了贯彻某种时髦的理论模式，变革的最终目的是提高企业的运营效率。因此对企业变革进行比较研究是在国内外学者关于变革研究基础上的进一步拓展。

（2）首次提出了一个变革比较的框架体系——变革的制约因素、变革的内容层次与变革的应对层次、变革的两种方法（渐变法与激变法）、企业生命周期中不同阶段的比较和中外企业的横向比较等。正是有了这样一个比较研究的框架体系，我们才能够采用随机抽样调查的方式抽取40家中外不同国别和性质的企业变革进行比较分析和研究。

（3）首次提出了一个衡量企业变革能力的指标体系，该体系由六大部分19个指标构成，涉及企业的变革态度、企业变革的创新度、企业变革的维度、企业变革的速度、企业变革的灵活度和企业领导和组织变革的能力等方面的内容。有了这套指标体系，我们就可以对一个企业的变革能力作出大致的判断。

（4）通过研究发现：①在变革的制约因素方面，中外企业受市场的制约最大，除此以外，中国企业多受制度的制约，而美国企业多受技术与市场等因素的制约，日本企业则多受企业文化的制约。②从变革的内容层次来看，中国企业和日本企业多采用组合式变革，而美国企业则采用单一层次的较多。从变革的应对层次上看，中国企业、美国企业和日本企业采用最多的是被动式变革应对层次，而美国企业在反映较高企业管理水平的预测应对层次和领导应对层次上则明显高于中国企业和日本企业。③从变革中企业所采用的方法来看，激变式变革方法的使用最为普遍，而且其变革的成功率和失败率都比较高。④从企业生命周期的不同阶段来看，无论是企业的任何阶段，激变式变革方法的使用都很普遍，受市场的因素影响最大，在企业的成长阶段来自制度和文化方面的影响因素不可忽视，在企业的成熟阶段技术和权力—政治行为也容易引发企业的变革。在企业的成长阶段，采用组合式变革内容层次的较多；在企业的成熟时期，则主要采用单一式变革内容层次；在企业的衰退时期，大部分企业采用单一式变革内容层次。

（5）首次对企业的变革进行了内容层次和应对层次的比较研究。从内容层次上看，笔者并不认为一提及企业变革或转型就必须对企业进行大破大立式的涉及企业整体的变革。企业的变革可以分为三个层次：业务的转型、功能的转变和企业层次的变革。前两者的变革一般被看做是一种渐进的局部的变革，而后者则必然会涉及企业全局的变化，是一种剧烈式变革。从变革的应对层次上看，又可分为被动式变革、预测式变革和领导式变革，而一般企业最容易忽视对应对层次变革的研究，因而在市场上处处被动，来自企业实践的统计数据也验证了这一点。

由于企业变革比较研究是第一次论述，有关的资料不多，加上笔者的学术水平有限，故书中一定会存在不足与错误之处，这些有待于在今后的研究中不断修改和完善。本书的不足之处主要表现在以下几个方面：变革比较研究的框架体系尚不够完善和系统，需要进一步补充内容；实证研究的抽样样本数量过小，时间跨度过短，需要进一步收集资料来扩大研究范围；笔者提出的测量企业变革能力的指标体系有待于进一步充实和完善，等等。

关于企业变革的研究还远未结束，许多学者和企业家正在理论和实践中不断探索。笔者认为，一个非常有意义的有待于进一步研究的课题是如何在众多已经实施变革的企业中进行内容层次的比较研究，从而找出它们的共同点和差异性以供企业在实践过程中参考，在这些已经实施变革的企业中，有许多企业通过变革生存下来成为长寿企业，而许多企业却在变革的过程中悄然消失了，其中的经验和教训值得我们去分析和总结，如变革的路径选择就是一个非常重要的课题。

参考文献

1. ［美］约翰·P. 科特（John P. Kotter）等．变革［M］．中国人民大学出版社，哈佛商学院出版社，1999

2. ［美］克拉克（Liz Charke）．改革［M］．中信出版社，Prentice Hall 出版公司，1999

3. 现代汉语规范用法大词典．北京：学苑出版社，1997

4. ［日］筒井信行，龙泽正雄．成功的企业转型［M］．台北：尖端出版有限公司，1988

5. ［英］Bernard Burnes. 变革时代的管理［M］. 昆明：云南大学出版社，2001

6. ［美］杰里·约拉姆·温德（Jerry Yoram Wind），赫雷尔·迈因（Jeremy Maris）．变革——未来的企业［M］．上海：上海交通大学出版社，2000

7. ［美］高哈特（Francis J. Gouillart），凯利（James N. Kelly）．企业蜕变［M］．北京：经济管理出版社，1998

8. ［美］迈克尔·哈默（Michael Hammer），詹姆斯·钱皮（James Champy）．改革公司［M］．上海：上海译文出版社，1998

9. ［美］詹姆斯·钱皮（James Champy）．改革管理［M］．上海：上海译文出版社，1998

10. ［美］卡罗琳·科尔宾（Carolyn Carbin）．未来经理人［M］．北京：

中信出版社，2002

11. IBM 咨询公司，安达信咨询公司，经济情报社 EIU. 未来组织设计［M］. 北京：新华出版社，2000

12. ［美］阿里·德赫思（Arie de Gues）. 长寿公司［M］. 经济日报出版社，哈佛商学院出版社，1998

13. ［美］戈登·唐纳森（G. Donaldson）. 公司改组——从内部把握改革进程［M］. 北京：中国对外翻译出版社，2000

14. ［美］科特. 领导变革：为什么企业转型的努力会失败. 见：变革. 中国人民大学出版社，哈佛商学院出版社，1999

15. ［美］詹姆斯·迈天（James Martin）. 大转变——企业构建工程的七项原则［M］. 北京：清华大学出版社，1999

16. ［美］迈克尔·哈默（Michael Hammer），詹姆斯·钱皮（James Champy）. 领导企业变革. 北京：人民邮电出版社，2002

17. ［美］罗伯特·S. 卡普兰（Robert S. Kaplan），戴维·P. 诺顿（David P. Norton）. 综合计分卡——一种革命性的评估和管理系统［M］. 北京：新华出版社，1988

18. ［美］曼塞·G. 布莱克福德（Mansel G. Blackford）. 西方现代企业的兴起［M］. 北京：经济管理出版社，2001

19. ［美］理查德 L. 达夫特（Richard L. Daft）. 组织理论与设计精要［M］. 北京：机械工业出版社，1999

20. ［美］道格拉斯·C. 诺斯（Douglass C. North）. 经济史上的结构和变革［M］. 北京：商务印书馆，1992

21. 罗志如，厉以宁. 二十世纪的英国经济［M］. 北京：人民出版社，1982

22. 陈秀山. 现代竞争理论与竞争政策［M］. 北京：商务印书馆，1997

23. 陈宝森. 美国经济与政府政策——从罗斯福到里根［M］. 北京：世界知识出版社，1988

24. ［美］马克·J. 洛（Mark J. Roe）. 强管理者　弱所有者——美国公司财务的政治根源［M］. 上海：上海远东出版社，1999

25. ［美］小艾尔弗雷德·D. 钱德勒（Alfred D. Chandler）. 看得见的手——美国企业的管理革命［M］. 北京：商务印书馆，1987

26. 黄亚均等. 知识经济论［M］. 太原：山西经济出版社，1998

27. ［美］丹尼尔·A. 雷恩（Daniel A. Wren）. 管理思想的演变［M］. 北京：中国社会科学出版社，2000

28. 金明善．日本经济——昨天　今天　明天［M］．沈阳：辽宁民族出版社，1992

29. ［美］菲利普·科特勒（Philip Kotler）．市场营销管理［M］．中国人民大学出版社，Prentice Hall 出版公司，1997

30. ［英］G. M. 霍奇逊．现代制度主义的经济学宣言［M］．北京：北京大学出版社，1993

31. ［美］迈克尔·波特（Michael E. Porter）．竞争战略［M］．北京：华夏出版社，1997

32. 朱国宏．经济社会学［M］．上海：复旦大学出版社，1999

33. 张德．组织行为学［M］．北京：高等教育出版社，1999

34. 恩格斯．费尔巴哈和德国古典哲学的终结．见：马克思恩格斯选集（第4卷）．北京：人民出版社，1972

35. ［美］丽莎·佛里德曼（Lisa Eisenhard）．边缘竞争［M］．北京：机械工业出版社，2001

36. ［英］大卫·威勒（David Wheeler），玛利亚·西兰琶（Maria Sillanpan）．利益相关者公司［M］．北京：经济管理出版社，2002

37. ［美］丽莎·佛里德曼（Lisa Friedman），赫尔曼·基尔（Herman Gyr）．企业活力［M］．北京：工业大学出版社，2000

38. 李仁模．第五代管理［M］．北京：中国物价出版社，2000

39. 王德中．管理学［M］．成都：西南财经大学出版社，1998

40. 鲁明泓，陈传明，周三多．管理学——原理与方法（第三版）［M］．上海：复旦大学出版社，1999

41. ［美］伊查克·麦迪思（Ichak Adizes）．企业生命周期［M］．北京：中国社会科学出版社，1997

42. ［美］厄威克·G. 弗莱姆兹（E. G. Flamliolt）．增长的痛苦［M］．北京：中国经济出版社，1998

43. ［英］Gerry Johnson，Kevan Scholes. 公司战略教程［M］．北京：华夏出版社，1998

44. 张鼎昆．改善与革命——企业变革理论综述［J］．中国软科学，2000（10）

45. ［美］Vic Gilgeous. 运营与变革管理［M］．昆明：云南大学出版社，2002

46. ［美］哈罗德·孔茨（H. Koontz），海因茨·韦里克（H. Weihrich）．管理学［M］．北京：经济科学出版社，1998

47. ［美］迈克尔·波特（Michael Porter）. 日本还有竞争力吗？［M］. 北京：中信出版社，2002

48. ［美］阿德里安. 斯莱沃茨基（Slywotzky）. 价值转移——竞争前的战略思考［M］. 北京：中国对外翻译出版公司，1998

49. ［美］Arthur J. Keown，David F. Scott，John D. Martin，Jay William Petty. 现代财务管理（第七版）［M］. 北京：清华大学出版社，1997

50. 王锦瑭. 美国现代大企业与美国社会［M］. 武汉：武汉大学出版社，1995

51. 陈佳贵. 现代大中型企业的经营与发展［M］. 北京：经济管理出版社，1996

52. ［美］卡尔·W. 斯特恩. 公司战略透视——波士顿顾问公司管理新视野［M］. 上海：上海远东出版社，2000

53. ［美］小艾尔弗雷德·D. 钱德勒（Alfred D. Chandler）. 战略与结构——美国工商企业成长的若干篇章［M］. 昆明：云南人民出版社，2002

54. ［美］迈克尔·波特（Michael E. Porter）. 竞争优势［M］. 北京：华夏出版社，1997

55. ［美］迈克尔·波特（Michael E. Porter）. 竞争论［M］. 北京：中信出版社，2003

56. ［美］小艾尔弗雷德·D. 钱德勒（Alfred D. Chandler）. 企业规模经济与范围经济——工业资本主义的原动力［M］. 北京：中国社会科学出版社，1999

57. ［美］戴维·K. 赫思特（David K. Hurst）. 危机与振兴——迎接组织变革的挑战［M］. 北京：中国对外翻译出版公司，2000

58. ［法］H. 法约尔（Henry Fayol）. 工业管理与一般管理［M］. 北京：团结出版社，1999

59. ［美］斯图尔特·克雷纳（Stuart Crainer）. 管理必读50种［M］. 海口：海南出版社，1999

60. ［美］斯坦·戴维斯（Stan Davis），克里斯托弗·麦耶（Christopher Meyer）. 模糊经济——互联经济时代的生存之道［M］. 天津：天津人民出版社，1999

61. ［美］尼尔·瑞克曼（N. Rackham）等. 合作竞争大未来［M］. 北京：经济管理出版社，1998

62. ［美］佛列德·威尔斯马（Fred Wiersema）. 客户联盟［M］. 北京：机械工业出版社，2000

63. [美] 大卫·M. 安德森(David M. Anderson),B. 约瑟夫·派恩二世(B. Joseph Pine Ⅱ).21世纪企业竞争前沿——大规模定制模式下的敏捷产品开发[M].北京:机械工业出版社,1999

64. [美] Price Waterhouse公司.21世纪CEO的经营理念[M].北京:华夏出版社,1998

65. [美] F. 赫塞尔本(France Hesselbein)等.未来的组织——51位著名咨询大师勾勒的未来组织模式[M].成都:四川人民出版社,2000

66. [美] 罗伯特·史雷特(Robert Slater).杰克·韦尔奇与通用之路——一位传奇式首席执行官的管理透析和领导秘诀[M].北京:机械工业出版社,1999

67. [美] 彼得·H. 安东尼奥(Peter H. Antoniou),约翰·威廉·格拉尼斯(John William Geranios).公司战略管理与政企关系[M].北京:中国人民大学出版社,2001

68. [美] 罗伯特·史雷特(Robert Slater).企业领导人与企业再造[M].北京:机械工业出版社,1999

69. 王成.企业最优定位变革[M].北京:中国经济出版社,2002

70. [美] 肖纳·L. 布朗(Shona L. Brown),凯瑟琳·M. 艾森哈特(Kanthleen M. Eisenhard).边缘竞争[M].北京:机械工业出版社,2001

71. 沈志渔.公司制度与企业改革[M].北京:经济管理出版社,1993

72. 世界银行政策研究报告.官办企业问题研究——国有企业改革的经济学和政治学[M].北京:中国财政经济出版社,1997

73. [美] 科特.变革的力量——领导与管理的差异[M].北京:华夏出版社,1997

74. 昌佩.管理的变革——企业管理最先进观念的转变.北京:经济日报出版社,1998

75. [日] 吉川弘之.日本制造——日本制造业变革的方针[M].上海:上海远东出版社,1998

76. [美] 阿迪兹.把握变革[M].北京:华夏出版社,1998

77. 王忠明.经理人浓缩书——战略与管理变革[M].北京:中国经济出版社,1999

78. [英] 加里·哈墨(Hamel G.).战略柔性——变革中的管理[M].北京:机械工业出版社,2000

79. [英] 斯图尔特.追求变革——迎接管理的挑战[M].北京:财经出版社,1990

80. ［美］珍妮·丹尼尔·德克（Jeanie Daniel Duck）. 变革之魂——波士顿咨询公司组织变革理念［M］. 北京：机械工业出版社，2002

81. ［美］托夫勒. 适应变革的企业［M］. 北京：世界知识出版社，1987

82. 程恩富. 企业学说与企业变革［M］. 上海：上海财经大学出版社，2001

83. 黄速建. 现代企业管理——变革的观点［M］. 北京：经济管理出版社，2002

84. ［美］彼得·圣吉（Peter M. Senge）等. 变革之舞——学习型组织持续发展面临的挑战［M］. 北京：东方出版社，2001

85. 欧高敦. 管理变革［M］. 北京：生活·读书·新知三联书店，2001

86. 董艳铃. 网络经济与管理变革［M］. 北京：中共中央党校出版社，2002

87. 高乾元. 企业的变革［M］. 北京：北京华文出版社，2001

88. ［美］埃瑞克·G. 菲吕博顿，鲁道夫·瑞切特. 新制度经济学［M］. 上海：上海财经大学出版社，1998

89. ［美］苏米特拉·杜塔. 过程再造、组织变革与绩效改进［M］. 北京：中国人民大学出版社，2001

90. 龚绍东. 企业文化变革战略［M］. 北京：科学文献技术出版社，1999

91. 刘光明. 企业文化［M］. 北京：经济管理出版社，2002

92. 上野明. 大企业病［M］. 北京：东方出版社，1988

93. ［美］斯蒂芬·P. 罗宾斯. 组织行为学［M］. 北京：中国人民大学出版社，1997

94. ［美］梅里尔·安德森（Merrill Anderson）. 快速运转的组织发展［M］. 北京：清华大学出版社，2002

95. 司徒达贤. 组织诊断与组织发展. 台北：商务印书馆，1981

96. 王小波. 企业变革阻力的处理技巧［J］. 企业经济，2003（1）

97. 张维迎. 企业变革，一定要双赢［J］. 企业技术开发，2003（1）

98. 吕建生. 经济全球化与企业变革［J］. 经济问题，2002（8）

99. 李桦. 成功进行企业变革的要求［J］. 企业活力，2002（1）

100. 褚小平，李怀祖. 家族企业变革剖析［J］. 经济理论与经济管理，2002（10）

101. 陈又星. 企业文化与企业变革［J］. 生产力研究，2003（3）

102. 陈又星．企业文化变革模式［J］．经营与管理，2004（4）

103. 陈又星．企业生命周期不同发展阶段变革特征比较研究［J］．经济与管理，2004（2）

104. 陈又星．企业变革能力及其指标体系的构建［J］．经济与管理，2005（6）

105. 陈又星．浅析企业变革的唯物辩证法［J］．理论新探索，2004（10）

106. 陈又星．企业变革的三种应对模型比较研究［J］．经济师，2004（5）

107. 陈又星．浅议技术革命进程中的企业管理变革［J］．科技信息，2006（2）

108. 陈又星．中外制造企业变革比较分析［J］．集团经济研究，2006（1）

109. 陈又星．美国制造企业变革探析［J］．生产力研究，2005（9）

110. 陈又星．日本制造企业变革特征探析［J］．现代日本经济，2005（5）

111. 陈又星．谈企业文化创新的趋势［J］．商业时代，2007（4）

112. 吴敬琏，樊纲，刘鹤等．中国经济50人看三十年中国［M］．北京：经济出版社，2008

113. W. G. Scott. Organization Theory：An Overview and an Appraisal. *Academy of Management Review*，1962（8）.

114. Jon R. Katzenbach and K. Smith. *The Wisdom of Teams*：*Creating the High－Performance Organization*. Boston：Harvard Business School Press，1993.

115. Michael Hick. The Executive Guide to Organization Transformation. http：//www. eagle. ca/－mikehick.

116. Michael J. Piore and Charles F. Sable. *The Second Industrial Divide*：*Possibilities for Prosperity*. New York：basic book，1984.

117. M. Gold. *Innovative Team-working in Europe*，*in European Practicipation Monitor*. Dublin：European Fundation for the Improvement of Living and Working Conditions，1993.

118. Jeffrey H. Dyer. Howchrysler Created an American Keiretsu. *Harvard Business Review*，1996（4）.

119. James Moore. *The Death of Competition*：*Leadership and Strategy in the Age of Business Escosystems*. New York：Harper Collins，1996.

120. Kathy Rebello with Richard Brandt，Peter Coy，and Mark Lewyen，Your

Digital Future. *Business Week*, 1992 (35) .

121. Mary O' Hara – Devereaux and Robert Johansen. *GlobalWork*: *Bridging Distance*, *Culture & Time.* Jossey-Bass Inc. , 1994.

122. *New Direction in Multinational Corporate Organization.* NewYork: Business International Corporation, 1981.

123. Rahaul Jacob. The Struggle to Creat an Organization for the 21st Century. *Fortune*, 1995, 113 (6) .

124. Strtord Sherman. Is He to save IBM? *Fortune*, 1994, 22 (5) .

125. Nicholas Imparato and Oren Harari. When New worlds Stir. *Management Review*, 1994, 23 (6) .

126. Kenneth Labich. Why Companies Fail. *Fortune*, 1994, 16 (4) .

127. Mhichal Hitt, R. Duane Ireland. Peters and Waterman Revisistes: the Unended Quest for Ecellence. *Aacademy of Mmanagement Executive*, 1987 (1) .

128. Oren Harari. You are Not in business to make a profit. *Managenent Review*, 1992, 14 (7) .

后记

本书是我在博士论文的基础上修改完成的。在博士论文写作期间，我得到了导师蒋明新教授的悉心指导。在西南财经大学的三年博士学习期间，耳濡目染了蒋先生严谨求实的学术作风、勤恳踏实的治学态度、宽以待人的开阔胸怀和贯通中外的渊博学识，这些都将成为我今后工作和学习上宝贵的精神财富，激励我在求学的路上勇往直前，先生的谆谆教诲将使学生终身受益无穷，在此谨向恩师致上我最诚挚的谢意！

感谢导师组的王德中教授、熊亚君教授、周殿昆教授、罗珉教授以及西南财经大学各位老师的教诲、指点和帮助。

博士学习期间，我在生活和学习上得到了许多人所给予的支持和帮助，他们是工商管理学院的张宁俊博士、冯俭博士、黄旭博士、左仁淑博士、李仕明博士、宋伟博士、蒋国俊博士、顾巍博士、孙晓玲博士、任迎伟博士、李春海博士、李国和博士、陈涛博士、霍伟东博士，东南大学的潘庆华博士，我还要特别感谢张小兰博士和她的爱人邓放博士，三年来他们在生活和学习中给予我的巨大帮助，我将终身铭记。

在本书修改出版期间，我有幸得到了广东商学院硕士生导师徐辉教授的指导和帮助，是他的鼓励和无私的支持，才使本书得以顺利修改定稿，在此向他致以衷心的感谢！

借此机会向多年来关心和培养我的硕士生导师张成娴教授表示我诚挚的谢意！

最后感谢我的家人多年来的支持和鼓励，在此向他们致以诚挚的祝福！

陈又星

2009 年 10 月